国会を考える

編著

大石　眞
大山礼子

執筆者

山本龍彦
上田健介
勝山教子
古賀　豪
田近　肇
國分典子
浅野宜之

三省堂

はしがき

本書は、われわれに馴染みの深い幾つかの国の議会制度の現状を分析し、その問題点を検討するとともに、日本の国会のありようを分析・検討し、そのあるべき姿を探ろうとするものである。本書のタイトルは「国会を考える」となっているが、その「国会」はたんに日本のそれを指すだけでなく、本書に収められた各国の議会制度を広く総称する意味で用いていることに注意していただきたい。

本書は、主要国の議会制度を最新の知見をもって取り扱う第一部、日本の国会の現状と問題点を検討する第二部、そして議会制度の組織・構成と運用を比較するための資料を提供する第三部から成り立っている。このように多くの国の議会制度を対象とし、豊富な資料を添えつつ、一貫した視点から議会制度を分析・検討した類書は、ほかに見当たらないのではないか、と私どもは密かに自負している。

その意味で、国会両議院・地方議会の議員、議院事務局・法制局など、現に議会の組織・運営に関与されている方々にはもちろんのこと、選挙制度を含む議会制度全般、そして日本の国会のあり方に関心を持たれる一般の市民や学生にも、本書が広く参照されることを私どもは期待している。そうして、近年やや停滞気味に見える国会改革論議に何らかの貢献ができれば、これに優る喜びはない。

本書の構想を固め、専門家各位に執筆をお願いしてからかなりの年月を経過してしまった。この間、日本を含めて、各国の政治・憲法・議会制度のあり方は大きく変わり、中にはイタリアのように、上院の選挙制度や両議院の権限関係をも抜本的に見直す憲法改正案に対する国民投票が行われた国さえあった（二〇一六年一二月四日、否決）。

したがって、多くの執筆者が、日々多忙な教育・研究・業務の中にあって、早い段階で原稿を仕上げていただいたにもかかわらず、諸般の事情から、このように刊行が予定よりも大幅に遅れてしまったことに対し、私どもは編集に当たった責任者として、執筆者各位に深くお詫びを申し上げなくてはならない。

とくに、校正の最終時点を二〇一六年九月末としたため、時宜に適した叙述にならなかったことが悔やまれるが、これ以上刊行を遅らせるわけにもいかないという事情を汲み取っていただき、ご寛恕を請うしかない。

本書が刊行されるまでに、三省堂の編集部の黒田也靖氏及び三省堂の関係の方々にはたいへんお世話になった。とくに黒田氏には、丁寧な校正作業を指揮するとともに、第三部に収められた資料の収集と整理にも当たるなど、これまで長いあいだ辛抱強く対処していただいた。そのお蔭で刊行に至ったわけで、改めて黒田氏及び三省堂の関係諸氏に深甚なる謝意を表したい。

二〇一六年（平二八）一二月五日

大石　眞
大山礼子

目次

第一部　主要国の議会制度

アメリカ……山本龍彦　2
はじめに……2
一　アメリカにおける基本的な統治システム……3
二　連邦議会の構成……7
三　連邦議会の権限……11
四　院の権限……22
五　立法過程……27
六　結語に代えて……34
イギリス……上田健介　39
はじめに……39

一　構成……40
二　権限……53
おわりに……72
フランス……勝山教子　75
はじめに……75
一　第五共和制憲法の枠組み……76
二　議会の組織と構成……80
三　立法——議会の権限と機能1——……93
四　政府の統制——議会の権限と機能2——……105
おわりに……115
ドイツ……古賀　豪　119
はじめに……119
一　政治体制の特徴……120
二　連邦議会……123
三　連邦参議院……128

四　立法過程……131
五　政府統制……138
おわりに……144

イタリア……田近　肇　151
はじめに……151
一　憲法改正・選挙制度改革の経緯……152
二　両議院組織法……156
三　両議院の権限関係……163
おわりに……178

韓　国……國分典子　184
はじめに……184
一　政治体制の特徴と単院制……185
二　組織……186
三　国会の運営と諸権限……194
おわりに……211

インド……浅野宣之 216
一 インド議会の構成……217
二 議員の選出……221
三 委員会制度……226
四 議会の運営……228
五 その他の統治機構との関係……244
まとめ……246

第二部 日本の国会の現状と問題点

国会の構成と組織をめぐる問題……大石 眞 252
はじめに……252
一 国会を構成するもの……253
二 両議院組織法——選挙制度のあり方……262
三 国会議員の地位を考える……273

おわりに……280

国会の機能と手続をめぐる問題……大山礼子 282

はじめに――国会は機能しているのか？……282
一　国会法等が定める議事手続の概要……283
二　議事運営の変化……291
三　権力分立型立法手続と現実との乖離……298
四　国会改革への展望……303

第三部　資　料

資料1　主要各国議会制度一覧表……311
資料2　国政選挙法の変遷……312
資料3　主要国議会の法案提出件数・成立件数……316
資料4　主要国議会における質問件数……321

装丁＝米倉八潮
組版＝木精舎

第一部

主要国の議会制度

アメリカ

山本龍彦

はじめに

議会とは、憲法典（the Constitution）が規定する大枠の中を動き続ける生き物であり、決して一定不変の形態をもつものではない。それは、憲法典のみならず、法律・規則・慣習・文化という、より動態的なものによっても規定され、また規律されるからである。したがって、〝この国の議会とは、○×というものである……〟との言説は、それが発せられた時点で、過去のものとなる。しかし、それにもかかわらず、議会が特定の時期に獲得した形質が、その議会に固有の本質であるかのように語られることがある。とくに、その国に住まない他国の観察者の間で、この「神話」化はよく起こる。本章が扱うアメリカ連邦議会についても、たとえば、〝個々の議員の行動に与える政党の影響力は比較的弱い〟とか、〝委員会中心主義である〟といった「神話」が、しばしば聞かれる。

本書の入門書的性格から、本章においてもまた、アメリカ連邦議会を特徴づける大枠、すなわち憲法典の規定する連邦議会の基本事項の説明が、その記述の中心となる。しかし、日本に、上述のような「神話」がしぶとく存在することを踏まえて、本章では、その脱神話化と、連邦議会の現代的実相——たとえば「政党間分極化（party polarization）」の実情——の描出を試みたい。さらに、この実相に対する分析・評価も行いたい。もちろん、議会なるものが、時代によってその形質を常に変化させていくものであるならば、いかなる基準によって現在の議会を診断すべきか、という難問にぶつかる。しかし、「憲法（constitutional law）」を足掛かりに、現在の議会を診断することは決して不可能なことではない。結論を先取りすれば、いまのアメリカ連邦議会は、何らかの処方箋が必要なほど、「壊れている」(Mann & Ornstein, 2006, at 1)。

一　アメリカにおける基本的な統治システム

アメリカでは、憲法上、大統領制と連邦制が採用されている。この事実は、連邦議会（以下、「議会」と呼ぶ）の権限や役割を考えるうえでも無視できない。以下、議会制度をめぐる考察に必要な限りで、両制度の特徴を紹介しておく。

1　大統領制

アメリカでは、執行権ないし行政権（executive power）は大統領個人に属する（憲法第二条第一節第一項）。そして、この執行権の主体である大統領は、議院内閣制における内閣総理大臣のように、国会議員の中から国会の議決で選ばれるのではなく、国民によって「直接」選ばれる（第二条第一節第二項・三項。修正第一二条。厳密には、各州の有権者が、州の人口に応じて配分される大統領の「選挙人（Electors）」を選挙し、その選挙人が大統領を選挙する間接選挙がとられているが、選挙人は州の多数者意思に拘束されるため、事実上、大統領は国民によって直接選ばれていることになる）(1)。この点で、大統領は、自らの権威の正統性を、議会を媒介することなく、国民から直接調達していることになる。このことは、大統領の議会からの自律ないし独立を基礎づける。大統領は、議会とは異なる独自の正統性基盤をもつことで、議会に媚びへつらうことなく、それと同格のライバルとして、力強く行動することが可能となる。憲法上も、大統領は、議会によって不信任決議を突きつけられることなく、「反逆罪、収賄罪その他の重大な犯罪および非行」を理由に弾劾の訴追を受け、有罪とされない限りは（第二条第四節。弾劾の訴追は下院の権限〔第一条第二節第五項〕、弾劾の裁判は上院の権限〔第一条第三節第六項〕に属する）、四年という任期をまっとうすることができる（第二条第一節。再選されれば、八年間大統領職を務め上げることができる。ただし修正第二二条により、三選は禁止されている）。逆に、大統領が同格のライバルである議会を解散させることもできない。

このように、大統領と議会がそれぞれ独自の正統性基盤をもち、両者の間に依存関係や牽連関係がみられない仕組みを「厳格な権力分立」と呼ぶことがあるが、これは、両者の間の没交渉を意味するものではない。後述のように、憲法は、立法権や公職者の任命権といった重要な権限を、この両アクターの間に分配している。たとえば立法権は、基本的に議会に付与されるが、大統領は、法案への署名またはその拒否（いわゆる拒否権）というかたちで、立法に関与するものとされている（第一条第七節第二項）。こうみると、「厳格な権力分立」というのは、同格の憲法的機関である大統領と議会が、一つの権限をめぐって抑制と均衡の関係に立つような統治システム（大統領が議会の立法権行使に睨みをきかせる、議会が大統領の任命権行使に睨みをきかせる）、また、それによって不必要かつ不適切（恣意的）な権限行使を食い止め、全体のバランスをとるような統治システムということができる。

なお、このような権力分立観においては、政党（党派）間の競合ではなく、同程度の正統性をもった憲法機関間の競合が期待されている。そこでは、議員が、自らを、所属党派ではなく、所属機関（議会）と同一視し、議会が一つの憲法機関として大統領に向き合うことが前提とされているからである（これによってはじめて、「議会」と大統領との抑制と均衡がはかられ、ある意味で自動的に、連邦政府の権力が適切な範囲に収まることが期待される。他方、政党の影響力が強まり、議員が「議会」ではなく「政党」に忠誠を誓うようになると、同じ政党に属する大統領と緊張関係に立つことが難しくなる。それにより、上述した「前提」が崩壊しつつあることについては、後で詳しく考察する）。

2　連邦制

アメリカの基本的な統治構造として、他に連邦制がある。アメリカ合衆国は、もともとは一三の邦（states）の緩やかな連合であった。そもそもアメリカという国家は、合衆国憲法（The Constitution of the United States）の制定によって、この連合を連邦国家化しようという連邦派が、各邦の独立性を維持しようという反連邦派に勝利したことによって樹立をみたものである。連邦派に属するマディソン（James Madison）が、反連邦派との争いの中で、一つの大きな共和国をつくることで、それが包摂する利害や階層が複雑化・多様化し、強力な「党派（faction）」の形成が抑えられるなどと主張して、連邦政府の創設を強くアピールしたのは周知のとおりである。

こうした対立の中で生まれた合衆国憲法（一七八八年成立）であるから、反連邦派の主張を完全に排除するわけにもいかず、どこかで彼らの考えを組み込む必要があった。こうした事情から、合衆国憲法の制定により連邦政府は創設するけれども、この中央政府は万能であってはならず、州（states）の権限や自律性に一定程度配慮したものでなければならないとされたのである。実際、この憲法は、第一条第八節で、連邦議会が立法権を有する事項を限定的に列挙し、修正第一〇条では、「憲法によって合衆国に委任されておらず、また憲法によって州に禁止されていない権限」を、「それぞれの州または人民に留保」している（ただし、第六条第二節は、州法に対する連邦法の専占〔preemption〕を規定している）。また、後述のように、上院が、人口の多い大州であろうと人口の少ない小州であろうと、各州から一律二名の代表を認めているのも（第一条第三節第一項、修正第一七条）、憲法が、州間の「平等」を重視し、連邦政府における小州の地位を尊重している一証左といえよう。

以上述べてきたような連邦制あるいは連邦―州関係は、〝連邦〟議会の役割や構成を考えるうえで非常に重要である。

二　連邦議会の構成

1　上院・下院の構成

議会は、上院と下院から成る二院制を採用している。下院は、任期二年の四三五名の議員で構成され、上院は、任期六年の一〇〇名の議員で構成される。両者ともに、その選出方法として小選挙区制を採用するが（一選挙区から一名の議員を選出。上院議員は、一選挙区である州から二名の議員を選出するが、選挙期間がずれるため、一回の選挙で選出される議員は、あくまでも一名である）、選挙区割は大きく異なる。下院は、一〇年ごとに行われる国勢調査の結果（各州の人口）に応じて、まずは各州に議席が配分され、各州議会がこの議席数を前提に、選挙区を画定するものとされる（第一条第二節第三項、修正第一四条第二節、修正第一六条）。他方、上院は、各州を一つの選挙区とし、憲法上、州の人口にかかわらず、各州（選挙区）から二名の議員を選出するものとされる。ただし、上院は、二年ごとに三分の一ずつが改選されるため、一回の選挙は議員の「総入替え」を意味しない（このように、上院は一回の選挙で全議員が入れ替わることがないため、「継続の会議体」とも呼ばれる）。こうした「ずれ」があることで、同じ州から選出される二名の改選時期が重なることはない。議員の被選挙資格も、憲法上、両院で異なっており、下院議員については、二五歳に達していて合衆国市民となってから七年経過していることを要求されるのに対して（第一条第二節第二項）、上院議員については、三〇歳に達していて合衆国市民となってから九年経過していることを要求される（第一条第三節第三項）。

このような選出方法や被選挙資格の違いは、両院の特徴となってあらわれる。たとえば下院には、その議員任期が短いことから、有権者に近い応答的な政治が求められる。他方、上院には、その議員任期が六年と長く、議員数も一〇〇名と比較的少ないこと、三分の一改選によって組織体としての連続性・継続性が維持されていること、さらに、三〇歳に達しないと被選挙資格が得られないことなどから、より腰の据わった熟慮的な政治が求められる。また、こうした制度的な特徴もあり、上院には、礼譲や礼節を重んじる議事文化や伝統があるとされ、個々の議員の発言が尊重される傾向（個人主義）、あるいは、討論が徹底してなされる傾向があったとされる（これが、皮肉にも、フィリバスターのような議事妨害を生む制度的土壌になった）。先述のとおり、上院は、各州から一律二名の議員――たとえば、カリフォルニア州からも二名、オハイオ州からも二名――を選出しているため、投票価値の不平等は著しいものとなっているが（この点で、上院の多数派が合衆国全体の多数派を意味しないことはよくある。このときは、むしろ上院内少数派が合衆国全体の多数派の意思を反映している）、いま述べた上院の独自性から、その存在そのものが否定的に捉えられることはほとんどない。

2　政党

アメリカにおいては、政策形成過程における政党の役割が比較的小さいと指摘されてきた。党議拘束がなく、政党指導部が議員個人に与える影響力はそれほど強くないというのである。この指摘は、たしかに一九七〇年代までの議会には当てはまる。

先に触れたように、もともとアメリカの連邦政府は、反党派性を一つの理念として樹立された。公共善の追求を妨げるものとされた「党派」は、統治領域が比較的狭く、利害関係が同質化しやすい「邦」においてよく出現すると捉えられたために、広大な国土と統治領域をもった連邦政府を創設すれば、強力な党派が形成されにくくなると考えられたのである。そして、実際、このような起草者の目論みは、ある程度の成功を収めることになる。広大な国土の下、とくに北部と南部との間に地域的・地理的な対立が生じたために、「政党」が、政策的・イデオロギー的に一つにまとまる（同質化する）ことは、一九七〇年代まではなかったのである。周知のように、現在、アメリカには、民主党と共和党という二大政党が存在しているが、たとえば民主党は、公民権運動が高まりをみせる一九六〇年代までは、リベラル系議員と南部保守系議員——ディキシークラット（Dixiecrat）(2)——を共に抱えており、後者に属する長老議員が党内で一定の影響力を有していた（彼らは公民権運動に強く抵抗していた）。他方、共和党にも、この頃までは、ロックフェラー（Nelson Aldrich Rockefeller）(3)の思考を受け継ぐ穏健派共和党議員——ロックフェラー・リパブリカン（Rockefeller

Republican）――が存在していた。このように、かつては両党ともに（出身選挙区の地域的特徴を背景とする）党内異派が一定数存在し、党内の多様性が確保されていたために、政党指導部がその影響力を発揮できなかったのである。また、そのことにより、一九七〇年代までは、二大政党制の外観を呈しつつも、実際には民主党と共和党がイデオロギー的に激しく対立することは少なかった。このことは、後述する委員会制度（委員長職に関する先任者優先原則など）や、議員候補者の選任手続によっても担保されていた。議員候補者は、一般に、地方における予備選挙（primary election）を通じて、民主的に――予備選挙の手続は州の選挙法によって規律されるため、ある意味では公的に――選任され、政党指導部は公認権をもたないため、議員は、政党指導部、あるいは政党としてのイデオロギーや政策というより、予備選挙に参加する地元有権者の意向をより重視することになるからである。

このような状況を変えたのが、一九六〇年代の公民権運動であった。人種的少数派の公民権を実質的に保障しようという公民権運動に反対する民主党の南部保守系議員が、ケネディ（John F. Kennedy）やジョンソン（Lyndon Baines Johnson）を中心にこの運動を推進する民主党から去ったことで、まずは民主党がリベラルな方向で同質化し、続いて共和党も（一九七〇年代後半から）、外部の利益集団やシンクタンクと結びつきながら、保守の方向で同質化を遂げたのである。こうしてアメリカは、名実ともに二大政党制の国となったわけである。二〇一〇年以降は、「課税からの自由」と「小さな政府」を志向する保守主義の草の根運動である「ティーパーティー」勢力の拡大により、共和党の保守化・右傾化が進み、民主党と共和党のイデオロギー的な懸隔がより一層拡大しているとも指摘されている。

かくして、アメリカにおける現在の政党は、党内異派を排し、政策的・イデオロギー的純化を遂げた強い「政党」であり、それだけ、政党指導部が個々の議員に対して有する影響力も強化されているといえる（選挙も、現在では政党の強力なバックアップがないと勝利できないといわれる）。こうした政党の影響力拡大は、「個人」を重んじる上院にも及んでおり、少数党による党派的なフィリバスター（議事妨害）の激増を招いている。また、かつては議員の投票において、議員が所属政党の境界をまたいで行う「交差投票」が多くみられたが、近年は、個々の議員が議案に対してどのような投票を行ったかが記録される「点呼投票」が多用され、これが「党内一致投票」を事実上強制する要因になっているとも指摘される。

こうしてみると、〝アメリカの議会では議員個人に与える政党の影響力は限定されている〟との言説は、現在では従来ほどの説得力をもたず、「神話」化しつつあるとさえいえるのである。

三　連邦議会の権限

1　立法権

連邦議会は、憲法上立法権を付与されているが、連邦制ないし州政府（州議会の立法権）への配慮から、立法できる事項ないし対象を憲法典に列挙されたものに限定されている（第一条第八節）。

連邦議会の権限として憲法が列挙したもの（一部）
・税を課し、徴収すること。合衆国の債務を支払い、共同の防衛および一般福祉のために支出すること。
・合衆国の信用に基づいて金銭を借り入れること。
・州際間の通商を規制すること。
・統一的な帰化の規則を定めること。統一的な破産に関する法律を制定すること。
・貨幣を鋳造し、その価値を規制すること。
・著作者および発明者に対し、一定期間その著作および発明につき独占的権利を保障することにより、学術および技芸の進歩を促進すること。
・最高裁判所の下に下級裁判所を設置すること。
・戦争を宣言すること。

これは、市民の健康・福祉・安全・道徳にかかわる広範な権限（ポリス・パワー）は、州に留保されていると考えられているからである。したがって、連邦議会は、立法が必要とされる実質的な理由を述べる前に、そもそも当該立法が憲法の右列挙事項に該当することを説明しなければならない（ただし第一条第八節第一八項は、右列挙事項を「実施するのに必要かつ適切」な法律を制定することを連邦議会に認めている。「必要かつ適切条項」と呼ばれる）。

連邦最高裁も、ある連邦法が、憲法の与えた連邦議会の権限に含まれるかどうかを度々審査してきた。社会福祉国家化が進み、「大きな政府」が求められるようになったニューディール期以降は、最高裁においても、議会の立法権を広く認めようとする傾向にあったが、レーガン（Ronald Wilson Reagan）などの共和党大統領が任命した裁判官が影響力をもちはじめた一九九〇年代以降は、議会の立法権を限定的に解釈しようとする傾向にある。たとえば、近年の最高裁は、学校付近での銃所持を禁止する連邦法や、女性に対する暴力に民事上の救済を与える連邦法を、憲法が連邦議会に与えた州際通商規制権（第一条第八節第三項）の範疇に含まれないと述べ、違憲と判断している(4)。

また、議会の立法権は、大統領制という統治システムによっても制約を受ける。連邦法は、上院および下院において法案が可決された後、大統領へと提出され、大統領による署名を得てはじめて成立する。したがって、大統領が署名を拒否した法案は法律とならない（ただし、両院がそれぞれ三分の二で再可決した場合には、大統領により署名拒否された法案も法律となる。第一条第七節第二項）。また、法案を提出できるのは議員のみとされ、政府からの法案提出は形式上認められていないが、憲法上、大統領は、「自らが必要かつ便宜と考える施策について審議するよう議会に勧告する」ものとされ（第二条第三節）、毎年一月下旬に行う一般教書の公表（演説）などを通じて、ある程度、立法を指導することができる。さらに、行政府各省庁の担当部局で作成された法案が、議員の手を借りて提出されることも少なくない（その多くは行政予算管理局〔Office of Management and Budget, OMB〕にて大統領の政策との整合性が審査されたうえ、「行政連絡」として両院議長に送付され、所管委員会の委員長によって提出される）。

以上のようにみると、議会は、憲法上立法権を付与された立法機関ではあるものの、その権限行使は、連邦制と大統領制という二つの基本的統治システムにより実質的な制約を受けていると考えることができる。この背景には、かつての本国イギリスの議会が、重税の賦課というかたちでアメリカの植民地人を苦しめたことによる議会不信や、連邦法の過剰による連邦制の崩壊（州の自律の侵害など）に対する懸念もある。

ただ、この制約がどこまで強いものとなるのか、逆にいえば、議会の立法権がこの制約を逃れてどこまで強大なものとなりうるかは、上院・下院・大統領という三つの機関（および最高裁）が、どの程度一つの政党によってコントロールされているか、また、その政党が、連邦政府の役割や連邦―州関係をどのように捉えているかによって変わりうる（たとえば、一般に「小さな政府」を標榜し、州の自律を強調する傾向にある共和党が多くの機関をコントロールしている場合、議会の立法権は制限的なものとなる）。

2　行政統制権

憲法には明文の規定はないが、判例上、議会は、行政を監視ないし統制する憲法上の権限を有するとされる。また、立法権やこのような行政統制権を実効的なものにするため、議会には調査権が付与されている。行政監視の中心的な場は常任委員会であるが、後述する予算過程も、議会が政府の財布の紐を締めたり緩めたりすることで、行政のあり方を実質的に統制する場になっている。

議会が法律により行政機関に立法を委任している場合、その受任機関が法律の授権規定の趣旨どおりに「立法」（規則制定）を行ったかどうかを議会がチェックすることも必要となる（委任立法の統制）。この手法として、かつては議会の一院または両院が、決議をとおして行政機関の制定した規則を覆す「議会拒否権」が使われたが、一九八三年のChadha事件(5)で、最高裁は、憲法の規定する手続によらない立法権行使と捉えて、違憲と判断した。これを受けて、現在では、少なくとも純然たる議会拒否権は、委任立法統制の一手法として使われていないが、Chadha判決の論理が必ずしも説得的なものでなかったこともあり、インフォーマルなかたちでの議会拒否権や、「委員会拒否権」が広く残存している。また、一九九六年議会審査法（the Congressional Review Act of 1996）は、受任機関が提案する規則を否認するための実質的機会を議会に対して与えている。

行政統制権の前提にもかかわるが、アメリカでは、憲法上、行政組織編成権は議会にあると考えられてきた（第一条第八節第一八項）。したがって、省・庁・委員会といった行政機関は、原則として個別的な法律によって設置され、それらの行政機関の組織や人事構成についても、こうした設置法で細かく規定されている。二〇世紀に入り、行政国家化が進むと、行政組織の効率化が求められるようになり、議会による個別的で非画一的な編成や細目にわたる介入に批判が寄せられ、ニューディール期には、行政組織の編成における大統領のイニシアチブを強化する一九三九年行政再編成法（Administration Reorganization Act of 1939）が成立した。これは、大統領に対し、行政機構の一定範囲の改革について再編成プランを作成することを認め、議会がこれを拒否しない限りはそのプランの効力を認めようとするものである。その後の法改正により、議会の関与が再び強まっているが（たとえば一九八四年改正法は、大統領の再編成プランに対し、合同決議による議会の積極的な承認を求めている）、行政組織の編成に対して議会と大統領がもつコントロールの実際上のバランスは、非常に動態的であるといえる。

3　財政権限

憲法は、「国庫からの金銭の支出は、法律による歳出予算に従ってのみ行われる」と規定しており（第一条第九節第七項）、予算が「法律」として定められること、すなわち、財政上重要な予算が議会によって決定されることを要求している。このように、憲法上、財政に関する権限（power of purse）が議会にあることを確認しておくことは、重要である。しかし、このことを形式的に捉えるべきではない。

たとえば、二〇世紀の初めまでは、予算編成はもっぱら議会によって行われ、各行政機関は、議会の適切な委員会に対し、直接予算請求していた。行政国家化が進展する以前は、連邦政府の予算総額もそれほど大きくなく、こうした個別的対応でも何とかやっていけたのである。しかし、連邦政府の役割が増大するにつれ、このような対応では効率的な政府運営がなされず、予算総額が無制限に膨張することが認識されるようになった。そこで、一九三九年には、一九二一年予算会計法により財務省内に設置された予算局が、先述した大統領の行政組織再編成プランによって大統領府へと移り、議会の予算編成に対して大統領が――予算教書の公表というかたちで――統一的な枠組み（予算案）を示すようになった。さらに、第二次大戦で膨れ上がった行政機関を整理・縮小するために作成された一九四九年の第一次フーバー委員会報告では、予算局の権限を一層強化し、予算編成に対する大統領の影響力を強めるべきことが勧告された。こうした考えを反映して、一九七〇年には、予算局は行政管理予算局（OMB）に再編され、これにより、予算編成過程に対する大統領のコントロールがさらに強化されたといわれる。

もちろん、このような流れに対し、憲法上予算編成の主役であるはずの議会が黙っているはずもない。たとえば、一九七四年議会予算および執行留保統制法（Congressional Budget and Impoundment Control Act of 1974）は、「議会それ自体による議会の予算編成に対する規律」（議会の自己規律）(6)なくしては議会のイニシアチブの回復ないし強化は不可能であるとの考え（渕・後掲一七六頁）から、具体的な歳出予算法案の審議に先立って、議会として――大統領による予算教書（二月）を参考にしつつも、これとは異なる――予算案の大枠を決議すべきであるとした（いわゆる予算決議。大統領の署名のない両院一致決議として、四月に成立させなければならない）。また、一九七四年法は、この予算決議案を作成するための委員会として、両院に予算委員会を常設し、さらにその補助機関として、議会予算局（Congressional Budget Office, CBO）を設置した。

この一九七四年法が、《大統領による予算教書（二月）→議会による予算決議（四月）→個々の歳出予算法案（九月）→実際の支出（会計年度一〇月～翌年九月三〇日）》という、現在まで続く議会の予算過程を構築し、この過程における議会の責任や役割を明確にしたのであるが、同法によって、現実に、議会が憲法上の予算権限を取り戻せたのかは、なお議論の余地がある。詳細は割愛せざるをえないが、一九八〇年代以降、深刻化する財政赤字を削減するため、議会は自らの予算権限の一部を実質的に大統領に割譲するような立法を成立させているのである。たとえば、一九八五年のグラム・ラドマン・ホリングス法（the Balanced Budget and Emergency Deficit Control Act of 1985, Gramm-Rudman-Hollings Act）は、予め設定された各年度の財政赤字削減目標額を達成できなかった場合に、大統領に一律歳出削減（sequestration）を命じる大統領令を出させるものであった[7]。さらに、一九九六年項目別拒否権法（the Line Item Veto Act of 1996）は、大統領が、財政赤字削減のため、法案中の一部（特定の支出項目）の取消し（rescissions）を行えるようにするものであった[8]（ただし、この項目別拒否権は、議会の予算権限を侵害するとして、最高裁により違憲とされている[9]）。このような改革の歴史は、議会が単独で適切な――均衡のとれた――予算を編成することの難しさをあらわしているように思われる。

議会のみが財布の紐を握ることの問題性は、近年の債務上限（debt ceiling）の引上げをめぐる政治的行き詰まりによっても強調された。憲法は、「合衆国の信用に基づいて金銭を借り入れる」（第一条第八節第二項）権限を、議会に付与している。かつては、政府の債務上限（債務総額の具体的限界）は設定されておらず、議会は、個別に、財務省による公債発行を授権していたが、一九一七年以降、議会は、上記の憲法上の権限に基づき、連邦法によって債務上限を設定するようになった。もちろん、政府の役割が増大し、多くの政策が議会によって承認されれば、その実施のために、設定された上限を上回る借金を行わなければならないこともある。しかし、一九九〇年代までは、このことが政治問題化することはなかった。議会は、基本的には、大統領の上限引上げ要求に応じて、その額を調整してきたからである。しかし、近年、議会の多数党（とくに共和党）が、かつて少数党であったときに通過した政策の実現を阻むために、債務上限の引上げ要求に応じない断固とした（党派的）態度をとるようになっている。二〇一三年に起きた債務上限問題も、オバマ（Barack Hussein Obama, Jr.）大統領の肝煎りで導入され、立法化された医療保険改革法（Patient Protection and Affordable Care Act, ACA）の実施に反対する共和党（下院多数党）が、大統領の上限引上げ要求に反対したために生じ、政府機関の一部閉鎖をも招いたのであった。

このような議会の党派的な財政権限の行使を受けて、①「法律によって授権された合衆国の公的債務の有効性は疑われてはならない」と規定する憲法修正第一四条第四節に基づき、大統領は議会の承認なく上限を引き上げられるとする見解や、②債務上限（の議会による設定）は、議会が一旦承認した予算支出を再び争うことを認めるもので、同条項に反し、そもそも違憲であるとする見解、さらには、③大統領が、かりにすでに設定された上限を守ろうとすると、(a)議会に授権されていない税の徴収によって不足分を補ったり、(b)議会に授権されている予算の執行を選択的に差し控えるなどの違憲的行為をとらざるをえなくなるため、大統領は、それらよりも違憲性の小さい行為として、上限を超える借金を――議会意思にかかわらず――行うことを選択すべきとする見解などが提示されている（Neil H. Buchanan & Michael C. Dorf）。

以上みてきたところから、議会のみが財政権限をもつことには一定の限界があること、現実には、大統領も深く予算過程等にかかわってきたことなどが明らかになったように思われる。いまなお、財政に関する憲法上の権限配分問題は決着をみていないが、今後は、大統領の関与を積極的に肯定していくか、あるいはまた、こうした関与を、憲法が議会に付与した財政権限の議会による自己放棄とみるならば、議会による適切かつ誠実な権限行使を担保するための（自己規律的）制度を構築していくべきであろう。

4　その他

最後に、憲法解釈者としての議会の役割について述べておきたい。周知のように、裁判所が立法等の憲法適合性を審査する違憲審査制は、一八〇三年の Marbury v. Madison 事件判決(10)によって判例上確立した。「何が法かを語るのは、裁判所の権限であり、義務である」という有名な言葉が発せられたのは、この Marbury 判決であった。それ以降、アメリカでは、裁判所こそが憲法の解釈者であるとのイメージが強いが、一九世紀末頃から、裁判所の憲法解釈が常に「正しい」わけではなく、裁判所は、民主的機関である議会の立法に敬譲を払うべきとの見解が度々主張されてきた。このような見解において前提とされるのは、裁判所の憲法解釈への懐疑であり、議会の憲法解釈への信頼である。

近年の研究によれば、かつて議会（議員）自身もまた、議会が重要な憲法解釈者であると考えていたとされる。たとえば、トゥリス（Jeffrey K. Tulis）によれば、「一九世紀には、議会は良識的な憲法論議の場所」であり、健全な制度文化の下、各議員に「憲法的良心」が備わっていたとされる（Tulis, at 516, 520）。また、ピーボディ（Bruce Peabody）の調査によれば、一九五九年には、議員の四〇％が、裁判所は議会の憲法解釈を「支配的（controling）」とみなすべきと考えていたとされる（Peabody, 156-158）。このように、従来は、議会が憲法解釈権を有することが、議員によって一定程度自覚されていたというのである。

ところが、トゥリスによれば、二〇世紀をとおして、こうした議会文化は衰退の一途をたどっていったという。また、ピーボディの先の調査によれば、裁判所は議会の憲法解釈を支配的とみなすべきと考える議員は、一九九九年にはわずか一四％まで減少したという。逆に、七〇％を超える回答者が、裁判所は議会の判断に重きを置くべきでないか、まったく無視すべきであると考えているとされる。これは、議会が憲法解釈者としての役割を、自ら放棄しつつあることを意味しているように思われる。

さらに、デヴィンス（Neal Devins）の調査によれば、一九七〇年から九〇年までは、議会の委員会では「日常的に（routinely）」法案に含まれる憲法問題を検討していたが、この時期以降（とりわけ共和党が両院多数党となった一九九五年以降）、委員会において憲法問題を扱う公聴会の数は激減したとされる（Devins, at 264）。実際、一九七〇年から一九八五年には、大抵、一年に六〇回以上、憲法に関する公聴会が開かれていたが、一九九五年から二〇一〇年には、ほとんどの年で四〇回を下回っている（この時期においては、「下院および上院の司法委員会が、憲法に関する公聴会を規則的に行う唯一の委員会となった」）。先述した医療保険改革法（ACA）の立法過程においても、同法の制定が議会の州際通商規制権の範疇に含まれるかといった難しい憲法問題を含んでいたにもかかわらず、こうした憲法問題を実質的に検討するための公聴会は一度も開かれなかったと指摘されている。

デヴィンスらは、近年、「憲法解釈権」という重要な議会権限が忘却されつつある理由を、先述した政党間の分極化に求めているが、この点については後に改めて検討することにしたい

四　院の権限

これまでは、連邦議会という一つの組織体が有する主な権限について説明してきたが、以下では、一院ないし両院が有する権限を概観しておきたい。

1　上院の人事承認権

まず紹介すべきは、上院の人事承認権であろう。憲法は、「大統領は、大使その他の外交使節および領事、最高裁判所の裁判官、ならびに、その任命について憲法に別段の定めがなく、法律で定められた他の合衆国官吏（Officers）を指名し、上院の助言と承認を得て任命する」と規定しており（第二条第二節第二項）、大統領の指名した連邦最高裁の裁判官、政府高官（長官、副長官、長官補、審議官、次官、局長等）、大使などの候補者を承認する権限を上院に与えている。かつては、上院における承認手続は、超党派的に進められることが多かったが、近年は、民主党―共和党間の分極化が進み、少数党によるフィリバスター（議事妨害）が常態化するなど、この手続が過度に党派的なものになっていると指摘される。たとえば、現在の最高裁裁判官をみても、一九九〇年代までに任命された古株裁判官は、セクハラ疑惑のあったトーマス（Clarence Thomas）の承認手続（賛成五二、反対四八）を除き、ほぼ全員一致で承認されているが、二〇〇〇年代以降に任命された裁判官については、反対票が一定数投じられていることがわかる。

また、一部の独立行政委員会（全米労働関係委員会、消費者金融保護委員会など）の委員については、オバマ大統領の指名した候補者の承認に、上院少数党である共和党議員がフィリバスターをかけ（これにより承認手続が膠着状態に陥り）、長期間、委員職が空席化し、政府の重要機能が阻害されるという事態も生じている。このような人事承認手続の過度の党派化を受けて、近年、有力な憲法学者は、政府重要ポストの任命に対する党派的・戦略的フィリバスターは、政府機能を意図的に麻痺させるものであり、「法律が誠実に執行されるよう配慮」するという大統領の憲法上の基本的義務ないし権限（憲法第二条第三節）を侵害し、違憲であるとする興味深い見解を提示している（Tribe, at 25）。実際には、オバマ大統領は、「大統領は、上院の休会中に生じるすべての欠員を補充する権限を有する。ただし、この辞令は、次の会期の終わりに効力を失うものとする」と規定する憲法第二条第二節第三項に基づく「休会任命（recess appointment）」を行い、上記のような「空席」を埋めている。ただ、同規定のいう「休会」は、会期と会期の間の（比較的長期の）休会（*inter* session）を意味し、オバマが実際に行ったような会期内（*intra* session）の（短期の）休会を利用した任命は含まないとする見解も提示されている（この考えによれば、会期内休会における任命は違憲であり、憲法上無効となる）。このような会期内休会任命の合憲性については、最近も訴訟で激しく争われたが、最高裁は、会期内休会任命の合憲性を憲法上許容しながらも、休会任命の対象となるためには一〇日以上の休みが必要であるとし、それより短い休会中になされた任命を無効とした(11)。

以上みてきたように、上院の人事承認権をめぐっては、その手続の過度の党派化によって、次々と新たな憲法問題が提起されている（ここに、日本における国会同意人事をめぐる政治的混乱と同種の問題をみることもできよう）。

なお、憲法第二条第二節第二項は、上院が大統領の条約締結に承認を与える権限も規定している。ただ、近年は、上院の承認を必要としない「行政協定」が多用される傾向にある。これは、上院の承認権をバイパスするものであり、行政協定と条約との実質的な違いや、行政協定を締結できる事項の範囲などが問題とされている。

2 弾劾に関する権限

先述のように、合衆国憲法は大統領制を採用しており、大統領は、任期途中で議会によって不信任決議を突きつけられ、辞職させられることはない。その意味で、かりに大統領の政治的手腕に問題があろうと、基本的に大統領はその任期をまっとうすることになる。しかし、憲法第二条第四節は、「反逆罪、収賄罪その他の重大な犯罪および非行」を理由に、大統領が弾劾にかけられ、免職される可能性を認めている。

憲法上、①下院が弾劾の訴追を行い（第一条第二節第五項）、②上院がこれを裁判するものとされている（第一条第三節第六項。大統領が弾劾裁判を受ける場合、連邦最高裁の長官が議長となる。また、出席議員の三分の二の同意により有罪となる）。最近では、ニクソン（Richard Milhous Nixon）大統領がウォーターゲート事件で、クリントン（Bill Clinton）大統領が不倫スキャンダルで、この手続による免職の危機にさらされた。しかし、結局、ニクソンは①の直前に辞任し（一九七四年）、クリントンは②において無罪とされている（一九九九年）。

弾劾手続は、議院内閣制における不信任決議とまったく異なり、独自の民主的正統性をもつ大統領を、「重大な犯罪」等により辞職させるものであるから、政治的理由に基づくものであってはならない。この点で、ニクソンに対する訴追が下院で審議されたとき、議員らは、大統領に対抗する「議会」のメンバーとして超党派的に行動したのに対し、クリントンに対する訴追の際には、「政党」のメンバーとして政党のラインに従った投票を行ったことが注目される。

3　その他

憲法は、両院にそれぞれ、議員の被選挙資格の有無を判定する権限（第一条第五節第一項）、議事規則制定権、「院内の秩序を乱した議員」に対する懲罰権（以上は第一条第五節第二項。各院は、三分の二の同意により、議員を除名することができる）を与えている。

なお、憲法は、議員に対しいわゆる不逮捕特権、免責特権を認めている（第一条第六節第一項）。最高裁は、グラベル（Mike Gravel）上院議員がペンタゴン・ペーパーズ（いわゆる機密文書）を議会において暴露し、出版した事件で、議員の議会での国家機密の暴露・公開行為は、免責特権によって法的責任を問われないとしたうえで、この特権は議員の行為を助ける議員秘書やスタッフ——「議員の分身」——にも及ぶとした(12)。このような判断は、日本の特定秘密保護法の運用を考えるうえでも興味深い（ただし、最高裁が、議員の「出版」については免責特権により保護されないとした点には批判もある）。

五　立法過程

1　基本的な流れ

最後に、議会における立法過程を概観し、そこに含まれる最近の問題について言及しておきたい。

先述のように、アメリカにおいては、法案を提出できるのは（形式的には）議員のみとされる。提出要件はとくに存在しないため、提出される法案の数は非常に多い。しかし、議員は、通過する見込みのない法案でも、自らの政治的アピールの手段として提出することがあり、委員会において審議すらされずに廃案となるものも少なくない。法案の中には、行政府各省庁の担当部署にて作成される実質的な「政府」提出法案も多い。このタイプの法案は、ＯＭＢにおいて事前に大統領の掲げる政策との整合性が審査され、その後に議長、所管委員会委員長等の手をとおして提出される。純粋な議員提出法案は、議員の立法担当スタッフ(13)が、両院に設置された立法顧問局の助けなどを借りつつ作成する。提出議員が委員会の有力者である場合には、委員会スタッフの援助を得ることもある。提出された法案は、形式上、下院議長ないし上院仮議長(14)によって、適切な委員会に付託される（ただし、上述のように、付託されたすべての法案が委員会において実質的に審議されるわけではない）。下院では、多く場合、さらに小委員会に付託される。小委員会や委員会での公聴会、逐条審査を経て、委員会で可決された法案は、修正案とともに本会議に報告される。下院の公聴会の議題および証人の選定は、委員会ないし小委員会の委員長によって行われる（後述のように、委員会・小委員会委員長は多数党が独占する）。

本会議に報告された法案は本会議で審議、修正され、採択される（憲法上、定足数は過半数）。一院を通過した法案は他院へと送付され、原則として上述したものと同様のプロセスをたどる。他院において修正が行われ、法案の内容が両院で異なるものとなった場合には、両院協議会が開催され、この協議会で成案が得られれば両院で改めて採択に付される（両院協議会の委員は、法案ごとに各院の議長が任命する。実際には、法案を審査した委員会の委員が選ばれることが多い。委員数の政党間配分は、両院の議席配分を基本的に反映したものとなる）。

両院を通過した法案は、すべて大統領に提出され、大統領の署名をもって法律となる。署名を拒否する場合、法案は、大統領の拒否理由とともに同法案を発議した院に返送される。その院および他院の出席議員の三分の二がその通過に賛成すれば、大統領の拒否にかかわらず、法律となる。

2　委員会制度

以上、議会の立法過程を時系列的にみてきたが、ここでは、その過程において生じている最近の重要な変化について確認しておきたい。

一つは、委員会中心主義の変容である。従前、アメリカにおいては、委員会が立法過程において重要な役割を果たしていると指摘されてきた。一般に、委員会の委員長は、いわゆる「先任者優先原則（seniority system）」によって規則的に選任され、委員会「外部」からの党派的圧力によってその人事が影響を受けることはなかった。だからこそ、委員会が、その「外部」から自律して、自らの専門性を存分に発揮することが可能となり（所属委員は、「先任者」になろうと一つの委員会に長くとどまることで、自然と委員会所管事項に関する専門知識を身に付けた）、委員長の強いリーダーシップの下、質の高い立法を生み出していた、というのである。

しかし、一九七〇年代以降は、このような積極的評価の前提が崩れることになる。先述のように、公民権運動の興隆を背景に、政党内のイデオロギー的な同質性が高まり、政党指導部が強い影響力をもちはじめたことで、委員会の自律性が浸食され、議会における実質的な力が委員会委員長から政党指導部へと移行したからである。これは、公民権法の制定に向けた動きが強まる中で、これに抵抗する南部保守系民主党議員（多くは長老議員）が、委員会委員長という自らの地位を利用して妨害活動を行ったことに端を発する。この抵抗に対し、同じ民主党の議員が、彼らを委員長職から引きずりおろすために、先任者優先原則を廃止し、同党の議員総会の場で委員長を選任するというシステムを作り上げたのである。一九九〇年代にも、下院共和党によって、委員長に任期制限（六年）を設けたり、委員会スタッフを三分の一以上削減して、委員会に対して政党指導部のコントロールが及ぶような議会改革が行われた。

このような一連の改革によって、現在では、委員会の自律性は大きく失われ、そこで行われる議論も、所管事項の専門知識に基づくものというより、党派的なものへと変わってきているといわれる。委員会での実質的討議の過少は、後述する上院でのフィリバスター（議事妨害）の激増とも相まって、立法の生産性の著しい減少や、議会における憲法論議の減少を招いていると指摘される。

3　上院におけるフィリバスター

立法過程における近年の重要な変化としてもう一つ指摘しておくべきは、上院におけるフィリバスターの増加である（フィリバスターとは、議員個人または少数派が、多数派による議事進行を中断ないし妨害しようとする議会戦術行為を意味する）。上述のように、議員個人の発言を尊重し、徹底した討論を容認するような議事文化のあった上院は、そもそもフィリバスターが生まれやすい土壌を有していた。実際、上院では、古くからこうした行為は行われていたが、伝統的には、少数派がさらなる実質的な討論を求めて、多数派の議事進行を遅らせるという目的——その意味では、かつては討論促進的で、建設的な目的を有していた——の下、非常に限定的になされていた。

もちろん、二〇世紀前半にも、フィリバスターが問題となったことはある。一九一七年、一一人の上院議員が、ウィルソン（Thomas Woodrow Wilson）大統領がドイツ潜水艦による攻撃に対してアメリカ商船の武装を要求したことに対して執拗なフィリバスターを行ったことで、フィリバスターの「打ち切り」に関する上院規則（クローチャー〔討論終結動議〕規則）が制定された。しかし、上述のような上院固有の議事文化から、この打ち切りには高いハードルが課せられ、上院総議員の三分の二（特別多数）の賛成を得なければ成立しないものとされた（一九七五年の規則改正により、打ち切りの成立には総議員の五分の三の賛成、具体的には六〇票が必要になるとされた)。実際には、一九六〇年頃まではフィリバスターが比較的穏当かつ制限的に行使されてきたために、このような打ち切りの動議がなされること自体が少なかった。

しかし、やはり政党間のイデオロギー的分極化が進む一九七〇年代から、フィリバスターの数は増えはじめ、第一一〇議会(二〇〇七年~二〇〇九年)以降は、一つの議会期に一〇〇回を超えるフィリバスターが少数党議員によって起こされている(表参照。「C」はクローチャー、すなわち打ち切り動議を意味する。「C」が多数党により提出された数は、少数党によりフィリバスターが起こされた数とほぼ一致する)。一九七〇年代に、ある議案がペンディングされている間にも、議場にて別の議案を審議できるとする「トラッキング」が認められたことで、フィリバスターを行うコストが減少したが(フィリバスターがかけられた議案は「トラッキング」されるため、その実行者はかつてのように、議場で何かをしゃべり続ける必要はなくなった)、これを考慮しても、この数は異常である。

現在の上院では、民主党と共和党の激しい党派的対立により、重要な議案にはほとんどすべてフィリバスターがかけられるといった状況が続いており、ある論者からは、かつての伝統や文化を完全に失った「野蛮な上院(Ruder Senate)」とも酷評されている(Lewis L. Gould)。こうした状況は、単なる上院の性格変化ということにとどまらず、国政上、重大な問題を提起している。たとえば、少数党によるフィリバスターによって、多数の支持を得ている法案ですら上院を通過することができず、議会における立法の生産性を著しく低下させている。ティーター(Michael J. Teter)によれ

表：クローチャー(C)動議の提出件数と採択件数(15)

議会期	西暦	C提出	C採択
65	1917-1918	2	0
66	1919-1920	2	1
67	1921-1922	1	0
68	1923-1924	0	0
69	1925-1926	7	3
70	1927-1928	1	0
71	1929-1930	1	0
72	1931-1932	2	0
73	1933-1934	0	0
74	1935-1936	0	0
75	1937-1938	2	0
76	1939-1940	0	0
77	1941-1942	1	0
78	1943-1944	1	0
79	1945-1946	6	0
80	1947-1948	0	0
81	1949-1950	2	0
82	1951-1952	0	0
83	1953-1954	1	0
84	1955-1956	0	0
85	1957-1958	0	0
86	1959-1960	1	0
87	1961-1962	4	1
88	1963-1964	4	1

議会期	西暦	C提出	C採択
89	1965-1966	7	1
90	1967-1968	6	1
91	1969-1970	7	0
92	1971-1972	24	4
93	1973-1974	44	9
94	1975-1976	39	17
95	1977-1978	23	3
96	1979-1980	30	11
97	1981-1982	31	10
98	1983-1984	41	11
99	1985-1986	41	10
100	1987-1988	54	12
101	1989-1990	38	11
102	1991-1992	60	23
103	1993-1994	80	14
104	1995-1996	82	9
105	1997-1998	69	18
106	1999-2000	71	28
107	2001-2002	71	34
108	2003-2004	62	12
109	2005-2006	68	34
110	2007-2008	139	61
111	2009-2010	137	63
112	2011-2012	115	41

ば、一九七三年から一九九三年の間をみると、議会は各議会期に平均で六二九本の法律を制定していたが、分極化が進む近年は減少傾向にあり、第一一〇議会（二〇〇七年〜二〇〇九年）は四六〇本、第一一一議会（二〇〇九年〜二〇一一年）は三八三本、第一一二議会（二〇一一年〜二〇一三年）は二八三本を制定するにとどまっている（Teter, at 2221）。もちろん、第一一二議会における立法の異例の少なさの原因を「分割政府」に帰する分析もありうるが、ギングリッチ（Newt Gingrich）率いる共和党と、クリントン率いる民主党政権が激しく対立していた第一〇四議会（一九九五年〜一九九七年）でさえ三三三本の立法を制定していることから、第一一二議会における立法の生産性の低さは、やはり特筆すべきものといえよう。また、先述のように、人事承認案件に対してフィリバスターがかけられることによって、政府重要ポストの空席化や、政府機能の停止が生じることもある。

そこで、近年のアメリカでは、フィリバスターの憲法適合性が活発に議論されてきている。違憲説の中には、現在の党派的なフィリバスターは、上院での法案の通過に、事実上、（その「打ち切り」に要する）「特別多数」の賛成を要求することになるため、憲法の定める立法手続を侵害するとの主張や、これが政府重要ポストの人事承認案件にかけられた場合には、大統領の執行権ないし執行義務を侵害するとの主張などがある。これに対し、合憲説の中には、議会内少数派の権利として、なおこれを保護すべきとの主張があるほか、上院における立法手続ないし人事承認手続として憲法は「多数派主義」を求めているとしても、上院におけるそもそもの非人口比例的構成（人口の少ない州からも、多い州からも、一律に二名が選出）から、上院の「少数党」が、合衆国全体の「多数派」を代表していることがあり、上院内「少数党」によるフィリバスターがむしろ「多数派主義」に合致していることがある（このような多数派主義的フィリバスターは、民主党が少数党である場合に多いと指摘されている）、というやや込み入った主張などがある（Eidelson, at 989）。

おそらく、フィリバスターが違憲か合憲かを一般的に論じようとするアプローチは妥当ではない。少数党による誠実なフィリバスターとして憲法上積極的に保護すべきものもあれば、過度に党派的で戦略的なフィリバスターとして憲法上非難すべきものもあろう。現在のアメリカでは、このような場合分けを行ったうえで、「違憲のフィリバスター」を統制するための具体的手法が考案されつつある（山本、一一〇頁）。

六　結語に代えて

本章では、アメリカ連邦議会の実相をできる限りわかりやすく紹介することで、〝アメリカの議会では政党の影響力が比較的限定されている〟とか、〝委員会の役割が非常に大きい〟とか、〝もっぱら議会が財政権限を握っている〟とか、〝上院はその独特の議事文化から、議員個人の発言を重んじ、徹底した討論を是認している〟といった言説が「神話」となりつつあることを明らかにした。もちろん、議会は、時代ごとにその姿を変えるものであり、その「神話」によって覆われる「現実」

が、単に今世紀の新たな議会像を指し示しているにすぎないとすれば、「神話」を「神話」として信憑することにそれほどの害はない。しかし、政党間の分極化が進み、「醜い党派性（ugly partisanship）の時代」（Karlan, at 66）のさなかにある、現在のアメリカ連邦議会は、議員が、自らを「党派」ではなく「議会」と同一化し、それによって「議会」という一機関と大統領とを抑制・均衡の関係に立たせようとした憲法起草者の意思や、こうしたマディソン的権力分立観を前提とした基本的憲法システムから大きく逸脱している。そして、そのことによって、現実にも、救いようのない政治的な行き詰まりや政府機能の停止などの問題が起きている。ある論者の言葉を借りれば、現在の議会は「機能不全」の状態に陥った「壊れた機関」である（Shepsle , at 371 ; Mann & Ornstein , 2006, at 1）。もちろん、若手を中心としたアメリカの憲法研究者は、このような状態を正視し、憲法的議会制度論なる分野を積極的に開拓しはじめている（Chafetz, at 715）。我々が、それに学ぶことは少なくないであろう。

（1）具体的には、州の選挙人数は、その州に割り当てられる下院議員数と上院議員数の総数と等しい数とされる（第二条第一節第二項）。たとえば、カリフォリニア州は、下院議員数の五三と上院議員数の二を足した五五名の選挙人を有する。他方、アラスカ州は、下院議員数の一と上院議員数の二を足した三名の選挙人を有する。憲法事項ではないが、実際にはほとんどの州が、州有権者が「大統領候補者」に対して直接投票し、そこで勝利した候補者が、その州が有する選挙人数（カリフォルニア州であれば五五）を獲得できるという「勝者独占方式（winner takes all）」

がとられている。したがって、多くの選挙人を有する州（すなわち人口の多い州）での選挙結果が、大統領選挙に大きな影響を与える。

（2）ディキシークラットとは、「南部（Dixieland）」と「民主党員（Democrat）」とを掛け合わせた言葉で、公民権政策に反対する南部保守系民主党議員を指す。

（3）一九〇八年七月八日～一九七九年一月二六日。ニューヨーク州知事およびアメリカ合衆国第四一代副大統領。経済と財政政策については保守主義を志向しながら、一九六四年公民権法を支持するなど、人種差別の問題等についてはリベラルな立場をとった。

（4）United States v. Lopez, 514 U.S. 549(1995)；United States v. Morrison, 529 U.S. 598(2000).

（5）Immigration and Naturalization Service v. Chadha, 462 U.S. 919(1983).

（6）渕圭吾「アメリカ連邦予算過程に関する法学研究の動向」財務省財務総合政策研究所ファイナンシャル・レビュー一〇三号（二〇一一年）一七六頁。

（7）ただ、当初は、議会の会計検査院（General Accounting Office, GAO. 現在の Government Accountability Office）の報告により、一律歳出削減が開始されることになっていたが（その意味で、議会ないしはGAOの権限が増大したとみることもできる）、これは、権力分立に反するとして最高裁により違憲とされた。Bowsher v. Synar, 478 U.S. 714 (1986). その後、大統領府のOMBの報告によって、一律歳出削減が行われるものとされた。

（8）厳密には、大統領の取消しを議会が否認しない限りで、その取消しの効力を認めるものであった。

（9）Clinton v. City of New York, 524 U.S. 417 (1998).

（10）1 Cranch (5 U.S.) 137(1803).

（11）NLRB v. Noel Canning, 134 S. Ct. 2550(2014).

（12） Gravel v. United States, 408 U.S. 606 (1972).
（13） 下院議員は、常勤のスタッフを一八名まで雇用できる。上院議員は、選出州の人口に応じて秘書の雇用手当てが支払われる。平均四〇名のスタッフを抱えているといわれる。
（14） 上院議長は、憲法上、副大統領が務めるものとされるが、実際には、仮議長（長老議員）が立てられる（第一条第三節第四項）。
（15） U. S. Senate, Senate Action on Cloture Motions,（http://www.senate.gov/pagelayout/reference/cloture_motions/clotureCounts.htm）を参考に作成した。

【参考文献】

五十嵐武士＝久保史明編『アメリカ現代政治の構図――イデオロギー対立とそのゆくえ』（東京大学出版会、二〇〇九年）
樋口範雄『アメリカ憲法』（弘文堂、二〇一一年）
廣瀬淳子『アメリカ連邦議会』（公人社、二〇〇四年）
渕圭吾「アメリカ連邦予算過程に関する法学研究の動向」財務省財務総合政策研究所ファイナンシャル・レビュー一〇三号（二〇一一年）一七四頁
待鳥聡史『〈代表〉と〈統治〉のアメリカ政治』（講談社、二〇〇九年）
松井茂記『アメリカ憲法入門〔第七版〕』（有斐閣、二〇一二年）
松橋和夫「アメリカ連邦議会上院における立法手続」レファレンス平成一六年五月号
山本龍彦「分極化する政治と憲法」法学研究八七巻二号（二〇一四年）
参議院憲法調査会事務局『アメリカ合衆国憲法概要』参憲資料第一号（二〇〇一年）

A・ハミルトン＝J・ジェイ＝J・マディソン（斎藤眞＝中野勝郎訳）『ザ・フェデラリスト』（岩波書店、一九九九年）

Lewis L. Gould, The Most Executive Club (2005).

Thomas Mann & Norman Ornstein, The Broken Branch (2006)

Neil H. Buchanan & Michael C. Dorf, *Bargaining in the Shadow of the Debt Ceiling* , 113 Colum. L. Rev. Sidebar 32 (2013).

Josh Chafetz, *Congress's Constitution*, 160 U. Pa. L. Rev. 715, 764 (2012).

Neal Devins, *Why Congress Did Not Think About the Constitution When Enacting the Affordable Care Act*, 106 Nw. U. L. Rev. Colloquy 261 (2012).

Benjamin Eidelson, *The Majoritarian Filibuster*, Yale L. J. 980 (2013).

Pamela S. Karlan, *Foreword : Democracy and Disdain*, 126 Harv. L. Rev. 1, 66, 66 (2012).

Bruce G. Peabody, *Congressional Constitutional Interpretation and the Courts : A Preliminary Inquiry into Legislative Attitudes*, 1959-2001, 29 Law & Soc. Inquiry 127 (2004).

Kenneth A. Shepsle, *Dysfunctional Congress?*, 89 B. U. L. Rev. 371 (2009).

Michael J. Teter, *Gridlock, Legislative Supremacy, and the Problem of Arbitrary Inaction*, 88 Notre Dame L. Rev. 2217 (2013).

Laurence Tribe, *Games and Gimmicks in the Senate*, N. Y. Times, Jan. 6, 2012. at 25.

Jeffrey K. Tulis, *On Congress and Constitutional Responsibility*, 89 B. U. L. Rev. 515 (2009).

Mark Tushnet, *Some Notes on Congressional Capacity to Interpret the Constitution*, 89 B. U. L. Rev. 499 (2009).

イギリス

上田健介

はじめに

イギリスの議会は、歴史的に、庶民院（House of Commons）と貴族院（House of Lords）との二院制をとっているが、第二院（貴族院）が非公選であるところに大きな特徴がある。その結果、第二院の役割や両院関係において独特さを見出すことができる。また、議会の活動に着目した場合、貴族院の独特さのほかにも、総じて非常に活動的であるとの印象を受ける。議会の役割を適切に果たしているか、という評価はさておき――それは何を議会のあるべき役割と想定するか、またその評価を行うための指標をどこにおくかで異なるだろうから――本会議でも委員会でも長時間にわたり会議が開かれ、法案の審議にしても政府統制（行政監視）にしても議員や大臣が活発に発言をして膨大な記録を残していくことに驚かされる。そして、特に近年は、頻繁に制度改革の提案が出され、議論が行われ、時として実施に移されるために、議会制度そのものが絶えず変動していることにも注意をしなければならない。それゆえ、イギリスの議会の現在を掴むのは難しいが、ここでは、上記の特徴――貴族院の存在と役割、活発な議会活動――に注目しながら、適宜、制度改革の流れにも触れつつ、その全体像を描いてみたい。

一　構成

1　二院制

(1)　庶民院

庶民院の選挙制度は、小選挙区制である。この選挙制度は、三乗数の法則で示されるとおり、政党の得票率と議席率との乖離をもたらし、地域政党を除く小政党に不利で二大政党に有利な仕組みである。一九七〇年代以降、二大政党の得票率が低下し、単独の得票率が五〇％を大きく下回るようになる一方、第三党である自由民主党（Liberal Democrat）が二〇％前後の得票を得るようになったにもかかわらず、自由民主党の議席率が得票に比して少ない現象が顕著となった。このため、①第三党の得票率と議席率との大きな乖離が不公平であること、②過半数の得票を得ていない二大政党がその政策を推し進めるのは不適切であること、③二大政党も所属議員がほとんど選出されない地域があり妥当でないこと、といった批判がこの選挙制度に強く向けられるようになった。

一九九七年に一八年ぶりに政権を奪還した労働党は、マニフェストに選挙制度に関するレファレンダムの実施と、小選挙区制に代えてより比例制を有する代替案を勧告するための独立委員会の設置を挙げており、「選挙制度に関する独立委員会」（ジェンキンズ委員会）を設置した。委員会は、翌年の報告書で、制限的付加議員制（limited AMS）又は択一投票補充制（AV Top-Up）と呼ばれる制度を勧告した。これは、小選挙区比例代表併用制の一種であるが、以下のとおり独特の制度である。小選挙区は択一投票制（Alternative Vote）と呼ばれるもので、定数一の選挙区で、有権者が候補者に順位を付して投票を行い、第一順位だけで過半数の得票を得た候補者がいればその者を当選者とし、過半数の得票を得た者がいない場合には、最下位の者の票をばらし、第二順位を付した者にその票を回して、その段階で過半数の得票を得た者がいればその者を当選者とし、以下、同様の手順を繰り返す、という制度である。付加議員制と呼ばれる比例代表部分は、全国に八〇の選挙区を設け、各選挙区の定数は一とし、非拘束名簿式で投票を行い、得票数を［当該選挙区内の小選挙区の獲得議席数＋1］で割った数が一番大きい政党に議席を配分するというものである（小選挙区選出議員が八〇～八五％であるので、五～六の小選挙区に一つの比例代表選挙区がある計算になる）。小選挙区制を維持しながら択一投票制と付加議員制とにより得票率と議席率との乖離を小さくしようとするものであった。

しかし、労働党政権下では国民投票は実施されず、二〇一一年に、キャメロン政権が――連立相手である自由民主党の主張を受け入れて――小選挙区制に代えて択一投票制の導入を問う国民投票を行ったが、否決されて現在に至っている。

選挙区の区割りは、イングランド、ウエールズ、スコットランド、北アイルランドの選挙区画定審議会（Boundary Commission）の報告に基づき行われる。かつては、四つの地域で一選挙区当たりの基準有権者数（quota）に違いがあり、さらに地方公共団体の境界や地理的事情等を投票価値の平等と並ぶ考慮要素とすることが許されていた結果（一九八六年選挙区法〔Parliamentary Constituencies Act 1986〕）、審議会に広範な裁量が認められていたが、二〇一一年の改正により、基準有権者数が全国で統一され、また基準有権者数からの較差が上下最大五％までとされて、審議会の裁量にも拘束がかけられた（二〇一一年投票制度・選挙区法〔Parliamentary Voting System and Constituencies Act 2011〕）。ただし、二つの離島地域には特例が認められており、そこでは三倍を超える較差が存続する）。もっとも、当初は二〇一五年に予定される次回選挙のため定数を六〇〇に削減するのに合わせ二〇一三年一〇月までに区割り案を報告することとされていたが、定数削減自体が延期されたため（二〇一三年選挙登録・管理法〔Electoral Registration and Administration Act 2013〕第六条）、審議会の作業も中止され、上記の新しい基準に基づく区割りは行われていない。

議会の任期は五年とされるが、庶民院は、任期の途中であっても、いつでも首相の助言に基づき国王により解散されることとされてきた。しかし、二〇一一年議会任期固定法によって、任期途中の解散は、①内閣不信任決議が可決された後、一四日以内に、内閣の信任決議――総辞職した後に新たに組閣されたものであれ、不信任決議を受けた内閣が提出するものであれ――が可決されない場合か、②庶民院の定員の三分の二の賛成で自律的に解散して総選挙を行う旨の決議を可決する場合に限られることとされている。これにより、首相が実質的に保持してきた自由な解散権は大きく制限されることになった。

(2) 貴族院

現在の貴族院の組織は、改革途上の暫定的なものといえるが（貴族院改革については(3)を参照）、ブレア政権による第一段階の改革と、二〇〇九年の最高裁判所の設置を経て、大きく変容している。

歴史的には、貴族院は、世襲貴族（公爵、侯爵、伯爵、子爵、男爵）と聖職貴族で組織された議院であった。一九五八年に、一代貴族が認められ（男爵に相当）、実質的には任命に基づく議員が貴族院に加わることとなった後も、数の上では世襲貴族が優位を占め、一九九八年の時点でも世襲貴族は七六七名に上っていた。このような世襲原理に基づく組織のあり方は、イギリスにおいても、昔から、民主主義の関係で問題とされてきたが、一九九七年からのブレア政権の下で、ついに具体的な改革が進められたわけである。もっとも、その構想は、貴族院改革を二段階で行うというものであった。第一段階では世襲貴族の貴族院における出席権、投票権を剥奪した上、第二段階で将来の貴族院のあり方を確定的に定める、というものである。この第一段階の計画に基づく法案が提出されたが、世襲貴族の賛同を得るための政治的交渉の結果、法案に修正が加えられ、九二名の世襲議員が暫定的に残されることとなった（一九九九年貴族院法）。

現在、貴族院の構成員は、世襲貴族九二名、一代貴族約七〇〇名、聖職貴族二六名から成る。

世襲貴族は、一九九九年法により、七五名が政党内の互選により、一五名が議院全体の選挙により選出されたほか、二名が職権上当然のものとして議席を認められた。その後、死去等により空席が生じた場合、選挙による九〇名は各カテゴリーの中での選挙によって補充されている。

一代貴族は、首相の推薦に基づき国王により任命されるが（一九五八年一代貴族法〔Life Peerage Act 1958〕）、二〇〇〇年以降は、任命委員会（Appointments Commission）が設置され、無所属の一代貴族の選定を行うとともに、政党推薦者の適格性審査を行っている。一代貴族は、政党推薦のベテランの政治家が多いが、上級公務員、企業役員、労働組合幹部、医師や学者等からも選任されており、専門性が高い。

聖職貴族は、カンタベリー、ヨークの両大司教、司教のうちロンドン、ダーハム、ウィンチェスターの三司教は職に付随して、残りの司教の中から二一名が着任順に任ぜられる。

なお、二〇〇九年一〇月に最高裁判所が設置されるまで、貴族院は最上級審として裁判も行っており、これを担当する常任上訴貴族（一二名）も貴族院の構成員であった。常任上訴貴族は一定のキャリアと能力を要件として任命される法律専門家であり、裁判のほか、貴族院の一般の議事にも参加し議決権も有していた。しかし、最高裁判所が新たに設置された結果、常任上訴貴族はすべて最高裁判所裁判官とされたため、裁判官としての在職中は貴族院での出席権、議決権が停止されるとともに、これ以降に任命される最高裁判所裁判官は貴族院から切り離されることとなった。

貴族院議員も世襲貴族と一代貴族の多くは政党の党議拘束に服するので、政党別の勢力を数えることが可能であるが、二割程度、いずれの政党にも属さない無所属（crossbench）の議員がいることも注目される。

第一段階の改革後、貴族院の影響力が高まり、法案に対する修正は多くなっている（二―1参照）。その理由として、改革の結果、貴族院の正当性が高まったと感じられるようになり、貴族院議員が積極的に活動するようになったことが挙げられる。また、これに加えて、労働党政権下でも、連立政権下でも、政権党所属の議員だけでは過半数に達せず、議決には無所属議員の支持が必要となることも――政党所属議員もキャリアを積み上げたベテランが多いため政党からの独立性が庶民院議員に比して高いことも併せて――重要な要因であると考えられる。

(3)　貴族院改革の経過と現状

上記のとおり、ブレア政権は貴族院改革を二段階に分けて取り組むとし、第一段階の改革により貴族院の構成は大きく変容しているが、第二段階の改革は現在まで実現していない。

ブレア政権は、一九九九年に白書を公表し、王立委員会に第二院の役割と機能、それにふさわしい組織のあり方について勧告を行うように指示、これに基づき、王立委員会は、二〇〇〇年に報告書を公表した。これによれば、第二院の位置づけや機能には変更を加えず、世襲議員の廃止、首相の貴族院議員任命権の廃止と法律に根拠を有する任命委員会の創設、聖職議員の一六名への縮小、そして三五％を選挙で選出する議員、二〇％を推薦の無所属議員、四五％を政党推薦の議員とする提案を公表した。

これに賛意を示した政府の主張は庶民院で実質的な公選とすべきだとして多くの議員から批判さ

れたが、庶民院公行政委員会が六〇％を公選とすべきなどとする報告書を公表するなど、貴族院の構成を巡る議論が活発となった。

二〇〇二年に両院合同委員会が設置され、一二月に、権限は変えず、組織について、①完全な任命制、②完全な公選制、③任命と公選が各五〇％、④任命八〇％、公選二〇％、⑤任命六〇％、公選四〇％、⑥任命四〇％、公選六〇％、⑦任命二〇％、公選八〇％という、七通りの選択肢を示す提案を行った。二〇〇三年二月に両議院で議決されたが、貴族院では①のみが過半数の支持を得たところ、庶民院では、⑧一院制とすべきだとの修正動議も含めて、すべての選択肢につき過半数の支持が得られなかった。その後、政府は、二〇〇三年の女王演説で最高裁判所の創設等と合わせて世襲貴族の排除と独立した任命委員会の設置の方針を示したが、貴族院でこれが否定されたため、第二段階の貴族院改革はいったん停止した。

二〇〇五年の総選挙の後、政府は、二〇〇七年に白書を公表して、再び貴族院改革の議論が進められた。この白書は、任命と公選とを五〇％ずつ、二〇％は非党派的な任命にするというものであったが、その後、再び上の①～⑦案が議決に付されたところ、庶民院では完全な又は八〇％の公選制が支持されたのに対し、貴族院では完全な任命制が支持されるという結果となった。ブレアの後を継いだブラウン首相は八〇％公選か一〇〇％公選の二案を併記する白書を出したが、法案化されないまま二〇一〇年の総選挙を迎えることとなった。

そこでは、主要三党のマニフェストいずれにも貴族院を完全又は実質的な公選制とすることが掲げられ、連立文書にも、貴族院をすべて又は主に公選とする法律の制定が加えられたことから、再び貴族院改革が進められた。超党派の委員会での議論を経て、二〇一一年に公表された法案は、貴族院の権限は変更せず、構成は、公選議員二四〇人、任命議員六〇人、聖職議員一二人以下と閣僚議員とからなるとし、公選議員は任期一五年、再選不可で、庶民院議員総選挙と同時に三分の一ずつ改選とするというものであった。この法案は両院合同委員会による立法前審査（二－1(4)を参照）にかけられ、その報告書は、①立法の再考機能や政府統制機能を十分に果たすために定数は三〇〇人では足りず、四五〇人とすべきであること、②憲法的重要性ゆえにレファレンダムを実施すべきことを提言した。また、委員会内部の見解は割れたようで、少数派が別に私的な報告書を出し、貴族院を公選とすれば両院関係に影響を与えるはずであることから、両院の権限、機能を考慮したうえで、両院関係の習律についても再考すべきであると主張していることも注目される。

法案は、定数を四五〇人（公選議員三六〇人、任命議員九〇人）（＋聖職議員一二人、関係議員）に増やしたものの、レファレンダムの実施については法案に明言しないかたちで正式に庶民院に提出されたが、第二読会で保守党議員九一名が反対に回り、さらにプログラム動議（二－1(4)を参照）に労働党が反対の方針を表明したため、このままでは法案審議を順調に進めることができない状況となり、結局、二〇一二年八月、政府は法案の審議を断念することを発表し、再び貴族院改革は頓挫することとなっている。

2　議員の地位

議員の地位に関する明文の規定は存在しない。実際の任務としては、本会議や委員会において立法や政府統制に従事するほか、選挙区全体の利害を代表し、また個々の有権者の行政機関に対する苦情や要望に対応することが挙げられる。それゆえ、平議員においては一般に――省庁別特別委員会の委員長などその活動に力を入れる場合を除いては――活動時間の中で選挙区における相談活動（surgery）が占める割合が高まっているといわれる。

議員には議員特権が保障される。議員特権には不逮捕特権と発言免責特権がある。不逮捕特権は、会期の四〇日前から四〇日後まで及ぶが、民事手続に関連する身体拘束のみに適用される――刑事手続上の逮捕等には適用されない――ため、現在はそれほど重要ではない。これに対し、発言免責特権は、一六八九年権利章典第九条で「議会における発言及び討論又は手続の自由は議会外のいかなる法廷及び場所において非難され又は疑問に付されない」と定められており、議員の議事手続における発言のほか、証人の発言についても、民事、刑事の責任が絶対的に免除される。

庶民院議員には年約七万五〇〇〇ポンド余りの歳費に加え、スタッフの給与、選挙区の事務所の費用、地方議員のロンドンでの滞在費等の各種の手当てが支給される。貴族院議員は無給であるが、日当のほか、各種の手当てが支給される。

3　内部組織

(1)　両院の内部組織

庶民院の内部組織は、次のとおりである。議長は、全議員の選挙によって選出される。議長は政治的に中立に行動し、規律保持、議事進行、議院事務の統制など広範な権限を有する。また議長は、国王を含む議会外の者に対して議院を代表する。副議長として、歳出委員会委員長と二名の副委員長が存在する。院内総務（Leader of the House）は、政府の一員（閣僚）でもあり、庶民院における政府側の議事の組立てにつき責任を負い、翌週の議事を通知する役割を果たす。

事務方の長は事務総長（Clerk of the House）である。議事手続の専門家であるとともにマネージメントの責任者でもある。女王の勅許状で任命される権威ある役職である。このもとに、約一七〇〇人のスタッフがいる。スタッフは、政府の公務員ではなく庶民院委員会（House of Commons Commission. 議長、院内総務、影の院内総務、主要三党から各一名の平議員で組織される運営機関）の被用者という位置づけであり、政府から独立した地位を占める。

貴族院の内部組織もおおむね庶民院に近い。議長は、かつては大法官（Lord Chancellor）が務め、政府の一員（閣僚）と司法部の長を兼ねていたが、二〇〇五年憲法改革法によって議長の大法官との兼職はなくなっている。

(2)　本会議と委員会

イギリスでは、本会議で実質的な法案審査や政府統制（クエスチョン・タイムなど）が行われているが、政府統制などで委員会が果たす役割も大きくなってきている。

本会議は休会期間中を除き、月曜日から金曜日の毎日開かれる。会期——解散総選挙がなければ五月に始まる一年間——中で本会議が開会されるのは約一五〇日であり、他国に比べて日数が多い。

この時間の配分は、議事規則によって原則として政府の決定に委ねられているのが特徴である（「政府議事」）。もっとも、その例外としては、従来、野党に議事日程の設定が委ねられる「野党日（Opposition days）」として二〇日間（ただしこの二〇日を会期のどこに設定するかは政府が決定する）、議員提出法案の審議に充てられる金曜日一三日間、リエゾン委員会が選択した特別委員会報告書の討論を行う「歳出予算日（estimate days）」に三日間のみが認められていたところ、二〇一〇年の庶民院改革によって、さらに「平議員議事（backbencher business）」として三五日間——うち本会議での討論に少なくとも二七日間——が割り当てられることとなった（ここには上記の三日間の歳出予算日が含まれる）。平議員議事の議事日程は、平議員から選出される平議員議事委員会で決定される。

政府議事の具体的な議事日程の内容、進行予定については、政府・野党の院内幹事（Whip）の協議に基づき調整を行う。この協議ルートを「通常の経路（usual channel）」と呼ぶ。貴族院の場合には無所属議員の代表者が加わることもある。

実際の議事の中で、個別のやり取りにどれだけ時間を費やすか、誰を指名するか等については、議長に大きな権限が与えられている。

定足数について、庶民院では、採決（division）を行う際の定足数が四〇人とされているだけで、議事定足数の決まりは存在しない。貴族院でも、法案の表決の際の定足数が三〇人、議事定足数が議長を含めて三人である。それゆえ、本会議が開かれている時でも、議員は——ただ座っているだけの本会議に拘束されることなく——委員会への出席など、自分の任務を行うことが可能である。この合理的なルールによって、議会全体としてのパフォーマンスが上がっていると考えられる。

委員会には、全院委員会のほか、大きく分けて、一般委員会（general committees. 貴族院では常任委員会〔standing committees〕と呼ばれる）と特別委員会（select committees）がある。一般委員会は、一般法案委員会（Public Bill Committee. 二-1(1)参照）のほか、委任立法委員会、スコットランド・ウエールズ・北アイルランドの各大委員会など、主として法案の審査を行うものである。一般法案委員会は、法案ごとにアド・ホックに組織されるものであり、一六人〜五〇人の委員で構成され、委員は全体の政党別議席数にできるだけ比例するかたちで各政党に配分される。委員は選任委員会によって任命され、委員長は議長が任命する。これに対し、特別委員会には、庶民院決算委員会（Public Accounts Committee）、庶民院公行政委員会（Public Administration Select Committee）、省庁別特別委員会など、主に財政統制、政府統制を行う委員会のほか、リエゾン委員会、基準・特権委員会（Committee on Standards and Privileges）など、議院の内部事項に関わるものも含まれる。特別委員会の多くは議院規則で管轄や委員数などを定められている。委員長や委員の選任は、従来、院内幹事の影響が強かったが、このことへの批判が強まり、二〇一〇年より、省庁別特別委員会の場合、委員長の選出は本会議の秘密投票により、委員の任命についても、実質的な選任は各政党の議員の中の秘密投票により行うこととされている。

各議院は、その議事手続や内部事項を排他的に規律する権限を有する。懲罰として、収監、罰金、有期又は無期の出席停止がある。また、各議院は、議員の資格争訟を裁定する権限、議員としてふさわしくないと判断した者を除名する権限を有する。これらの決定に対して裁判所が審査することは認められていない。

(3)　政党

政党は、議院規則上の位置づけは曖昧であるが、実務上は重要な役割を果たしている。

議院運営において枢要なのは上述の院内幹事である。政府側の幹事は、幹事長（Chief Whip）と一二人までの幹事とから組織される。これらは政府の一員であり、大臣としての給与を受ける。野党（第一野党）側は、幹事長と二人の幹事が有給で、それに加え一〇人強の無給の幹事で組織される。党幹事は、議事に関する情報を所属議員に通知して、出席しなければ重大な政治的帰結が結びつけられる議事（通知の議事の下に三本線が引かれることから、“three line whip”と呼ばれる）や出席は絶対ではないが必要である議事（同様に線が二本引かれることから、“two line whip”と呼ばれる）に所属議員を出席させる一方で、上記のとおり議事の進行予定について調整を行う。政府側の幹事は、首相や議員団長と平議員との間の連絡役も果たしている。

イギリスでは、ドイツのような包括的な政党助成制度は存在しないが、野党に対し、議会の活動を支援するための助成が行われている（制度を提唱した当時の議員団長の名前から、庶民院ではShort money、貴族院ではCranborne moneyと呼ばれる）。庶民院においては、直近の総選挙で二議席以上を有するか、一議席を有しかつ一五万票以上の得票があった政党に対し、①議会活動の一般的な支援、②旅費、③野党党首の事務の補助のカテゴリーに分けて、議席数と得票数に応じた配分がなされている。二〇一四年度の総額は約七二五万ポンドである。貴族院でも、野党と無所属議員の代表に支給されている。二〇一五年度の総額は約九二万ポンドである。

二　権限

1　立法

⑴　立法手続――政府提出法案の場合

イギリスにおける法案には、一般法案（Public Bill. 社会のすべての構成員に適用される一般的な法律の案である）、私法案（Private Bill. 特定の地域や集団に対してのみ適用される個別的な法律の案である）、混合法案（Hybrid Bill. 一般法案であるが、特定の私的な利益に、同種の者と異なるかたちで影響を与える法案である)、金銭法案(2参照)の種別があるが、はじめに政府提出の一般法案の制定過程を略述する。

庶民院においては、原則として、第一読会→第二読会→委員会→報告段階→第三読会という手続を踏む。第一読会は形式的で、法案提出者が本会議場のテーブルに法案を提出し、議場参事(Clerk at the Table)が法案の名称を読み上げることで終了する。

第二読会では法案全体の原則的事項について審議を行う。準備のため、第一読会から第二読会まで少なくとも二回の週末の間隔をとるのが望ましいとされるが、必ずしも遵守されているわけではない。第二読会での討論には、重要な政府提出法案で一日(六時間相当)の時間を割くのが通例である。重要でない法案や争いのない法案の場合には割り当て時間がより短くなったり、討論なしで議決に付されたりすることとなる。

第二読会で可決された法案は逐条の検討に付されるが、多くは一般法案委員会(Public Bill Committee)に送付される。委員会では、法案が逐条審議に付されるが、二〇〇六年の改革で、その前に外部の専門家や関係者から文書提出や口頭証言を得ることができるようになっている。逐条審議の際には、修正案が出されることもあるが、通常は与党が多数を占めるので、政府が修正に同意しない限り——もっとも、興味深いことにこの段階で政府が進んで修正を行うことも多いが——これが可決されることは稀である。

法案によっては、その他の委員会に付託されることもある。全院委員会(Committees of the whole

House）は、歳入委員長が長を務め、全議員で組織されるが、①争いがなく委員会の審議を事実上省略できる法案、②法案審議に緊急性を要する法案、③憲法上重要な法案はこの委員会に付託される慣行が今日も妥当している。特別委員会に付託されることもあるが、極めて稀であり、実際には五年に一度議決される軍隊法案くらいだといわれている。

委員会での審議が終わった法案は、全院委員会で修正なしに可決されたものを除き、本会議に戻される。この手続を報告段階（Report Stage）と呼ぶ。ここでは委員会から戻された法案に対して、修正を発議することができるが、議長が発議を採択して討論に付すのは、政府が再考の意向を示している場合などに限られる。修正の討論が終了した後、通常はそのまま第三読会へと移行する。第三読会における討論は、与野党が激しく対立する法案のとき、野党が最後の抵抗を示そうとする場合もあるが、通常は短時間で形式的なものであり、この議決により法案は庶民院を通過したこととなる。

貴族院での審議も、基本的には庶民院と同様の手続による。ただし、以下の点で若干の違いがある。第一に、委員会での審議は、ほとんどの場合、全院委員会で行われる。第二に、修正の提案について、庶民院のごとく議長（委員長）による選別はなされず、すべてが討論に付される。第三に、ギロチンやプログラム動議（⑷参照）が存在しないため、理論上は審議が無限に延びる可能性がある（実際には、引き延ばしは稀である）。第四に、貴族院では第三読会でも修正の提案が可能である。

両院で可決された法案は国王の裁可を得て成立する。もっとも、法律が発効するのは、法律に含まれる発効規定（commencement provision）が定める日か、発効規定の授権に基づき大臣が定める日であることが通常である。

なお、近時、法案審議過程の中において、人権保障及び憲法保障の関連から重要な役割を果たしている組織として、両院合同人権委員会と貴族院憲法委員会がある。両院合同人権委員会は、二〇〇一年に設置された特別委員会であるが、すべての政府提出法案につき、一九九八年人権法や欧州人権規約などの人権規定との抵触がないか調査を行い、法案提出後できるだけ早い時期に、両院に報告書を提出する。現在、非常に活発に活動している。また、貴族院憲法委員会も、すべての一般法案について、憲法に与える影響を調査し、適宜、報告書を提出する。両院合同人権委員会に比べて報告書の数は少ないが、より専門的で質の高い議論を行っており、政府が法案修正等の提案を受け入れるという意味での影響力は大きい。

⑵　立法手続——議員提出法案の場合

これに対し、議員提出法案（Private Member's Bills）については、審議の流れは政府提出法案の場合と同じであるが、法案提出の方法が異なり、また法案審議時間が大きく制約されている点に特徴がある。

法案提出の方法は、四通りある。第一に、会期の第二週に、申出をした議員の中で抽選を行い、二〇人に優先提出権が与えられ、これらの議員の立案した法案が会期の第五週に提出されるものである（この法案を「抽選法案〔Ballot Bill〕」と呼ぶ）。抽選法案には第二読会のため金曜日のうち七日間が割り当てられており、優先順位に従い日を決める。第二読会では、一〇〇人の議員の賛成が得られなければ審議打ち切りとなる。これを乗り越えた法案は、政府提出法案と同様に、委員会→報告段階→第三読会と進んでいくこととなるが、抽選法案に割り当てられている本会議の残り日数は六日間しかないため、第三読会の議決までたどりつくのは困難である。また、貴族院で修正された場合には庶民院で再度の審議を行う時間がとれないため、成立のためには貴族院の支持が重要となる。

第二は、一〇分ルール（Ten Minutes Rule）の下で提出されるものである。これは、会期の第七週以降の火曜日と木曜日に、一人の議員に法案の提出理由を一〇分以内で述べて提出の許可を求める機会が与えられるものである。演説を行うのが他の議員やマスコミ等の注目を集めやすい時間帯であるため、この方法を用いる議員は多い。第三は、政府提出法案の場合と同様に法案提出者が本会議場のテーブルに法案を提出するかたちで行うものである。しかし、これらの法案の審議は抽選法案の審議の終了後に回されるため、成立の可能性は非常に低い。第四は、貴族院における議員提出法案である。貴族院においては、庶民院のように、議員提出法案に割く審議日数等の制限がないため、その意味では議員提出法案の提出が容易である。しかし、貴族院で可決された法案が回付された後に庶民院で審議するための時間が非常に限られるため、政府が賛成しない法律が成立に至る可能性は低い。

とはいえ、一会期に平均九つの議員提出立法が成立しており、中には、死刑廃止や堕胎の合法化等といった社会的に重要な法律も含まれる。また、一〇分ルールに基づく法案提出のように、まず世論の注目を集めることを目的とする場合も多い。

(3)　両院関係

財政関連法案は庶民院先議の習律があるが、それ以外はどちらの議院を先議とするかに決まりはなく、政府提出法案の場合には、政府側の院内幹事が、議会の時間を最大限活用するべく、提出先の決定を行うようである。実際には、重要法案は庶民院先議とされることが多い。

両院の議決が異なる場合、金銭法案以外の法案については（金銭法案の場合については2を参照）、貴族院には一年の停止的拒否権が認められているにすぎないので、連続二会期、庶民院が同一の法案を議決し、最初の会期の第二読会の議決と後の会期の第三読会の議決との間が一年経過しており、いずれも貴族院に会期終了の一か月以上前に回付されていれば、その法案は成立する（一九一一年議会法及び一九四九年議会法）。また、総選挙での公約に含まれていた事項については、貴族院で反対しないという慣行（一九四五年に労働党政権とソールズベリー卿が率いる貴族院の保守党との間での約束が始まりであることから、「ソールズベリー習律」と呼ばれる）が存在する。この慣行の妥当性については幾度か疑問が投げられたが、二〇〇六年に議会の習律について検討した両院合同委員会の報告書によれば、総選挙での公約を含む政府提出法案は貴族院の第二読会で否決されることはなく、また貴族院が修正を行う場合でも法案の趣旨を骨抜きにするような修正は許されず、さらに庶民院で再び審議する時間を確保して回付することが求められるという内容であると定義され、現在も《ママ》この習律は妥当しているとみられる。

実際に、貴族院が庶民院で可決された法案に対して修正を行うことは多く、近時、テロリズム対策の諸法案をはじめ人権に関係する法案を中心に、修正件数は増えている。その背景には、貴族院においては無所属（Cross-bench）の議員が二〇%弱存在し、与党が単独で過半数を占めていないという事情のほか、庶民院に比べて政党の規律が弱く、平議員の「反乱」が多いことも要因として挙げられる。貴族院が修正を行ったとき、庶民院（そこで多数を占める政府）が直ちにこれを受け入れる場合も多いが、庶民院（政府）がこれを受け入れず、再び修正して可決した場合には、理論的には庶民院と貴族院との決定が一致しないまま、当該会期中、法案が両院の間を無限に行き来することになる（これを「ピンポン」と呼ぶ）。しかし、実際には、庶民院から再度回付されてきた法案に対して貴族院がこれを再度修正することは稀であり、貴族院が再度修正して「ピンポン」の状況に至る場合でも、何度かの往復の後、最終的に貴族院が譲歩することが通常である（そのため、実際に上記の議会法の手続が用いられる場合は極めて稀である）。このことからも、貴族院は庶民院に対して劣位することを意識し、その権限を自制的に用いていることが窺われる。

(4) 近時の改革――プログラム動議と立法前審査

議事促進手続として、古くから、時間配分命令（いわゆるギロチン）が知られてきた。この動議は、立法手続のどの段階でも提出することができるが、三時間の討論の後に可決された場合、後の審議の各段階に時間的拘束が課されて、当該時間の経過とともに審議が自動的に打ち切られるという効果が発生する。かつては、この手続に訴えることは、議院内外に激しい批判を招いたため、一年に一回用いられるかどうかであったが、一九七〇年代後半から、使用頻度が高まりはじめ、一九八八年には一〇回、一九九八年には一一回、一九九九年には一三回に上った。

しかし、ギロチン動議は、政府の都合で審議を――たとえ審議されていない条項や事項があっても――打ち切ることになるため、問題視された。議会で審議するべき法案の量の増大という圧力と実効的な審議の確保という要請のバランスをとるため、庶民院において、プログラム動議が一九九七年から導入された。これは、①第二読会の終了時にその後の審議過程全体を計画化するために決議されるものである点、②当該法案の送付先の委員会を特定する点に特徴がある。当初、この手続は、政府と野党の合意に基づき用いられた。しかし、二〇〇〇年以降、政府がこの動議を一方的に用いるようになり、当初、法案を送付されることが期待された特別常任委員会（special standing committee）がほとんど活用されず、逐条審議が途中で終了する状況が多く発生したこともあって、その運用に対する批判が強まっている。

近時、立法の質の改善に資しているとして注目されている手続に、立法前審査（pre-legislative scrutiny）がある。これは、政府が正式に法案を議会に提出する前の段階で、いったん両議院各々の関連する特別委員会あるいは両院合同委員会――常設の特別委員会の場合もあるが、特定の法案を審査するためのアド・ホックな特別委員会が設置されることも多い――に既に条文化されている法案を提出して審査を受けるという手続である。そこでは、書面及び口頭での証拠提出が認められるため、専門家、関係者、市民の関与が可能となること、特別委員会は審査の後に報告書を出し、法案に対する意見を明らかにするため、政府はそれに対する応答が必要となる——法案の修正に繋がることもある——こと、といった利点が指摘される。立法前審査は一九九〇年代の保守党政権時代から散発的に行われてきたが、一九九七年からの労働党政権下で活発に用いられるようになり、重要法案に関してはこの手続をとることが増えてきている。

⑸　委任立法の統制

委任立法の増大に対する対処はイギリスでも問題となっているが、委任を受けて定められる命令と、委任を行う法律の双方に対して、一定の統制制度が存在する。

まず、議会は委任を受けて定められる政府の命令のうち一定のものに対して、消極的決議または積極的決議の形式で統制を行う。消極的決議とは、当該命令に反対する者が当該委任命令を無効とすべき動議を提出して討論の後に議決をとるものである（なお、委任命令について議会の修正は許されない）。当該命令の提出後四〇日以内に議決がなされなければ、当該命令は有効に成立したものとみなされる。消極的決議に関する討論は本会議でも行われうるが、時間的制約からその数は極めて少なく、多くは委任立法委員会で行われる。

積極的決議とは、委任命令が成立する要件として求められる、これに賛成する議決のことをいう。積極的決議が必要な命令は自動的に委任立法委員会に付託され、そこで討論が行われた後、本会議に戻されて、討論なしで議決に付される。なお、近時、委任命令に授権法律の条項の改廃を授権する場合（このような法律の条項を「ヘンリー八世条項」と呼ぶ）に、両院の委員会に調査権を与えて委任命令の草案の事前審査を行わせ、それを踏まえて提出される命令について積極的決議を義務づける、「超積極的決議」と呼ばれる手続も登場し、注目されている。

委任命令に対する統制権限のありようは、授権法律の定めに依拠するが、通常は、貴族院にも庶民院と同様の権限が与えられている（ただし、財政関連の委任命令は庶民院にのみ提出される）。もっとも、委任命令に対する決議は庶民院から行われるのが通常であり、貴族院で、庶民院で行われた議決に反対の議決を行うことは極めて稀である。

なお、これらの決議にかけられる命令については、特別委員会のひとつである両院合同委任立法委員会（Joint Committee on Statutory Instruments）が、法律家スタッフの助けを借りながら、技術的側面に関する調査を行い、必要な場合、両院に報告書を提出する（財政関連の委任命令については、庶民院の委任立法委員会が同様の調査を行う）。

また、委任を行う側の法律に対しても、立法の委任が適切に行われているか、委任立法に対する議会の統制の仕組みが適切に定められているかを、一九九二年以降、貴族院委任権限・規律委員会が調査を行って、必要な場合、両院に報告書を提出する制度が採用されている。

2　財政統制

(1)　原則と特徴

課税や歳出については、①庶民院の同意が必要であること、②その提案は「国王（Crown）」——実際には政府——しか行いえないこと、③庶民院先議であって貴族院による修正は許されないこと、が憲法習律だとされてきた。一九一一年議会法は、「金銭法案（money bill）」——課税又は歳出が唯一の目的であって、議長がその旨を認定した法案だと定義される——について、庶民院で可決されて会期終了の一か月以上前に貴族院に回付されれば、貴族院で可決されなかった場合でも、国王の裁可を求めて成立させることができる旨を定めて、庶民院の優越をいっそう進めた。実際には、貴族院での審議は形式的なものにとどまっており、議会法の規定が用いられたことはない。

なお、イギリスにおいては、日本のように歳入歳出を纏めた単一の予算があるわけではなく、歳出関連の法案と歳入関連の法案が別々のサイクルで審議、議決される点にも特徴がある。

(2)　歳入に関する手続

歳入に関しては、三月に行われる「予算演説（Budget statement）」の後半部分が税制関連の提案に当たっており（前半部分は経済財政状況の分析の報告）、演説の終了後、このうちのいくつかについて直ちに決議にかけられ、同意されれば直ちに法律としての暫定的な効力が認められる。すなわち、予算演説に続き野党党首による演説がなされ、経済財政政策に関する討論が四～五日行われた後、予算演説に含まれた税制関連の提案に対する庶民院の同意の決議がなされる。しかし、この決議を受けた提案の内容を踏まえて、改めて四月に税制関連の提案を一括した財政法案（Finance Bill）が公表、庶民院に提出される。財政法案は庶民院の本会議で第二読会に一日かけられた後、切り離されて、重要な、あるいは争いのある部分は全院委員会に、その他は常任委員会に付託されて、五月に審議される。ここでは、先の決議によって議員の修正権が制限され、決議中で税率が明記されていた場合にはこれを下げる修正提案しかなしえない点が特徴的である。委員会の段階で政府が修正に応じることは通常の法律以上に稀であるが、例がないわけではない。六月に入って、報告段階、第三読会は各一日で終わり、七月に貴族院に回付されるが、ここでの審議は形式的なものであり、七月には当該年度の財政法が成立することとなる。

イギリスの税制関連法案は、三月の予算演説まで、首相、財務大臣及びその周辺の一部の関係者の中で秘密裏に作成される点にも特徴がある。このため、議会の統制を強化するために、一九九七年以降、「事前予算報告書（Pre-Budget Report）」が前年の一一月に公表、提出されるのが通例となっている。そこでは、経済財政状況の分析とともに、来たるべき税制の狙いの概要が明らかにされる。これに対し、政府の経済財政政策に関する討論が議会（委員会）でなされることとなる（この討論は貴族院でも行われる）。ちなみに、国債の発行には議会の議決が必要でなく、政府限りでなしうる点にも特徴がある。

(3) 歳出に関する手続

歳出に関しては、一年間のサイクルの中で複数の歳出予算が提出されるのが通例となっており、複雑な過程をたどる。第一に、「暫定歳出予算（Votes on Account）」が前年度の一一月に庶民院に提出される。これは、本予算が成立するまでの歳出を充当するためのもので、全体の四五％を占めるといわれる。第二に、「本歳出予算（Main Estimates）」が、歳出に関する予算演説を受けて、それゆえ時期は四月に入ってから公表され提出される。第三に「補正歳出予算（Supplementary Estimates）」が、夏季（五月）、冬季（一一月）、春季（二月）に三回提出される。第四に、実際の歳出が議会の承認を得た金額を超過した場合や議会の承認を得た目的外で行われた場合に、事後的に同意を得るための「超過予算（Excess Vote）」が次年度の二月に提出される。これらの予算は庶民院で同意の決議を受けるが、ここでも税制の場合と同様に、決議を受けた予算の内容に対応する歳出法案が改めて作成、提出される。暫定歳出予算と前年度の冬季補正歳出予算は、「統合基金法案（Consolidated Fund Bill）」として一二月に、前年度の春季補正歳出予算と超過予算は、「統合基金（充当）法案（Consolidated Fund〔Appropriation〕Bill）」として三月に、本予算と夏季補正歳出予算は「第二統合基金（充当）法案（Consolidated Fund〔Appropriation〕〔No.2〕Bill）として七月に、それぞれ庶民院に提出される。これらの歳出法案は、委員会への付託は行われず、本会議のみで審議が行われ、しかも第二読会、第三読会は討論なしで直ちに議決に付される。ここでも、その後の貴族院における審議は形式的なものであり、法案はすぐに成立することとなる。

(4) 事後統制

イギリスにおいては、庶民院による事後的な統制に重きが置かれている。そこでは、会計検査院――会計検査院は、その長たる会計検査院長が「庶民院の職員」であると定められているとおり、立法部に所属する組織であると解されている――と庶民院の決算委員会の働きが重要である。第一に、各省庁の毎年度の決算（資源会計・決算が導入されている）について、会計検査院が検査を行い、庶民院決算委員会に翌年度の一一月に報告されて審議される。第二に、年度を通じて、会計検査院が、特定の事項について、経済性・効率性・実効性の検査（VFM検査）を行い、その報告書が庶民院決算委員会に報告されて審査される。報告書は年間約五〇本作成され、政策の当否に踏み込むような厳しい審査が行われる。

もうひとつ、近年、事後的な統制で注目されるのは、省庁別年次報告書に対する省庁別特別委員会（3(3)参照）の監督である。省庁別年次報告書は、一九九一年以降、省庁ごとに作成、公表されているが、そこには、大臣や幹部公務員の氏名や職務、省庁の組織図や任務、三年間の歳出計画とともに、公共サービス合意書（Public Service Agreements : PSA）に照らして、目標が達成されているか、資源が有効に使用されているかに関する自己評価が記される。この報告書は、三月〜五月に公表されるが、その内容について、省庁別特別委員会で活発な審査が行われるわけである。

このように、イギリスにおいては、予算や関連法案の審議を通じた事前の財政統制機能は弱い――政府は望む予算や関連法案をほぼ自動的に成立させることができる――反面、会計検査院、庶民院決算委員会、省庁別特別委員会を通じた事後的な統制に力が入れられている点に特徴がある。

3 政府統制

(1) 質問

質問は、議員が大臣に対して行うもので、口頭質問と書面質問があるが、「情報を収集し行為を要求するためのもの」であるという位置づけを与えられている。

口頭質問は、クエスチョン・タイムと呼ばれ、庶民院において、会期中の月曜日から木曜日に、毎日、五五分間開かれる。四週間に一度の順番で各省に時間が割り当てられる。口頭質問を希望する議員——与野党を問わない——は、原則として三日前までに書面で質問を提出し、コンピュータのくじにより一定数まで順番が付される。当日は、当該質問に関する質疑及び答弁の後、補充質問が行われる。補充質問は、まず当該議員に認められ、その後、与野党の人数が均等になるよう配慮しつつ、議長により別の議員に認められる。この口頭質問のうち、毎週水曜日に三〇分間行われるのが、有名な首相に対するクエスチョン・タイムである。その方法はおおむね他の大臣に対するものと同じであるが、野党党首に八回（自民党が野党の時にはうち自民党党首に二回）の優先的な質問が認められ、そこでの首相と野党党首との遣り取り——実質的には討論——が、国内で最も注目を集める政治討論となっているわけである。口頭質問は、情報の収集よりむしろ与野党の対決や議員のアピールの場として機能しているといえる。なお、当日の朝に議長に要求し、議長が重要で真に緊急な案件であると認めた場合に、口頭質問の最後に差し込むことを認める緊急質問の制度も存在し、一会期に一〇件ほどであったが、この件数は増加傾向にあり、二〇一三～一四年の会期には三六件が認められている。

書面質問は、一週間以内に書面で答弁を行うのが習律である。政府の政策や選挙区の問題に関する情報を得るために用いられることが多い。この件数も年々増加しており、二〇一三～一四年の会期には四万五千件を超えている。

貴族院にも質問制度が存在する。口頭質問には、会議の冒頭に行われるものと、一日の議事の最後に行われるものとがある。前者は、月曜日から木曜日まで、一日に四件と限定されており、省庁別にもなっておらず、首相に対するクエスチョン・タイムも存在しない。後者は当日の時間に余裕がある場合に行われる。書面質問は、二週間以内に書面で答弁を行うこととされている。この件数も増加しており、二〇一三～一四年の会期で七千件ほどとなっている。

(2)　討論

討論は、法案審議など各種の場面で行われるが、とくに、政策や行政活動をめぐって議論を行い、政府統制の機能を果たすものがある。この種のものとして位置づけられる庶民院での主な討論として、次の種類が挙げられる。毎日、議事の終了前三〇分を抽選で平議員に割り当て、その望む論題について大臣と討論を行う延会討論（adjournment debate）、「野党日」（一 3(2)参照）に野党が提出する動議に基づいて行われる討論、一九九九～二〇〇〇年の会期に設置されたウエストンミンスター・ホールで火・水曜日に平議員の設定した論題について行われる討論である。

これらの討論は、平議員によるものは選挙区に関わる事項が多く、また野党によるものは政府の政策や活動の妥当性を批判、追及し、また自らの政策を訴えるために使われるが、いずれも、大臣との間で行われるものであり、政府統制の意義を有するものである。

(3) 省庁別特別委員会

庶民院における特別委員会の存在は一六世紀に遡るが、特定の事件を調査するため、アド・ホックに設置されていたもので、現在の常設の省庁別特別委員会の制度は、一九七九年に創設されたものである。省庁別特別委員会の調査目的は、行政の不祥事や過誤の追及に限らず、政策形成への寄与や活動全体の評価など多岐にわたる。上述した法案の立法前審査や省庁別年次報告書の審査も特別委員会の任務である。調査は、委員会自らがテーマを設定し、関心事項や質問項目を公表して、一般に資料の提出を公募したり、関連省庁等を特定して文書の提出を要求したりすることで行う。また、証人を指定し委員会室で聴取される口頭証言は、重要な調査方法である。調査が終了すると、報告書が作成、公表される。報告書は、本体と、口頭証言の議事録、提出文書とからなる膨大な資料である。報告書に対して、政府は二か月以内に文書で応答を行うのが習律とされる。応答に対し、さらに委員会が調査を継続させることもある。特別委員会の報告書は、会期中三日間割り当てられる「歳出予算日（estimate days）」に本会議で討論されるほか、ウエストミンスター・ホールでも討論される。

なお、証人の出頭や文書の提出を求める権限は、これに従わない場合、委員会が本会議にこれを報告し、本会議が議会特権の侵害として処罰することが可能であるという意味で強制的といいうるが、実際に処罰に至った例は長年存在しない。ただし、公務員は大臣の同意が得られないことを理由に証言や文書提出を拒否でき、大臣には同意が強制されないため、委員会と政府との間でしばしば争いが起きる。

委員会は、原則として平議員のみから、その政党別の人数は本会議の勢力にできるだけ応じる形で組織される。委員の実質的な選任は各政党の議員の中で秘密投票により行うこととされている。委員長は委員の互選で選出されるが、政党別の人数はここでも本会議の勢力に応じるように調整される。省庁別特別委員会は、事務長、次長、専門官、アシスタントからなる総勢五〜六名の常勤職員と特別顧問とにより補佐される。

注目すべきは、この省庁別特別委員会の活動は、党派が対立してなされるのではなく、党派を超えて、所属する平議員が一体としてなされることである。その背景には、活動が口頭証言を除き非公開で行われること、委員は固定され長期間共に活動すること、報告は証拠に基づき客観的になされること、といった事情の存在が挙げられている。

また、これらと別にいくつかの特別委員会で、領域横断的な政府統制が行われている。リエゾン委員会（Liaison Committee）は、常設の委員会の委員長から組織される委員会であって、基本的には委員会の運営や、委員会の報告書のうちどれを本会議で取り上げるかといった事項について審議するものであるが、二〇〇一年より、年に二回、委員会の定めたテーマで首相に証言を求め、内政及び外交の事項に関する討論を行っており、注目を集めている。また二〇一三年には、副首相に対しても、初めて、同種の証言を求め、討論を行っている。公行政委員会は、一九九七年に設置された委員会である。「公務員内部の運営の質及び基準を調査し、並びに議会オンブズマン及び社会保障オンブズマンの報告を審査する」のが任務であるが、前者の任務においては、行政改革や公務員制度改革等に関して非常に活発な調査を行っており、今日、極めて重要な役割を果たしている。また、決算委員会（2⑷参照）も特別委員会のひとつであるが、一八六一年に設置された、由緒正しい、最も権威のある委員会だとされている。

庶民院の特別委員会は、年間に延べ約一三〇〇回の公式の会議が開かれ、うち約五〇〇回が口頭証言であって、非常に活発である。

貴族院にも特別委員会が存在するが、庶民院のように省庁別ではなく、政策領域別となっている。欧州連合委員会、経済問題委員会、科学技術委員会、憲法委員会などが代表的なものである。その組織や活動方法は、基本的に庶民院の特別委員会と同様である。

⑷　不信任決議

政府（内閣）は庶民院の信任に基づかなければ在職しえない、というのが基本的な原則であり、庶民院は、不信任決議の可決又は信任決議――政府が特定の法案の議決に信任を賭すことを明言している場合も含まれる――の否決によって内閣の総辞職または庶民院の解散に導くことができる。

従来、具体的に何が上の決議に該当するかについては曖昧であったところ、二〇一一年議会任期固定法は、「本院は、女王陛下の政権を信任しない旨」の決議であると明文化している（二1(1)も参照）。もっとも、戦後の例としては、一九七九年にキャラハン内閣に対する不信任決議の可決が知られるのみであり、現実政治において内閣不信任が注目されることは極めて稀である。

おわりに

はじめにで述べた観点から、イギリスの議会の特徴を纏めておきたい。

第一に、独特な第二院、すなわち貴族院の存在についてである。第一段階の改革後の現在のありようを眺めれば、政府提出法案に対する否決は人権に関係するものが目立つことや、憲法委員会や委任権限・規律委員会の機能からは、少なくとも人権、憲法、法制に関わる事項では庶民院に対して独自の存在感を出そうとしていることが窺われる。他方で、ほとんどの法律については、「ピンポン」をしてもその会期中に最終的には貴族院が譲歩して成立させること、財政に至っては、予算関連法案の審議が完全に形式的なものにとどまり、決算審査を行わない点に明らかなように、ほとんど関与しないことからは、法律や習律で認められた権限をすべて用いることなく、庶民院に対して自制的に行動していることが知られる。第二段階の貴族院改革は、庶民院が公選制の導入を主張するのに対し、貴族院は任命制の維持を主張しており、これがデッド・ロックを生んでいるわけであるが、その背景には、第一次改革後の現在の貴族院の機能——庶民院に比較して非党派的、専門的であるがゆえの、立法過程で再考を促す機能や、政府統制を効果的に行う機能——に対する評価と、貴族院が公選となれば、貴族院がより党派的になり、またより強い正統性を得るために、庶民院の優越性が損なわれ両院の絶妙なバランスが失われることへの恐れがあるのではないか。貴族院改革の帰趨は、民主主義の理念とプラグマティックな考慮との間で、どのように折り合いをつけて決断を下すかによると思われる。

第二に、議会の活動の活発さについてである。年間平均約一五〇日の開会期間中、毎日本会議が長時間開催される上に、各種の委員会や庶民院のウエストミンスター・ホールでの審議、討論が詰め込まれており、議会全体の延べ会議時間は極めて長い。この時間を、政府、野党幹部、平議員が各々の狙いを実現するために奪い合った上で、議題を設定し、その中で実質的な——事前準備のペーパーを棒読みするのではない——演説や討論を行う。機能別にみた場合でも、予算や金銭法案の審議は短時間で処理されるが、法案の審議は読会制と逐条審議の制度によって——審議促進手続等を用いなければ——時間をかけ段階を踏んで行うように仕組まれている。法案の本質的内容で政府と野党、平議員とが衝突する中で修正の可否が問題となる場合もあるが、枝葉の、あるいは技術的な事項で、政府が自発的に修正を行うことも多い。これは提出段階の法案が稚拙だからであるともいえそうであるが、議会の審議の中で、マスコミや専門家、国民の目の下で、大臣を含む議員が内容、形式共に練り上げていくのは本来の議会の姿であるようにも感じられる。また、イギリスにおいては、特別委員会の活動に顕著なように、事後的な政府統制、それも説明責任の完遂に力を入れている点が特徴的である。そこでは、単なる政局目当ての批判ではなく、不手際の匡正や政策の変更、形成を目指した現実的、建設的な議論、提案が行われており、政府も口頭証言等に応じ、また報告書に対して必ず応答を行うことを通じて、多くの情報を公共空間に提供して、説明責任を果たしている。ここにも、日本の議会が見習うべきひとつのあり方があるだろう。

【参考文献】

河島太朗「イギリスの年議会任期固定法」外国の立法二五四号（二〇一二年）
特集「英国の政治システムとその変容」レファレンス七三一号（二〇一一年）
大山礼子「変革期の英国議会」駒澤法学九巻三号（二〇一〇年）
上田健介「イギリスにおける選挙制度と政党」比較憲法学研究二二号（二〇一〇年）
松井幸夫編著『変化するイギリス憲法』（敬文堂、二〇〇五年）
Erskine May Parliamentary Practice, 24th ed., 2011
Jeffrey Jowell and Dawn Oliver, The Changing Constitution, 7th ed., 2011
Robert Blackburn and Andrew Kennon, Parliament, 2nd ed., 2003
Rodney Brazier, Constitutional Practice, 3rd ed., 1999
Robert Rogers and Rhodri Walters, How Parliament Works, 6th ed., 2006
A W Bradley and K D Ewing, Constitutional and Administrative Law, 15th ed., 2011
Colin Turpin and Adam Tomkins, British Government and the Constitution, 7th ed., 2011

フランス

勝山教子

はじめに

「憲法の実験室」と呼ばれるフランスは、議会制度のあり方に豊富なモデルを提供してくれる。一般に、議事手続など議会活動を規律するルールは先例などの慣習によることが多く、他国からは制度の実態が見えにくいのであるが、統治制度改革の大枠を憲法典で決めていくフランスは、比較的、他国にとって理解しやすい。

大統領権限の強大な現行のフランス第五共和制は日本人の目には大統領制国家にうつるかもしれない。しかし、フランスの統治制度は基本的に議院内閣制であり、首相が率いる政府は議会に対し責任を負う。その大統領制的性格は、執行府内部における大統領と首相との関係から生じていると理解した方が分かりやすい。フランス第五共和制と日本の議院内閣制の大きな違いは、フランスでは憲法で議会と政府の関係が政府優位に制度化されている点にあったが、その違いは近年の憲法改正によって薄れてきている。政党制の構造や政府と与党が一枚岩でないところも両国は似かよっている。公選の二院制を採用する単一国家フランスが両院の「ねじれ現象」にいかに対処するかも日本にとって一つの参考になりうるところである。

一　第五共和制憲法の枠組み

1　新たな制度の均衡

(1)　議会統治制から合理化された議院制へ

第五共和制の発足と同時に、フランスの議会は、第三共和制以来保持してきた様々な権限を失い、その実質的地位を大幅に低下させた。

フランスでは、第三共和制下で大統領の下院解散権が死文化して以降、議会主導型の統治体制が続いた。小党分立の政党状況から、内閣の支持基盤は脆弱であり、重要法案が否決されただけで内閣が辞職に追い込まれるようになり、第四共和制下の内閣平均存続期間はわずか半年にすぎなかった。

第五共和制憲法は、政府の安定を図るため、強すぎる議会権限を大幅に制約し、それまで議会の決定に委ねてきた一連の議事手続を憲法自身によって議会制約的に規律したのである。こうした憲法上の諸措置は「合理化された議院制（parlementarisme rationalisé）」と呼ばれ、フランス第五共和制議会の特徴を形作っている。

(2) 合理化された議院制の特徴

導入された議院制合理化措置には、たとえば、議会の活動期間（会期）の制限、議会の立法事項の限定、議員と政府構成員との兼職禁止、立法手続における政府権限の強化、政府不信任手続の厳格化などがある。

議院の権限を憲法の枠内に閉じ込めるためには、明文規定をおくだけでは十分でなく、憲法規定を議院に遵守させる手段を確保する必要がある。そのために導入されたのが、憲法院による議院規則の合憲性審査制度（憲法第六一条第一項）である。議院規則はその施行前に憲法院の合憲性審査に付託されることになり、これによって両議院の排他的な規則自律権の伝統は消滅した。

2 制度の変遷

(1) 議会多数派の形成と大統領中心主義

第五共和制の統治制度は、「半大統領制（régime semi-présidentiel）」または「大統領制に傾斜した、議院内閣制と大統領制との中間形態」などといわれるが、憲法規定をみる限り、日常の政治における大統領の権限はそれほど強大ではない。大統領が単独で行使できる権限は、首相任命権（憲法第八条第一項）、公権力の組織に関する法案などの国民投票付託権（同第一一条）、下院解散権（同第一二条）、非常事態措置権（同第一六条）、両院への教書送付権および両院合同会議での演説による意見表明権（同第一八条）、条約・法律の合憲性審査付託権（同第五四条、第六一条）、憲法院判事任命権（同第五六条）である。これらは強力な権限であっても日常の国政を指揮するために頻繁に援用するものではない。また、大統領の留保領域とみなされる国防と外交の領域でも、それが国内問題に影響を及ぼすことから、大統領は首相との協働を求められる。

第五共和制の執行府は大統領と首相が頂点に並び立つ双頭制を特徴としているが、閣議主宰権（第九条）、法律の審署権（第一〇条）、閣議で議決された行政命令および委任命令の署名権（第一三条）、文・武官の任命権（第一三条）など、日常政治に関連する大統領の権限はすべて首相の副署を必要とする。国政を決定・遂行し、行政および軍事力を司り、国会に対して責任を負うのは政府であり（憲法第二〇条）、この政府の活動を指揮するのは首相である。法律の執行を保障し、（憲法第一三条の留保のもとで）命令制定権を行使するのも首相である（同第二一条第一項）。議会に責任を負う政府を率いて、法案審議に関与し、説明責任を果たすのも首相である。このように首相は、政府の長であり、議会との関係で執行府を代表する。第五共和制憲法の議院制合理化に伴って強化されたのは、大統領権限ではなく首相の権限である。

にもかかわらず、大統領権限が強大だとされるのは、憲法制定当初はドゴールのカリスマ性により、その後は議会内の安定した大統領多数派の形成による。一九六二年の大統領直接公選制の導入は、大統領の民主的正統性を高めるとともに、大政党化を促進させた。これにより徐々に下院に安定した大統領多数派が形成され、大統領は、議会多数派のリーダーである限り、自らが任命した首相とその政府を通じて議会を掣肘し、執行府の長として君臨することができるようになった。ただし、フランス第五共和制では、後述のように議員と大臣との兼職が禁止されるため、政府と与党議員との間には一定の距離があり、イギリスのように政府が与党と一体になって議会活動をおこなうことはありえない点に留意が必要である。

大統領と異なる多数派が下院選挙で選出されると大統領の立場は一変する。下院が内閣不信任決議権をもつ以上、大統領は対立する下院多数派から首相を任命せざるをえない。このコアビタシオン（保革共存政権）期には、第五共和制憲法が定める「執行府の双頭制」の問題が顕在化し、下院多数派の支持を受けた首相が国政を主導する一方で、大統領は憲法に明記された権限内に押し戻される。

二〇〇〇年の憲法改正は大統領任期を下院議員と同じ五年間に引き下げ、その後、大統領選挙の直後に下院選挙を実施する仕組みが導入された。これにより大統領支持派が下院選挙で過半数を獲得しやすくなり、コアビタシオンの出現が抑制された。

(2) 制度の再均衡の要請

議会に安定した大統領の多数派が形成され、大統領中心主義が促進されると、制度の不均衡は一層深刻な問題として受けとめられるようになった。すでに議会強化に向けた小規模な改革は幾度となくおこなわれてきたが、「合理化された議院制」の大幅な緩和を試みたのが、第五共和制憲法制定五〇周年の節目に実施された二〇〇八年七月二三日の憲法改正である。

第五共和制では、議会の主要な役割である立法は政府主導のもとにおかれてきた。たとえば、首相が政府の責任をかけることにより議院の表決なく法案が採択される憲法第四九条第三項はその象徴といえる。議会による政府の統制もまた、政府を支える議会多数派の存在により実効的ではありえなかった。こうした状況に対し、二〇〇八年七月の憲法改正は、たとえば憲法第四九条第三項を抜本的に改正し、また野党会派少数会派に特権を付与するなどして議会による政府統制を強化して、第五共和制の議会を特徴づけてきた「合理化された議院制」の緩和をはかったのである。

二　議会の組織と構成

1　両院制

フランス議会は、ブルボン宮に議場を構える下院・国民議会（Assemblée nationale）とリュクセンブール宮にある上院・元老院（Sénat）の二院で構成される。一八七五年の第三共和制憲法以降、フランスの議会は、直接普通選挙で選出される下院と、「地方公共団体の代表」（憲法第二四条第四項）として地方の公職者を通じた間接選挙で選出される上院の二院で構成するのが伝統となっている。各議院の議員総数の上限は二〇〇八年七月の憲法改正により憲法上明記されることになり、下院は五七七名、上院は三四八名である。

多くの二院制諸国にみられるように、両院の権限は対等ではなく、内閣不信任権は下院にのみ認められ、また、法案（上院に関する組織法案および憲法改正法案を除く）につき両院の意思が一致しない場合、政府の要求に基づいて下院の意思を上院に優越させる手続が採用されている。予算法案および社会保障財政法案については下院に先議権がある（ただし、一定期間内に下院が議決しない場合には、上院に法案が付託される）。他方、上院には、地方公共団体の代表としての位置づけから、地方公共団体の組織を主要な対象とする政府提出法案の先議権が認められる。

2 選挙制度

(1) 下院

下院議員の任期は五年で、被選挙権年齢は選挙権と同様に一八歳である。選挙制度には小選挙区単記二回投票制という独特の方式が採用され、第一回投票で有効投票の過半数以上かつ選挙人名簿登録者数の四分の一以上の得票者がいない場合に、選挙人名簿登録者数の八分の一以上の得票者について決選投票がおこなわれる。第四共和制では比例代表制が採用されていたが、小党乱立の政党状況を打破するため、第五共和制では、第三共和制で実施されていた小選挙区二回投票制に復帰した。

この選挙制度のもとでは、第一回投票で過半数を獲得した者がいない場合、政策の近い政党が協力して決選投票に臨むことになる。同じく二回投票制の大統領選挙も要因となって、フランスの政党は徐々に左右二大ブロック化に向かい、国民運動連合（UMP：Union pour un Mouvement Populaire）

と社会党（Parti socialiste）が左右各陣営の主要政党として対峙する二極構造を形成している。

各県への定数配分は、県の人口比例を基準におこなわれるが、各県に最低二議席を割り当てることになっていたため、一票の価値の較差がその分拡大し、一九八〇年代初頭には一〇倍を超える較差が生じたこともあった。そこで、二〇〇八年七月の憲法改正により、下院選挙の選挙区の画定や両院選挙の議席配分を定める法案について公開の意見を表明して、裁定する独立委員会が創設された（憲法第二五条第三項）。二〇〇九年には、最低二議席配分の区割り基準が憲法院により違憲と判断されたことから、（二〇〇九年一月八日判決）、現在では人口一二万五〇〇〇人あるいはその端数につき一議席を各県に配分する方式が採られている。この方式は、単純な人口比による議席配分よりも一票の較差は大きいが、憲法院は一議席のみの県を増やさない配慮を加えることを認めてこれを合憲とした（二〇一〇年二月一八日判決）。

なお、従来、在外フランス人は上院に代表されるにすぎなかったが、二〇〇八年七月の憲法改正によって、下院議員選挙にも投票できるようになっている（憲法第二四条第五項）。

(2)　上院

上院議員は、二〇〇三年の法改正まで、九年任期で三年ごとに三分の一ずつが改選されていたが、改正後は任期が六年となり、三年ごとに二分の一ずつが改選されている。同時に、被選挙権年齢が三五歳から三〇歳に引き下げられ、さらに二〇一一年の法改正により二四歳に引き下げられている。

選挙制度には、県を選挙区とする複選制が採用されており、県に配分される定数に応じて、多数代表（小選挙区または完全連記）二回投票制もしくは比例代表制によって議員が選出される。公選議員職への男女の平等なアクセスを目指して、各党および各政治団体が提出する比例代表制の候補者名簿には、男女交互に候補者を登載するパリテ（男女同数）が採用されている。選挙人を構成するのは、選挙区の地域から選出された下院議員、州議会議員、県議会議員の全員と市町村議会の代表者である。

選挙人の比率は市町村議会代表が九割超であったことから、常に右派が上院の多数を占め、「小市町村の評議会」、「農村会議」と揶揄されてきた。当然、左派が下院多数派となるねじれ現象のもとでは、重要法案について、譲歩か下院に最終議決を求める手続かの選択を政府が迫られる事態がしばしば生じる。しかし、二〇〇〇年と二〇〇三年の法改正によって定数が是正され比例代表選挙で選出する県が拡大された結果、上院の党派構成が変化し、二〇一一年九月の改選によって、第五共和制で初めて左派が過半数を獲得する歴史的勝利を収めたが、二〇一四年九月の改選では右派が多数派の座を奪還した。

3　議員の地位

(1)　兼職の禁止

第五共和制憲法は議員と政府構成員との兼職を禁止する（第二三条）。議会と政府の協働ないし連結の強化を本旨とする議院内閣制を採用しつつ、議員と大臣との兼職を禁止する制度は特異に感じられるかもしれないが、北欧諸国では珍しくない。

第三・第四共和制下では、議員が大臣職を獲得するためいたずらに倒閣を迫る、いわゆる大臣職争奪戦が後を絶たなかった。第五共和制憲法が議員と大臣との兼職を禁止したのは、議会多数派と大臣とを分離することによって大臣の独立性を確保するとともに、大臣をその職務に専念させるためであった。同様の観点から議員は憲法院構成員との兼職も禁止される（憲法第五七条）。

議員が大臣に就任すると選挙前に予め指名されていた補充者（suppléant）が代わって議員に就任する。従来、辞職後の大臣が議席に復帰するためには、補充者に対し議員辞職を求め、その補欠選挙で当選するしか途がなかったが、二〇〇八年七月の憲法改正によって大臣の「補充者」が「臨時代理（remplacement temporaire）」と性格づけられ（憲法第二五条第二項）、大臣が辞職一か月後に議席に復帰することが権利として確立している。

両院議員は地方公選職との兼任が認められ、実際、議員の多くが市長や地方議会議員を兼任するため、議員が議院活動を頻繁に欠席するという問題が生じる。そこで、一九八五年および二〇〇〇年の選挙法改正によって議員が兼任できる地方公選職が制限され、州議会議員・コルシカ議会議員・県議会議員・パリ議会議員・人口三五〇〇人以上の市町村議会議員についてはいずれか一つとの兼任のみ認められ、欧州議会議員は兼任できない。さらに二〇一七年四月以降は、市町村長と助役、市町村連合体・県議会・市町村間協力事務組合の正副長との兼任も禁止される（地方執行機関と下院議員または上院議員との兼任を禁止する二〇一四年二月一四日の組織法律)。

(2) 議員の特権

第五共和制憲法は、「議員は、その職務執行中に表明した意見もしくは表決に関して、訴追・捜索・逮捕・拘禁または裁判されない」(第二六条第一項)として、民事・刑事を問わず、議員職務関連行為に関する免責特権と不逮捕・不訴追特権を保障する。この特権は会期の内外を問わず保障されるが、国際刑事裁判所の裁判権に属する行為は保障の対象外であり(第五三条の二)、また、政府から委嘱された任務も対象にならない。

議員はまた、一市民としての行為による重罪事件・軽罪事件について、現行犯または確定した有罪判決の場合を除き、議院理事部(二4(1))の許諾がなければ、逮捕・勾留など身体の自由の制約を受けることはない(憲法第二六条第二項)。従来は、不逮捕特権に加えて不訴追特権も保障されていたが、一九九五年八月四日の憲法改正によって、訴追が特権から除外され、他方で司法審査による身体の拘束からの保護も特権に加えられた。

4 議院の内部組織

両議院は類似した内部組織を備えている。ここでは、下院の組織を中心に紹介する。

(1) 理事部 (Bureau)

フランスでは伝統的に、合議機関たる理事部が、議院を代表し、その管理・運営(とりわけ事務的・

財政的側面）を指揮する。

各議院の理事部は、議長、副議長（下院六名・上院八名）、財務担当理事（三名）、書記担当理事（下院一二名・上院一四名）で組織される。財務担当理事は、議院事務局の運営と人事管理を、書記担当理事は本会議における表決の確認、会議録作成の監督などを担当する。下院では、議長は立法期ごとに（憲法第三二条）、その他の理事部構成員は会期（一年）ごとに改選され、上院では議長も含め理事部構成員は三年ごとの議員選挙後に改選される。理事部の構成員は、議長も含め、すべて党籍を維持したまま職務にあたる。

理事部の職務には、議事の管理・運営、議院の秩序保持や財務管理、議院規則の解釈・執行方法の決定、事務総長・局長・部長等の任免、職員の人事管理などがある。所属議員の逮捕許諾（憲法第二六条第二項）や、懲罰事犯の審査、政治倫理や政治資金問題を扱うのも理事部である。

議事の運営・管理としての理事部の役割には、政府提出法案の受け取り、国の財政負担を増加させる議員提出法案の不受理、会議・採決の運営、会議中に生じた問題の処理などがある。

(2)　議長（Président）

議長は、国政においても議院運営においても重要な役割を担う。対外的に議院を代表して議長がおこなう職務には、たとえば、解散の宣告や非常事態権限の行使につき大統領から事前に受ける諮問（憲法第一二条第一項、第一六条第一項）、三分の一の憲法院判事の任命（憲法第五六条第一項）、憲法院の合憲性審査への条約や法律の付託（憲法第五四条、第六一条第二項）などがある。

議院における議長の主要な職務は、議事の運営・指揮と議院の秩序保持であり、少数派の権利に配慮して中立の立場でこれをおこなう。

一八三〇年以降、会期ごとに議長を選出することが伝統になっていたが、第五共和制では議長職の安定を図るため、下院議長は立法期を任期として、上院議長は三年ごとの一部改選後に選出されることになった（憲法第三二条）。選出は両議院とも秘密投票による。両議院の歴代議長には、シャバン・デルマス、エドガー・フォールなど有力政治家が名を連ねており、デルマス元下院議長のように三期、合計一六年間議長を務めた者もいる。なお、伝統的に右派が多数を占める上院にも二〇一一年には初めて社会党から上院議長（ジャン＝ピエール・ベル）が誕生するなどしている。

(3) 議事協議会（Conférence des Présidents）

議事協議会（「委員長会議」、「議長会議」などと訳される）は、本会議の議事日程の決定など議事運営および立法・統制・政策評価活動の手続について合議する機関であり、実際の政治の動きに対してそれがもつ影響力は大きい。下院では一九一一年に、上院では一九四七年に創設され、二〇〇八年七月二三日の憲法改正では憲法上の機関に昇格している（第三九条第四項）。

議事協議会の構成員は、たとえば下院では、議長、副議長、常任委員長、財務委員会の総括報告者、欧州問題委員長、会派の長であり、上院では二〇〇九年六月の議院規則改正により社会問題委員会の総括報告者がこれに追加されている。特別委員長も必要に応じて出席する。政府代表者一名も、政府優先議事日程の予定を伝えるためこれに出席する。通常は、議会関係担当大臣であるが、重要な案件の場合には首相が出席することもある。

(4)　議院事務局

議院の事務局は、伝統的に法制部局と事務部局に区別されている。また、近年は、第三の部局として、審議中継などの情報システムや式典、議会史の調査・編纂、病院・郵便などを担当する両院共同部局も設けられている。事務局職員は、議院の組織自律権のもとで、各議院によって採用され、理事部が定める職務規律に服する。

(5)　会派 (groupe parlementaire)

会派は、一九一〇年の下院規則によって初めてその存在が公的に承認された。その後長らく議院規則上の制度にとどまったが、二〇〇八年七月の憲法改正により憲法上の制度に昇格した（「各議院の規則が、議院内に形成される議員会派の権利を定める」（第五一条の一前段）。

会派の結成要件は、各議院の規則で定められ、第五共和制発足当初は小党分立を防ぐため下院では二八名以上に設定されたが、その後の共産党議席数の後退に伴って、一九八八年には二〇名以上、二〇〇八年七月の憲法改正に伴う二〇〇九年議院規則改正では一五名以上へと緩和され、小党分立の弊が激しかった第四共和制下の下院での要件（一四名以上）と同程度になっている。上院の現在の結成要件は一〇名以上である。理事部や委員会などの議院内部組織の構成員や法案審議・口頭質問での発言時間は、会派の所属議員数に応じて割り当てられる。会派の長は、議事協議会の構成員になるほか、本会議の運営について特別の権利が付与されており、たとえば、特別委員会設置要求

（各会期一回）、休憩・延会要求、定足数の確認要求、下院のプログラム化された法案審議時間の延長要求や会派の割当て時間とは別の発言時間が認められている。

大臣と議員との兼職が禁止されるフランスでは、与党会派と政府との間に距離があり、政府提出法案は、議院外の存在から提出されたものとして、与党会派と野党会派とがともに議会の立場から審査するといわれる。

また、野党会派および少数会派に特別の権利を承認することが、二〇〇八年七月の憲法改正によって保障され（第五一条の一後段）、月に一回の本会議の発議権が野党会派・少数会派に留保されるとともに（第四八条第五項）、下院では、議院規則によって政府統制活動を中心に野党会派・少数会派に対して特権が付与されている。たとえば、財務委員会や監査委員会の委員長など政府統制色の強い組織のポストの配分、会期に一度調査委員会の設置を要求しうる権利、プログラム化された法案審議や口頭質問における発言時間の優遇などである。

(6) 委員会

① 常任委員会　フランスの常任委員会は、法案その他の議案審査をおこなう立法委員会と政府統制および情報収集といった調査委員会の二重の役割を果たしている。

第五共和制憲法は、従前の強い議会制の中核であった常任委員会を弱めるため、その権限を大幅に縮小した。たとえば、省庁別編成を困難にするため常任委員会数の上限を六に制限し、法案を常任委員会ではなく特別委員会に付託する原則を採用し（ただし、実際には常任委員会への法案付託原則が依然として続いた）、政府法案については本会議審議の基礎を委員会修正案ではなく政府原案にするなどである。

「議会の再評価」を改革の柱に掲げた二〇〇八年七月の憲法改正は、常任委員会の機能を修復するため、常任委員会数の上限を八に引き上げ、法案の常任委員会付託原則を復活させるとともに、政府法案に関する本会議も一定の例外を除いて委員会修正案を基礎とすることにした。また常任委員会は、従来、本会議との同時開催の禁止や議事日程の都合から十分な活動時間を確保することができなかったが、この改正により一定期間が委員会の法案審査のために確保されることになった。

常任委員会の構成員は、下院では、立法期の初めに、その後は毎年会期の初めに、各会派の勢力が反映されるよう選任される。議員が所属する常任委員会は一つに限られる。委員会数が微増したとはいえ、各常任委員会の構成員数は下院七三名と大所帯である。そこで、常任委員会内部に下部組織が設けられている。

② 特別委員会　法案は、政府または議院の要求がある場合、特別委員会に付託される（憲法第四三条第二項）。特別委員会の構成員数は下院七〇名、上院三七名である。委員は会派の所属議員数に応じて指名される。

また、各議院は、特定の事件または行政活動や公営企業の運営などに関する情報を収集するために調査特別委員会（commission d'enquête）を議決に基づき設置する（四2⑴）。

フランスの委員会の活動は活発である。二〇一二年～二〇一三年会期の統計によれば、下院の委員会の開催数は合計八二五回、審議時間合計約一四八二時間で、提出された報告書の数は、法案審査報告書二四五件、他の委員会に付託された法案に関する意見書一一一件、調査報告書および法律施行調査報告書九五件に上り、数百ページにわたるものも珍しくない。

(7) 議員代表団など

常任委員会数の制約を回避するため、議員代表団（délégation parlementaire）という名称で、特定の政策分野につき調査活動をおこなう機関が法律によって設置されている（EU議員代表団と国土の持続可能な発展・整備に関する代表団は、二〇〇八年七月の憲法改正後に、常任委員会に改編された）。現在、下院には、女性の権利および男女の機会均等に関する代表団、教育に関する代表団、海外領土に関する代表団が、上院には、地方公共団体および地方分権に関する代表団、女性の権利および男女の機会均等に関する代表団、海外領土に関する代表団、将来予測に関する代表団が存在し、また、両院合同機関である議会科学技術政策評価局（Office parlementaire d'évaluation des choix scientifiques et technologiques）も設置されている。

二〇〇九年以降は、各議院の規則や理事部の決定によっても類似の機関が創設されている（たとえば、下院に設置された後述の公共政策評価・統制委員会など）。

5　議院の運営方法

(1)　会期

会期は、ほぼ通年に近い単一会期である。第五共和制憲法は当初、会期を厳格に制限していたが、立法事項の拡大に伴い審議時間の不足が深刻化したことから、一九九五年八月四日の憲法改正によって通年単一会期制が導入された。この改革によって、法案審議に限らず、行政監視やＥＵの政策決定に関する監視についても、議会が効果的に活動できるようになっている。

通常会期（session ordinaire）は九か月間で、一〇月の最初の平日に始まり、翌年六月の最後の平日に終了する（憲法第二八条第一項）。通常会期の本会議日数は一二〇日間を上限とするが（同第二項）、これに加えて補充会議日（jours supplémentaires de séance）を設けることができる（同第三項）。また、首相もしくは下院議員の過半数の請求に基づいて、臨時会期（sessions extraordinaires）を開くこともでき、この場合は大統領が議会を招集する（憲法第二九条第一項、第二項）。臨時会期への大統領の招集権は実質的であり、下院議員による臨時会期の請求をドゴール大統領が拒否した例もある（一九六〇年三月）。他方、通常会期については、招集手続がなく、議会は当然に集会する。

(2)　議事日程

第五共和制憲法は、議院制の合理化措置として、本会議議事日程の決定につき政府に優先権を与えた。議院の議事日程は、比較議会法的にみれば、政府・与党と野党の交渉によって決定されるのが一般的で、フランスのように憲法が明文で政府に優先権を与えるのは異例であった。その後、議会の強化に伴い議事日程の決定に関するルールにも変革が加えられ、二〇〇八年七月の憲法改正では、政府が支配権をもつ議事日程決定の原則が逆転し、「議事日程は各議院によって定められる」（第四八条第一項）ことになった。しかし、なお議院に対する制約は大きく、四週のうち二週の本会議が政府の議事に優先的に当てられるだけでなく（同条第二項）、予算法案や社会保障財政法案など一定事項に関する法案は政府の要請に従って優先的に議事日程に登載される（同条第三項）。

二〇〇八年七月の憲法改正では、立法に並ぶ議院の重要な機能である政府の統制にも本会議日程を適切に配分する改革が加えられている。具体的には、四週のうち一週の本会議は、政府の行為の統制、および公共政策の評価のために留保され（同条第四項）、週に最低一回の本会議が議員の質問および政府の答弁のために優先的に留保されることになった（同条第六項）。また、月に一日は野党会派および少数会派の発議による議事（政府統制に限定されない）に留保される（同条第五項）。こうした議事日程の分配によって本会議は一新され、多様な活動が本会議の場で繰り広げられている。

三　立法――議会の権限と機能1――

1　法律事項の限定

第五共和制憲法は、議会が法律で定める事項を限定的に列挙し、それ以外の事項を政府の命令権限に委ねることにより、議会の立法権の範囲を制限した（第三四条、第三七条）。制限列挙された法律事項には、公民権、公的自由の行使のために市民に認められる基本的保障、メディアの自由、国籍、相続、刑罰、選挙制度などがある。提出された法案の内容が立法事項か否かを最終的に判断するのは憲法院である。

立法事項の制限は、「法律が最高の法形式で、立法事項に制限はない」というフランス革命以来の伝統に対する革命であったが、その後の憲法院判例の蓄積と憲法改正によって、実際の法律事項は憲法制定当初と比べて相当程度拡大している。たとえば、憲法院は、憲法三四条列挙事項に限らず憲法の他の条文が法律または議会の決定に委ねる事項も法律事項であると判断してきたし、現行憲法前文が確認する一九四六年憲法前文および一七八九年人権宣言が法律に委ねる事項（宣戦に関する事項、条約締結の承認など）も法律事項であると判断している。また、一九九六年および二〇〇八年七月の憲法改正では、憲法上明文で法律事項が拡大されている（たとえば、議員職に限らず公職ならびに職業的・社会的要職に対する男女の平等なアクセスの促進、意見の多元的な表明ならびに政党・政治団体の公平な参加、議院の調査委員会の設置・運営の要件など）。なお、政府を支持する安定した多数派が議会に存在する今日では、法律事項と命令事項を厳密に区別する理由が薄れており、命令事項を規律する法律案を政府が提出することもある。

2　立法手続

第五共和制憲法は、フランス議会の伝統と対照的に、立法の諸段階について政府に主導権を与えている。第五共和制の議会制定法（loi parlementaire）には、通常法律（loi ordinaire）とは別に、特別な手続で制定される憲法法律（loi constitutionnelle）、組織法律（loi organique、「憲法附属法律」とも呼ばれる）、予算法律（loi de finances）、社会保障財政法律（lois de financement de la sécurité sociale、一九九六年憲法改正により導入）、計画法律（lois de programmation）および条約批准承認法律（lois autorisant la ratification des traités）の形式が存在し、それぞれ制定手続が異なる。以下では通常法律の制定手続を取り上げて、フランス議会の特徴を概観する。

(1)　法案の発議

「法律の発議権は、首相および国会議員に競合して属する」（憲法第三九条第一項）。政府提出法案は「projet de loi」、議員提出法案は「proposition de loi」という。

①　政府発議　政府は議院に法案を提出する前に、二つの事前手続をふまなければならない。第一にコンセイユ・デタ（Conseil d'Etat）に対し法案の妥当性と広い意味での合法性につき諮問すること、第二に閣議を経ることである（憲法第三九条第二項）。コンセイユ・デタは、政府提出法案と政令の起草および行政事件に関する法的紛争を解決する機関として一七九九年に創設され、今日では、政府の法令に関する諮問機関および行政最高裁判所としての役割を果たしている。法案提出

に関するコンセイユ・デタの意見に法的拘束力はないが、条約、とりわけ欧州人権条約などの上位規範との適合性審査を事前に受ける意義は大きい。

二〇〇八年七月の憲法改正は、下院に対する政府法案の提出について、組織法律で定める要件を充たすことを義務付け（第三九条第三項）、これを受けて制定された「憲法第三四条の一、第三九条および第四四条の適用に関する二〇〇九年四月一五日の組織法律」が、政府法案（憲法改正法案、予算法案、社会保障財政法案を除く）の提出に影響評価書（étude d'impact）の添付を義務づけている。影響評価書とは、法案の目的、法律の制定・改正の必要性、関連領域における既存法の状況、経済的・財政的・社会的・環境的影響、想定される施行手段とその結果に関する評価を記載したものである。政府法案への影響評価書の添付は従来からの慣行であったが、法的に義務付けられたことから、影響評価書を欠く政府法案は議事日程に登載されず、この点について下院（議事協議会）と政府の意見が一致しない場合には、憲法院が裁定することになっている（憲法第三九条第四項）。

②　議員発議　　議員は単独でも、他の議員と共同でも、法案を提出することができる。ただし、第三、第四共和制において、議員が殆ど無制約な法案発議権を有していたのとは異なり、第五共和制の議員の法案発議権には憲法上制約が課されている。最大の制約は予算上のもので、「国会議員提出の法案および修正案は、その採択の結果として国庫収入の減少または支出の創設もしくは増加を生ずべき場合、これを受理することはできない」（憲法第四〇条）。

従来、事前にコンセイユ・デタへの諮問を受けることができるのは政府提出法案のみであったが、議員提出法案の質を担保するため、二〇〇八年七月の憲法改正は、各議院の議長が、所属議員の提出した法案を、その同意を得て、コンセイユ・デタに諮問することを認めた（第三九条第五項）。しかし、その利用はわずかにとどまっている。

法案成立件数の内訳をみると、その大多数が政府法案であり、全体の約七割を占めるが、二〇〇九年を境に議員提出法案の比率がそれ以前に比べ一〇%ほど上昇している。これは、議院が決定する議事日程の増加や、本会議の審議対象が委員会修正案に改められたことにより政府法案を提出する旨みが減ったことの影響かと思われ、政府が準備した法案を与党議員が提出することもしばしばである。

(2)　委員会審査

理事部に提出された法案は、原則として、審査のため常任委員会の一つに送付される（憲法第四三条第一項）。法律の質は、委員会審査の質によるといっても過言ではない。そこで、二〇〇八年七月の憲法改正は、委員会の審査時間を確保する規定を新たに設けて、委員会審査の充実をはかった。すなわち、法案の本会議審議は、先議の院では提出から六週間経過後、後議の院では送付から四週間経過後でなければ開始できないこととし（憲法第四二条第三項）、この期間を委員会審査に確保したのである。ただし、政府は審議の促進手続（procédure accélérée）を求めることができ（憲法第四五条第二項）るため、その場合委員会審査時間は短縮される（憲法第四二条第四項）。

法案を付託された委員会は、審査に先立って「報告者（rapporteur）」を指名する。伝統的なこの

「報告者制度」はフランス議会の特徴の一つである。

報告者は、立法スタッフや聴聞などの手段を駆使して法案を精査し、修正提案を含む委員会報告書案を作成し、委員会審査を主導する。報告者はまた、委員会審査結果を本会議に報告し質疑に応じるなどして本会議もリードする、正しく「法案審査の要」である。当然、報告者の指名には党派的干渉があり、与党議員が選ばれることが多いが（とりわけ重要法案の場合）、与野党合意法案などについては野党議員からも指名される。予算については、総括報告者と呼ばれる責任者が予め指名されている。第四共和制では、この予算担当の総括報告者は次期の財務大臣に目される人物であった。第五共和制になって国会議員と大臣の兼職が禁止され事情は変わったが、現在でも主要な地位であることに変わりはない。

委員会審査は、報告者の説明をもとにした全体審査（discussion générale）から始まり、次いで修正案を含めた逐条審査（discussion des articles）、表決へと続く。

委員会審査終了後に報告者が作成する報告書は、全体説明、逐条審査、可決、否決または修正の結論で構成されるが、一般に質が高く、委員会審査のレベルを反映するといわれる。

政府構成員は、委員会の要請を受けて聴聞に応じるだけでなく、聴聞後の委員会審査に出席することもできる。従来は、委員会の自律性を尊重して、聴聞後は委員会に政府構成員が出席しないことが慣わしであったが、本会議審議の基礎が委員会修正案に変更された二〇〇八年七月の憲法改正後は状況が一変し、政府構成員は、政府法案を擁護するために、委員会審査に参加する必要が生じている。しかし、委員会と閣議が重複したり、大臣などが参加しても結局は与党議員の背後に控えるだけであったり、専門家集団の委員会より本会議の方が政府の意見が通りやすかったりといった理由が重なって、委員会審査への政府構成員の参加は当初予想されたほどに頻繁ではない。下院では大臣が委員会審査に参加するのは主要な政府提出法案の場合に限られ、最終的決定権をもたない上院では（三2⑷参照）聴聞後は出席しないのが通例である。二〇〇八年七月の憲法改正は、立法における委員会審査の役割を高め、その審議に政府構成員も参加させることによって、委員会を本会議に代わりうる立法の実質的決定の場に位置づけることを目指したが、その目論見はこれまでのところ不調に終わっている。

委員会審査は伝統的に非公開であったが、下院では一九八八年に、上院では一九九〇年に、規則が改正され、委員会が選択する方法により審査を公開できることになった。委員会を本会議に代わる法案の実質審議の場に位置づけるためには、委員会審査の公開をさらに推し進める必要がある。そこで、二〇〇八年七月の憲法改正以降、各議院とも委員会記録の公開を充実させ、インターネット上でも閲覧できるようにしている。ただし、両院で公開の度合いは異なり、下院ではテレビ中継などマスメディアを通じ大臣や政府委員などの聴聞の公開を積極的に進め、また二〇一四年一一月には議院規則を改正して、委員会の公開原則を定めたのに対して（下院規則第四六条第一項）、上院では聴聞も公開されることは少ない。

(3) 本会議

本会議の審議は、全体審議、逐条審議、法案全体に関する表決の順におこなわれる。

先にみたように本会議審議は、二〇〇八年七月の憲法改正以降、政府提出法案（憲法改正法案、予算法案および社会保障財政法案を除く）についても委員会修正案を基礎におこなっている。この改正による重要な変化は本会議における証明責任が政府に転換されたことにあり、政府は、委員会案を政府原案に戻すために、本会議で積極的に修正権を行使し、自らの案に対する支持を獲得しなければならなくなった。

全体審議は、法案の趣旨や内容、修正点など法案全体に関する審議であり、所管委員会の報告者が法案の説明をおこなった後に、各政党の代表者が意見を述べる形で進められる。所管委員会の報告者と委員長は、審議中、いつでも発言することができる。政府の代表者（通常は法案の所管大臣）も政府提出法案の説明のためいつでも発言できる。

逐条審議は、活発な議論が交わされる段階である。ここでは、条文とその修正案を対象に細部にわたる審議をおこない、その後、条文ごとに表決する。

修正案の形式で提出された追加条項の表決が終了した後、法案全体についての表決がおこなわれる。フランスでは伝統的に、会派の長から定足数の確認要求がない限り、出席人数にかかわらず表決は有効なものとみなされる。定足数算出の基礎は法定員数ではなく現在員数である。定足数を欠くために表決が延期された場合、会議再開後の表決は出席数にかかわらず有効とされる。なお、表決定足数の確認要求を利用した議事妨害を抑制するため、二〇〇九年五月の下院規則改正では、所属議員の半数以上が出席している場合しか、会派の長は定足数の確認を要求できないようにしている。

フランス議会の特徴の一つは、修正権の積極的な行使にある。政府提出法案が成立法案の圧倒的多数を占める現代議会において、修正権は議員の法律発議権の真の代替物ともいわれ、立法手続への政府介入手段を多数備えるフランスではとりわけ修正権の果たす役割は大きい。また、政府法案に対して与党議員や政府自体から修正がなされることも稀ではない。

しかし、膨大な数の修正案は深刻な議事の遅滞を生じさせる。議事妨害としての修正案の提出は近年とりわけ顕著で、一九七〇年代に年間二、三千件であった修正案数は、二〇〇〇年頃から急増し、近年では三万件にまで膨れ上がっていた。一つの法案に対して一三万七〇〇〇件を超える修正案が提出されたこともある。そこで、二〇〇八年七月の憲法改正以降は、議院規則等で修正案提出期限の厳格化や、法案と関連性の薄い修正案の抑制措置などを講じている。

政府にはこうした議事妨害に対抗して立法手続を加速させる以下のような手段が与えられている。

第一に、政府は、事前に委員会に付託されなかった修正案の審議に反対することができる（憲法第四四条第二項）。

第二に、政府は「一括投票（vote bloqué）」（憲法第四四条第三項）と呼ばれる特殊な表決方法を求めることができる。一括投票は、政府の要求に基づき、政府により提出または受理された修正案のみを含めた法案を、単一の投票によって表決するもので、政府がこれを求めた場合、議院は無条件に受け容れなければならない。一括投票は、すべての審議終了後におこなわれるため審議時間を短縮する効果はないが、夥しい修正案の表決時間を削減するために活用されている。一括投票はまた、連立内閣のように与党内の連携が弱い場合に、多数派の規律を高めるために用いられることもあり、政府の「総合保険」的な立法介入手段と呼ばれることもある。

第三に、より強力な政府の法案審議介入手段が、審議中の法案の採択について下院に政府の責任をかける手続である（憲法第四九条第三項）。この手続が採られると、直ちに審議が中止され、続く二四時間以内に下院は政府不信任動議を提出するか否かを決定する。不信任動議が提出され、それが可決された場合を除いて、法案は採択されたものとみなされる。この手続は「合理化された議院制のシンボル」と呼ばれ、立法権の著しい制約として強く批判されてきたが、二〇〇八年七月の憲法改正後は、予算法案または社会保障財政法案を除いて、一会期につき一つの法案に利用が制限されている。

また、政府には、両院の議決が異なる場合の審議促進手段も与えられている（後述(4)）。

さらに、下院に二〇〇九年の議院規則改正で導入された法案の本会議審議のプログラム化（temps législatif programmé；TLP）も議事妨害の抑制手段となる。議事協議会がプログラム化を決定すると、各会派には審議全体を通じた発言時間が割り当てられ、持ち時間を使い果たした会派の所属議員が提出した修正案は審議されることなく表決に付される。

予算法案と社会保障財政法案については下院に先議権が、地方公共団体の組織を主要な対象とする政府法案については地方代表的性格を尊重して上院に先議権が認められている（憲法第三九条第二項）。

(4)　両院関係

伝統的にフランスの立法手続は、両院によって同一文言で可決されるまで法案が両院間を往復する「ナベット（navette）」を原則とするが、第五共和制憲法は、際限なき往復を両院協議会の開催や下院の最終議決によって回避する手段を政府に与えている。二〇〇八年七月憲法改正を経て、現在は、法案について両議院の意見が一致しない場合は各議院二回の読会の後に、あるいは政府が促進手続を採用し両議院議長がこれに一致して反対しない場合は各議院一回の読会の後に、首相は両院協議会（commission mixte paritaire : CMP）の開催を求めることができ、両院協議会が合意に至らないとき、または両院協議会が起草した法文を両議院が採択しないときは、政府は、各議院の新たな一回の読会の後、下院に対して最終的な議決を要求することができることになっている（憲法第四五条第二項・第四項）。これは要するに、下院の多数派を擁する政府が上院の反対を押し切って法案を成立させる手続であるから、両院の多数派が一致しない場合にその利用頻度が高まるのは当然であるが、両院の多数派が一致する場合にもこの手続が利用されることがある。フランスでは各議院の会派はそれぞれ自律的に活動することから、たとえ両院の多数派が一致していても、法案の議決が両院で異なることは珍しくないからである。政府がこの手続を利用する頻度は高く、成立した法案の半数以上はこの手続による。政府優先議事日程の減少が利用頻度の増加に繋がっているようにみられる。ただし、下院の最終議決に託される割合はそれほど高くなく、多くは両院協議会で合意が成立している。

(5)　憲法院の合憲性審査

両院が最終的に採択した法律に違憲の疑いがある場合は、憲法院の合意性審査に付託され（憲法第六一条第一項）、違憲と判断された規定は審署・施行されない（憲法第六二条第一項）。組織法律は義務的に憲法院の審査を受ける（憲法第六一条第一項）。憲法院への提訴権者は、第五共和制憲法制定当初、大統領、首相、各院の議長のみであったが、一九七四年の憲法改正により、六〇名以上の下院議員または六〇名以上の上院議員（憲法第六一条第二項）にまで拡大された。以後、法律の違憲審査件数は増加し、とりわけ一九七一年の結社の自由判決以降は人権保障機関としての性格を強めている。さらに、二〇〇八年七月の憲法改正では、通常裁判所に係争中の事件で提起された制定後の法律の合憲性に関する審査権も憲法院に付与され（憲法第六一条の一）、違憲と判断された規定は、憲法院が決定した時期と要件のもとで廃止されることになり（憲法第六二条第二項）、立法者に対する統制が強められている。

憲法院の役割は政治制度の変遷に応じて変化してきた。すでにみたように、憲法院が創設された目的の一つは、政府を強化するために、議会による権限の逸脱（とりわけ政府権限の侵害）を抑制することにあり、主として政府の議会対抗手段であることを予定されていた。しかし、一九七四年の憲法改正により少数派に提訴の途が開かれてからは、法案成立を主導した政府（および政府を支持する与党議員）に野党議員が対抗する手段となっている。実際、二〇一四年六月末までに、四六二件の法律が憲法院の事前審査に付されたが、そのうち四四〇件は議員（とりわけ野党議員）の提訴によるものである。

四　政府の統制——議会の権限と機能2——

1　内閣不信任問題

首相は、下院の信任を失った場合、大統領に政府の辞表を提出する（憲法第五〇条）。下院が政府の信任・不信任を表明する手続は三種類あり、第一に、首相が政府自らの信任をかける信任問題（question de confiance）、第二に下院議員発議による不信任動議（motion de censure）、第三に法案の採択に政府の責任をかける手続である（三2(3)参照）。第一と第三の手続は政府側の発議による手続である。

(1)　信任問題（question de confiance）

首相は、閣議の審議の後、下院に対して、政府の綱領または場合によっては一般政策の表明に関して、政府の責任をかける（憲法第四九条第一項）。

第四共和制下では、組閣後に下院に政府の綱領を提出して信任が求められていたが、第五共和制では、信任を求めるか否かは政府の裁量に委ねられており、在任中一度も信任を求めなかった政府もあるが、一九九三年以降は組閣数日後に信任を求める慣行が続いている。組閣から一定期間後に一般政策について政府責任をかける手段は、与党議員の引き締めのために利用されることが多いとされる。

(2)　不信任動議（motion de censure）

フランス議会では伝統的に、議員が一般政策や特定の問題について政府に説明を求め、その審議後におこなう表決によって政府責任を追及することも多かったが、第五共和制では、議員発議による政府責任追及手段が厳格に制限され、憲法第四九条第二項所定の不信任動議によるものに限定されている。同項によれば、不信任動議は下院議員の少なくとも一〇分の一によって署名されなければ受理されない。各議員が同一会期中に署名できる件数には制限があり、後述の憲法第四九条第三項の場合を除き、通常会期に三件、臨時会期に一件が上限となる。表決は、不信任動議提出から四八時間の熟考期間を経ておこなわれ、単純多数の賛成で動議は採択される。表決は賛成票のみが数えられるため、棄権は信任を与えたものとみなされる。

第五共和制発足以降、下院で不信任動議が可決されたのは一九六二年の一度だけである。このとき下院は、大統領の直接公選制度をドゴール大統領が導入したことを批判してポンピドー内閣を辞職に追い込んだ。その後、下院に安定した多数派が形成されるようになると、不信任動議の影響力が急速に減少し、今日では、野党会派が公式な討論を求めるための手続的武器として利用されることがほとんどである。

2 調査・行政監視活動

(1) 調査委員会

特定の事実や行政活動などを調査するため、六か月間を限度に、非常設の調査委員会が設置される。調査委員会は証人喚問や官公署への記録提出要求などの手段を用いて調査を実施し、報告書にまとめて議院に提出する。議院は調査結果を本会議の審議対象にすることができる（ただし、表決することはできない）。一九七七年の法改正以降、強制調査権が付与されており、証人の出頭・証言拒否、偽証には刑罰が科される。二〇〇八年七月の憲法改正では調査委員会に関する条文（第五一条の二）が新設され、議院の調査権が憲法上で確認されることになった。

調査委員会の設置は議院の議決によるため、与党の協力がなければ実現は難しい。そこで、二〇〇八年七月の憲法改正で追加された、野党会派および少数会派に特別の権利が承認されるとする条文（第五一条の一）を受けて、下院に、少数派による調査委員会設置要求権が制度化された。この制度は、すべての野党会派・少数会派に対して、通常会期に一度、調査委員会設置決議案の審議を求める権利を保障するもので、この場合、決議案は反対が総議員の五分の三以上でなければ否決されない（下院規則第一四一条）。調査委員会の運営方法も少数派に配慮した制度設計がなされており、委員長または報告者には野党会派・少数会派の議員（野党会派・少数会派の要求による調査委員会の場合は設置を要求した会派の議員）が就任する（下院規則第一四三条第二項、第三項）。上院では下院と異なる形で調査委員会に関する権利が少数派に付与されており、野党会派を含めすべての会派に、年に一回、本会議の議決を経ることなく、調査委員会（または情報収集委員会）を設置する権利を認めている（上院規則第六条の一）。

一九九六年には、常任委員会にも六か月を限度として強制調査権の行使が認められることになった。形式張った手続を経て設置される調査委員会より利用しやすいこともあり、政府統制における常任委員会の役割は決定的である。常任委員会が実施する聴聞の多くは立法準備に関するが、立法と無関係に、純粋に情報収集目的で聴聞がおこなわれることもある。さらに、二〇一一年には政府統制や政策評価に当たる委員会以外の常設機関にも強制調査権が認められ、会計検査院の協力を要請できるようにもなった。

(2)　調査団－法律施行調査

常任委員会は、単独でまたは他の委員会と共同して調査団（mission d'information）と呼ばれる下部組織を設置して調査活動に当たらせている。調査団は常任委員会に付与された強制調査権を行使することもできる。調査委員会に比べ簡易に設置できることから、調査団の設置件数は増加傾向にあり、下院では年間三〇件ほど設置されている。

下院では、二〇〇四年の規則改正以降、法律の施行調査が調査団の重要な任務になっている。調査団は、法律の施行から六か月後に法律の執行状況を調査し、報告書を提出する。二〇〇七年～二〇一二年立法期に提出された法律施行調査報告書は九一件に上る。報告書の内容は施行状況だけでなく、制定された法律に関する政策評価にまでおよぶことがある。さらに、二〇〇九年の下院規則改正では、法律施行調査の政府統制としての性格が強められ、報告者二名のうち一名には野党会派の議員が就任することになっている。

(3) 公共政策の評価

二〇〇八年七月の憲法改正は、立法および政府統制に加えて、新たに「公共政策の評価」を議会の任務として明記した（憲法第二四条第一項）。

フランスは、政策評価による政府統制の面では立ち後れており、すでにみた議員代表団や評価局も、一部の例外を除き、十分な成果を上げられずにいた。そのような中で注目されるのが、政策評価に基づく予算編成とその執行に対する議会の統制である。

① 財政統制

公共支出の評価において注目されるのが、一九九九年に下院の財務委員会内部に設置された評価統制団（MEC : mission d'évaluation et de contrôle）である。

フランスでは、二〇〇一年に制定されたＬＯＬＦ（二〇〇一年八月一日の予算法律に関する組織法律 : La loi organique relative aux lois de finances）によって予算制度が改革され、政策の目標と成果を結びつけた予算法案が作成されるようになった。ＬＯＬＦによる予算制度等の改革に伴って、議会における予算・決算の審議は大きく変化した。予算の効果を高めることに議員の関心が向けられ、過年度の予算執行の評価報告書をもとに活発な議論がなされるようになっている。

ＭＥＣは、予算法律の執行状況を調査し、政策改善のための具体的方法に関する提言を添えた報告書を提出することを任務とする。政府は、ＭＥＣが示した提言に対して二ヶ月以内に回答することを義務づけられる。調査は、政策テーマやプログラムごとに二名（または三名）の共同報告者が担当し、関連の大臣や官僚、関係者の聴聞などを通じて予算が適切かつ有効に執行されているかを調査する。調査には強制権も付与されている。調査・評価活動全般を通じて、会計検査院の協力を得ることもでき、会計検査院がＭＥＣの会議に出席して説明を行うこともある。委員会に提出された報告書は、ホームページ等で公開されるとともに、本会議の審議対象にもなる。

ＭＥＣの構成は、予算執行・決算という政府統制色の強い任務であることを反映して、野党議員の比率が高くなっている。すなわち、構成員は団長二名・財務委員長・総括報告者・その他一六名の財務委員であるが、通常の委員会のように会派比率に応じて選出されるのではなく、与野党半々で構成員が選ばれる。団長二名のうち一名には与党議員が、もう一名には野党議員が就任し、共同報告者にも与野党それぞれ一名ずつが指名される。

さらに、二〇〇四年には各議院の社会問題委員会に社会保障財政法評価統制団（MECSS : mission d'évaluation et de contrôle des lois de financement de la sécurité sociale）が設置され、社会保障法の施行状況を恒常的に調査するとともに、社会保障予算問題を評価している。与野党共同の調査活動や強制調査権などの調査手段はＭＥＣと同様である。

② 公共政策評価統制委員会（CEC : comité d'évaluation et de contrôle）　「公共政策の評価」が議会の任務として憲法に明記されたことを受けて（第二四条第一項）、政策領域全般にわたる公共政策の評価を任務とする「公共政策評価統制委員会（以下ＣＥＣ）」が下院に創設された。ＣＥＣは、個々の委員会の管轄を超えた横断的な政策テーマについて関連委員会や会計検査院、様々な外部専門家を巻き込んで評価を実施し、与野党の対立を越えた議院の総意を執行府に示すことを任務とする。

ＣＥＣの構成員は、委員長となる下院議長のほかに、各常任委員長および欧州担当委員長、財務委員会の総括報告者、議会科学技術政策評価局長、女性の権利および男女機会均等議員代表団の長、会派の長、および議院の政治勢力に応じて任命される一六名の議員であり、その選任に当たっては、委員会全体の構成も議院の政治勢力を正確に反映することが求められる。こうして、議長の下に、政策評価にかかわる諸機関と会派の長が配置され、統制・評価対象とするプログラムを調整・決定し、評価するのである。少数派に政府統制のイニシアティヴを与えるため各会派に対して通常会期に一回、公共政策評価を要求する権利が与えられており、野党会派に積極的に利用されている。また、調査には強制権も認められている。

ＭＥＣおよびＭＥＣＳＳと同様にＣＥＣも、報告者二名のうち一名は野党会派の議員でなければならない。報告書は、例外的に個別意見の添付が認められるものの、基本的に報告書は与野党議員二名が合意のもとで作成され、立場の違いから個別意見を示すことはほとんどない。これによって評価の客観性がはかられるのであるが、このことはまた、与野党議員が一体となって、つまり与党議員が政府と距離をおき、外側から政府の政策を批判的に審査することを意味する。国民代表たる議会が政府を統制するという古典的権力分立観に立ち返った構図ともいえる。

ＣＥＣにも強制調査権が認められ、会計検査院に協力を求めることもできる。作成された報告書の質と批判的姿勢は高く評価されており、二〇一二年〜二〇一三年会期には六件の報告書が提出され、中には七、八百ページにおよぶものもある。ＣＥＣの活動はすでに一定の評価を得ており、その創設は、議会による政府統制に新たな展望を切り開いたともいわれる。

3　質問制度

(1)　文書質問（question écrite）

文書による質問は休会中も可能であり、質問内容に制約が少なく、提出期限もないことから、極めて活発に利用されている。

(2)　口頭質問（question orale）

イギリスのクエスチョン・タイムほどの論戦はないものの、フランスでも口頭質問は、議院活動の見せ場となっている。憲法も制定当初から、週に一回の本会議が議員の質問と政府の答弁に留保されると規定し、一九九五年の憲法改正では、少なくとも週に一回の本会議が留保されることになり、さらに二〇〇八年七月の憲法改正では、臨時会期にも口頭質問をおこなうことになった（第四八条第六項）。

具体的な口頭質問の方式は両院で違いがあるため、以下では下院が現在採用する三種類の質問形式を紹介する。

①　討論を伴わない口頭質問（questions orales sans débat）　下院に一九七四年に導入された「討論を伴わない口頭質問」は、個々の議員が大臣に対し質問をおこなうもので、会派や委員会のような集団を代表する質問は禁止される。質問者は予め議長を通じて質問の骨子を政府に通知しなければならない。この形式は、一般に、議員の選挙区の地域的な問題に関する質問に利用されている。

②　対政府質問（question au gouvernement）　対政府質問は、予め質問内容を政府に通知する必要がなく、質問者名だけが本会議の一時間前に政府に通知される。対政府質問には閣僚全員が出席し、テレビ中継もされている。閣議決定の最初の公式発表の場として利用されることもあり、質問・答弁の自然さも加わって、国民の注目を集めている。質問内容に特に制約はないが、討論を伴わない口頭質問が地域事項中心であるとすれば、対政府質問は国政全般の政策問題が中心である。二〇一〇年～二〇一一年会期には六七回の本会議で開催され、一一〇五件の質問がおこなわれた。

③　大臣質問（question à un ministre）　二〇〇九年議院規則改正により新たに「大臣質問」が導入されている。これは、一九八九年から一九九二年の間実施された《questions crible（矢継ぎ早質問）》と呼ばれる質問方式によっておこなわれ、二分以内の質問に対して一分以内で大臣が回答

するものであるが、時間の制約から十分な回答が得られないこともあり、これまでのところ利用は低調である。

4　政府統制・政策評価に留保された本会議

二〇〇八年七月の憲法改正は、四週のうち一週の本会議を、政府の統制および公共政策の評価のために優先的に確保した（憲法第四八条第四項）。政府の統制活動を実効的なものにするためには、新たな調査手段や評価手段を導入するだけでなく、調査や評価の結果を公開の場で審議することが重要である。この点で、統制および公共政策の評価のための本会議日（以下「統制の日」）を四週に一週確保したことの意義は大きい。

5　大統領の官職の任命に関する常任委員会の拒否権

二〇〇八年七月の憲法改正は、大統領の官職（または職務）の任命に関する拒否権を各議院の所管常任委員会に与えた。大統領は候補者の任命前に各議院の権限を有する常任委員会の意見を聞き、両院の委員会で五分の三以上の反対があればその候補者を任命することができない（憲法第一三条第五項）。常任委員会の監視の下に置かれる官職（または職務）は、競争監視局長（Autorité de la Concurrence）や拘禁施設総監督官（Contrôleur général des lieux de privation de liberté）の長など五〇程に上る（憲法第一三条第五項の適用に関する二〇一〇年七月二三日の組織法律第八三七号）。また、憲法院判事（憲法第五六条第一項）、司法官職高等評議会有識者委員（憲法第六五条第二項）、権利擁護官（憲法第七一条の一第四項）の任命も、憲法第一三条第五項の定める常任委員会の拒否権の対象になる（憲法第一三条第五項の適用に関する二〇一〇年七月二三日の法律八三八号）。二〇一四年〜二〇一五年会期の下院の統計によれば二三件の大統領任命人事が常任委員会に諮問された。

おわりに

フランス第五共和制は「議院制の合理化」を図り憲法によって議会に対する執行府の優位を定めている。しかし、憲法に明記されないにしろ、執行府の優位は多かれ少なかれ諸外国に共通した現象である。フランスでは憲法が定めた議会権限の抑制をその後の運用と改革によって取り除くことにより、執行優位に振れた制度バランスを再均衡する試みが続けられてきた。

議会機能を改善するために、ほぼ通年に近い会期制度が導入され、長時間にわたる審議が活発におこなわれている。議員は単独でも法案を提出することができ、財政上の制約があるものの緩やかに運用されているため、提出件数でみれば議員提出法案は政府法案の四倍に上る。それでも成立法案の大多数が政府法案であることは諸外国と同様であるが、政府法案に対する修正審議は活発で、議員修正案が採択される率も高い。議院制合理化により弱体化がはかられた常任委員会は、その後も議院活動の中心であり続け、政府法案に対して多くの修正を加えてきた。二〇〇八年七月の憲法改正は、本会議審議の基礎を委員会修正案に戻すとともに、十分な委員会審査時間を確保するための改革をおこなった。これ以降、法案をめぐって政府と議員が真っ先に論戦を繰り広げる場が委員会に移され、本会議では政府が委員会採択案の修正に努めることになった。委員会活動の質の高さは報告書に表れており、ホームページで公開されている。

一括投票や法案に政府の責任をかける手続は、一見すると議会審議を蔑ろにするもののように思われるが、強硬な議事妨害や審議の膠着状態を打破するための対策を講じるのはフランスに限られたことではない。法案審議についてナベットを原則とし、議員と大臣の兼職を禁止するフランスにおいては、国政の遂行のため、一定条件の下で政府に立法手続促進のイニシアティヴを与える必要性は否めない。しかも、実際には一括投票は洪水のような修正案の表決時間を短縮するために利用されることがほとんどであり、通常法案に政府の責任をかける手続は、二〇〇八年七月の憲法改正によって、会期に一度の切り札的な利用に限定されている。法案につき両議院の意思が一致しない場合のほとんどは、下院の最終議決ではなく、両院協議会での合意形成を通じた解決がはかられることも日本の国会にとって一つの参考になろう。

議事日程の決定について、現在では四週のうち二週に縮減されたとはいえ、憲法が明文で政府に優先権を与えるフランスは異例である。しかし、諸外国においても、議事日程は一般に政府・与党と野党の交渉によって決定され、本会議に上程される法案の多くが政府法案であるのが実情である。この実態に照らせばフランスはそれほど特異といえないだけでなく、近年の改革によって、一定の本会議が政府統制活動や野党会派・少数会派の決定に留保されており、議院活動のバランスをとる視点も見逃せない。

二〇〇八年七月の憲法改正によって実施された政府統制機能の強化も現代の議会に不可欠な改革として注目される。下院における政策評価を領域横断的に担う政府統制活動の統括機関に位置づけられるCECの新設、CECや常任委員会の下部組織であるMEC、MECSS、法律施行調査を担う調査団が採用する二名の与野党議員共同による統制手法、野党に付与された特別の権利など、示唆に富む改革が目白押しである。こうしたフランスの議会改革の手法から日本の国会が学ぶことは多いように思われる。

【主な参考文献】

植野妙実子編著『フランス憲法と統治構造』(中央大学出版部、二〇一一年)
大石眞『議院自律権の構造』(成文堂、一九八八年)
大山礼子『比較議会政治論』(岩波書店、二〇〇三年)
大山礼子『日本の国会』(岩波新書、二〇一一年)
大山礼子『フランスの政治制度〔改訂版〕』(東信堂、二〇一三年)
岡田信弘編『二院制の比較研究』(日本評論社、二〇一四年)
辻村みよ子・糠塚康江『フランス憲法入門』(三省堂、二〇一二年)
辻村みよ子編集代表・フランス憲法判例研究会編『フランスの憲法判例Ⅱ』(信山社、二〇一三年)
糠塚康江『現代代表制と民主主義』(日本評論社、二〇一〇年)

福岡英明『現代フランス議会制の研究』(信山社、二〇〇一年)
勝山教子「フランス第五共和制における〝合理化された議院制〟の構造とその改革(一)(二・完)」同志社法学二〇四号一一六頁以下(一九八九年)、同二一二号六四頁以下(一九九〇年)
勝山教子「フランス議会の復権に関する一考察(一)(二)」同志社法学二一二号六四頁以下(一九九〇年)、同二一四号六一頁以下(一九九〇年)
勝山教子「フランス下院規則の改正と運用に関する覚書：二〇〇八年七月の憲法改正を契機として」同志社法学三六〇号Ⅰ五〇三頁以下(二〇一三年)
Ameller, Michel et Georges Bergougnous, L'Assemblée nationale, 2e éd., Que sais-je?, PUF, 2000.
Avril, Pierre et Jean Gicquel, Droit parlementaire, 5e éd., Montchrestien, 20104
Blachèr, Philippe, Le Parlement en France, LGDJ, 2012.
Camby, Jean-Pierre et Pierre Servent, Le travail parlementaire sous la cinquième république, 5e éd., Montchrestien, 2010.
De Montis, Audrey, La renovation de la séance publique du Parlement française, Dalloz,, 2016.
Gicquel, Jean, Anne Levade, Bertrand Mathieu et Dominique Rousseau, Un parlement renforcé ?, Dalloz-Sirey , 2012.
Jus politicum, Revue de droit politique, hors-série, 2012.
フランス国民議会ホームページ　http://www.assemblee-nationale.fr/
フランス元老院ホームページ http://www.senat.fr/

ドイツ

古賀　豪

はじめに

本稿では、国民の直接選挙によって選出される国民代表機関であるドイツ連邦議会（Deutscher Bundestag　以下「連邦議会」とする）と、これとは独立の存在として一六の州政府の代表から構成され、州が連邦の立法と行政に協力する機関である連邦参議院（Bunderat）を紹介する（1）。

ドイツでは、議会の類型論として本会議での演説が中心の演説議会（Redeparlament）と、委員会での法案の修正などが中心の作業議会（Arbeitsparlament）という政治学者のヴィンフリート・ステファニ（Winfried Stefanni）による分類が主に参照され、連邦議会は、本会議における与野党対決型の審議と委員会における実務型の審議を併せ持つことから、この両者の中間形態であると言われる。連邦議会の特徴としては、①本会議に比べて委員会の役割が大きいこと、②個々の議員が会派に従属していること、③少数派あるいは野党に対して様々な権利が付与されていることが挙げられる。他方で、州政府の代表から構成される連邦参議院については、独特の性格を有する会議体であり、連邦と州の重要な調整機関であると同時に、ときとして与野党の対立が持ち込まれる場でもある。

二〇〇六年から二〇〇七年にかけて実施された各国の議会の強さに関する調査では、ドイツはイタリア、モンゴルと並んで一位を占めた(2)。この調査における議会の強さの評価は、各国について五人の調査協力者が三二の設問に対して行った回答を単純集計したものであり、方法上の問題点はあるが、ドイツの議会は比較的強い部類に属するということが言えよう。

以下、まずドイツの政治体制の特徴と連邦議会と連邦参議院の構成と運営について簡単に触れた後、立法過程と政府統制の仕組みを紹介する。

一　政治体制の特徴

1　議院内閣制

ワイマール共和国がナチズムに至った経験を有するドイツは、戦後、統治機構の中心に連邦議会を据え、安定した政党政治が確立することを目指し、後述する建設的不信任制度や阻止条項などを導入した。その結果、一九四九年のドイツ連邦共和国の発足以来、現在のメルケル首相まで連邦首相は八名を数えるに過ぎず、連邦議会の会派議席の数も三～五で安定しており、政党政治・議会政治の安定という所期の目的を達成してきた。

憲法に相当する基本法（Grundgesetz）には、ドイツ連邦議会、連邦参議院、連邦大統領、連邦政府、連邦憲法裁判所の五つの憲法機関が置かれ、政治体制としては議院内閣制に分類される。元首である連邦大統領は、連邦議会議員およびこれと同数の州議会から選挙された代表から構成される連邦会議（Bundesversammlung）で選出される。任期は五年で、再選は一回のみ許される。連邦大統領は、条約締結権や連邦公務員の任免権等を有するが、その行為が有効であるためには、連邦首相または連邦大臣による副署が必要であり、政治的実権を有しない。

連邦首相は、連邦大統領の提案に基づき連邦議会において選挙される(3)。連邦政府は、連邦首相および連邦首相の提案に基づき連邦大統領が任命する他の連邦大臣から構成される。

ワイマール共和国時代の政権の不安定さを解消するために戦後導入された制度の一つが、建設的不信任制度（Konstruktives Misstrauensvotum）である。これは、連邦議会が連邦首相に対して不信任を表明する場合には、後任の連邦首相をあらかじめ選出しなければならないというもので、安定した多数派が形成されないままに政権が不信任で倒れることを防止する意味がある。実際にこの手続が用いられたのは、一九七二年四月（後任の連邦首相を選出することができず政権交代に至らなかった）と一九八二年一〇月の二回に過ぎない。

また、同じく政権の安定性を確保するため、連邦議会が解散される場合は、連邦首相の信任動議が否決され、または連邦首相の選出が行われないときに限られている。したがって、連邦首相が政治的理由により連邦議会を解散しようとする場合には、自ら信任動議を提出し、与党議員に棄権させるなどして故意に否決させるという変則的な形をとるよりほかなく、過去に行われた一九七二年九月、一九八二年一二月および二〇〇五年七月の三回の解散はいずれもそうした手段がとられ、解散権の濫用として批判を受けた。

2　連邦制

ドイツは一六の州で構成される連邦制国家であり、各州は憲法（Verfassung）を有している。ドイツの連邦制の大きな特徴は、立法権の大部分が連邦優位に配分されている一方で、連邦法の執行については、基本的に州以下の地方政府が行っている点にある。立法の対象分野は、連邦の専属的立法分野、競合的立法分野およびそれ以外に分けられる。連邦は、基本法に立法権が明記されているものに限り立法権を有し、それ以外は州が立法権を有する。連邦の専属的立法分野については、州は、連邦法で授権されている場合に限り立法権を有し、競合的立法分野については、連邦が立法権を行使しなかった範囲かつその限りで立法権を有する。

州は、連邦参議院を通じて連邦の立法と行政等に協力する。連邦参議院は、後述するように、州の利害に関係する法律について拒否権を有し、それ以外の法律について異議申立権を有している。二〇〇六年、基本法の大改正を伴う連邦制改革で、連邦と州の立法権限が整理され、連邦参議院が同意権を有する法律（同意法律　Zustimmungsgesetz）の範囲が縮小された。

二　連邦議会

1　構成

連邦議会の定数は五九八名であるが、超過議席（後述）の仕組みにより、総選挙ごとに実際の議員数は変動する。二〇一三年の総選挙後の議員数は六三一名である。任期は四年で、解散は上述のように極めて限定された場合に限り可能である。選挙制度は、小選挙区比例代表併用制をとる。選挙区は、小選挙区二九九区と州単位の比例区一六区から構成される。投票方法は二票制をとり、一票を小選挙区候補者に投票、もう一票を州単位の政党名簿に投票する。①各州の人口に応じて算出された州別定数を各州内で各党の政党名簿への得票に応じて配分し、②この議席数よりも当該政党に所属する小選挙区で当選した候補者が多い場合には、小選挙区当選者は全員当選し、総定数が当該選挙に限り臨時に増加する（超過議席）。超過議席が生じた場合には、議席の政党別構成が政党名簿への投票の得票結果に応じるように、超過議席を得た政党以外の政党に調整議席が追加して配分される(4)。なお、政党名簿への投票（第二票）について全国での得票率が有効投票総数の五％未満であり、かつ小選挙区での当選者が三名未満の政党は、第二票による議席配分を受けられないという阻止条項（五％・三議席条項）がある。この阻止条項の仕組みは、ワイマール共和国時代の小党分立による不安定な政治を回避するために導入されたものである。選挙権年齢・被選挙権年齢ともに一八歳以上である。

2　権限

連邦議会の権限には、上述した連邦首相の選出、不信任決議権のほか、連邦参議院の協力を得て行使される立法権、連邦憲法裁判所裁判官の半数の選出権、連邦最高裁判所(5)の裁判官の選出関与権、連邦参議院と共同での連邦大統領の連邦憲法裁判所への訴追権、連邦政府構成員への会議出席要求権などがある。なお、予算も条約の承認も法律の形式をとる。

3　運営

(1)　選挙期（Wahlperiode）

連邦議会では、会期制度はとられておらず、連邦議会総選挙後の最初の集会から次の総選挙による後継連邦議会の最初の集会までの期間である選挙期が活動の期間の単位として用いられている。新たな選挙は、解散がなければ、選挙期の開始から四六か月後に当たる月から四八か月後に当たる月の間に行われる。新たな連邦議会は遅くとも総選挙後三〇日目に集会することとなっているので、選挙期は最長で四九か月となる(6)。現在は二〇一三年一〇月二二日から開始した第一八選挙期である。

通常、年間二二週から二四週程度会議が開かれる。二週間会議を開くごとに一週または二週休むのが通例であるが、これに加えて夏季休暇の期間や様々な祝祭日の期間も会議は開かれない。議長は、休みの期間中も連邦議会を招集することができ、総議員の三分の一以上、連邦大統領または連邦首相が要求する場合には、連邦議会を招集する義務を負う。

(2) 会派

連邦議会は、「会派議会（Fraktionsparlament）」と言われるほど会派の役割が大きい。会派は、同一政党に所属する議員または同じ政治的目標を有し、いずれの州においても競争関係にない複数の政党に所属する議員で組織される団体であり、結成には、総議員の五％以上の議員が必要とされる。所属議員数が総議員の五％未満の団体は、議員団（Gruppe）として認定されることができる。

各会派には、概ねトップの会派長、複数の院内幹事、理事会、政策分野別の作業部会などが置かれる。作業部会から議論が積み上げられ、最終的に会派総会で議案の表決に対する会派の賛否が決定される。この日本でいう党議拘束の仕組みはドイツでは会派拘束（Fraktionsdisziplin）と呼ばれるが、基本法第三八条で、連邦議会議員は全国民の代表者とされ、いわゆる命令的委任が禁止されていることとの関係が問題となる。通説では、造反投票により議員資格を喪失させるような「会派強制（Fraktionszwang）」は違憲であるが、党の役職や議会の委員の解任などの処分は合憲とみなされている。

会派には、法案等の議案の提出や、提出した議案が委員会付託から一〇会議週経過した後の委員会への審査状況の報告要求、第三読会（後述）における修正案提出など様々な権利が付与されている。

(3)　運営機関

議長と副議長は、総選挙後の最初の本会議で選挙される。副議長の数は選挙期ごとに変動し、現在の第一八選挙期では大連立を組む二大会派（キリスト教民主同盟ＣＤＵ／キリスト教社会同盟ＣＳＵおよび社会民主党ＳＰＤ）から二名ずつとその他の二会派から一名ずつの計六名である。議長と副議長は、所属会派を離脱せず、表決にも参加することができる。議長と副議長とで組織される議長会（Präsidium）は、事務局の高官人事、外部との重要な契約締結、広報活動等を所管する。また、文書の朗読、審議の記録、発言者名簿の作成、投票用紙の集計等を行うため、書記担当議員が各会派の提案に基づき選出される。書記担当議員の数は、選挙期ごとに変動する。本会議では、議長の職を務める者、与党会派所属書記担当議員一名および野党会派所属書記担当議員一名の計三名から構成される会議理事会（Sitzungsvorstand）が定足数や表決結果の確認を行う。

運営の中心となるのが、議長、副議長および会派勢力に比例して各会派が指名する幹部議員計二三名で構成される長老評議会（Ältestenrat）である。長老評議会は、議事日程、年間活動計画の作成、委員長ポストの会派への配分など運営全般について協議し、その会議には連邦政府の代表も参加する。

通常の会議週では、月曜の夕方に各会派の理事会、火曜午前に各会派の作業部会、午後に各会派の会派総会、水曜午前に委員会、午後に本会議、木曜の九時から深夜まで本会議、金曜の九時から午後の早い時間まで本会議が行われる。

(4) 委員会

議会活動の中心を担うのが委員会である。委員会には主に次に掲げるものがある。

① 常任委員会（ständige Ausschüsse）は、議院から付託された案件その他所管事項の案件の処理を行う。第一八選挙期では二二の委員会が設置されている。

② 特別委員会（Sonderausschüsse）は、個別の事案に関して設置されるが、第一四選挙期で設置されて以来設置されていない。

③ 調査委員会（Untersuchungsausschüsse）は、不祥事等の問題の解明のために設置される。詳細は、政府統制の項目で述べる。

④ 調査会（Enquete-Kommission）は、広範かつ重要な複合的事案に関して、可能な限り広く情報収集を行うために設置される。詳細は、政府統制の項で述べる。

⑤ 諮問委員会（Beirat）は、分野横断的な事案の検討のため設置される委員会で、適宜、各所管常任委員会に対して措置を勧告することができる。近年では、生命科学分野における倫理問題や持続可能な発展について設置された。

⑥ 監督会議（Kontrollgremium）は、情報機関の統制や、信書・郵便・電信電話の秘密に対する制限に関する判断等を行うために設置される。

⑦ 選挙委員会（Wahlausschuss）は、一六名の憲法裁判所の裁判官のうち、連邦議会が選出す

る八名を選出する委員会である。なお、残りの八名の裁判官は、連邦参議院が選出する。

三　連邦参議院

1　構成

各州が有する表決権数だけの州政府構成員が、連邦参議院議員として州政府により任命され、その表決権の総数は六九票である。任期はない。連邦参議院議員として任命された州政府構成員以外の州政府構成員も、代理議員として任命することができる。正規の議員も代理議員も同じ権限を有する。

各州は少なくとも三票の表決権を有し、人口二〇〇万以上の州は四票、六〇〇万以上の州は五票、七〇〇万以上の州は六票の表決権を有する。

2　権限

連邦議会と共同で行使する立法権、連邦憲法裁判所裁判官の選出権、連邦大統領の連邦憲法裁判所への訴追権のほか、連邦法を施行する一定の法規命令（Rechtsverordnung）の同意権、連邦政府が発する一般行政規則（Allgemeine Verwaltungsvorschriften）の同意権、連邦法などによる義務の履行を州に強制する連邦強制への同意権などがある。なお、立法上の緊急事態(7)には、連邦参議院の同意のみで法案が成立する。

3　運営

(1)　職務年（Geschäftsjahr）

総選挙がない連邦参議院では、選挙期の制度は存在しない。毎年一一月一日から翌年一〇月三一日までの一年間が職務年とされ、議長等の任期となるが、立法活動等には影響を及ぼさない。議長は、二つ以上の州の代表者または連邦政府の要求があるときは、連邦参議院を招集しなければならない。

(2)　議長・副議長・書記担当議員

職務年ごとに議長一名、副議長二名および書記担当議員二名を選挙する。しかし実際には、各州の首相が議長を人口数順に持ち回りで務める慣行となっており、第一副議長は前年の議長が、第二副議長は翌年議長を務める予定の者が選出される。議長と副議長とで議長会を構成し、議長会は、議院予算の作成その他院内事務を処理する。議長は、連邦大統領に事故のあるときなどは、連邦大統領の職務を代理する。書記担当議員は、表決結果の集計等により議長を補佐する。

議長会を補佐して本会議の準備、院内管理等を協議するのが、各州の全権代表（Bevollmachtige der Länder）から構成される常任理事会（ständiger Beirat）である。

本会議の開催は、年に一二、一三回程度で、暦年の初めには当該年の本会議の開会日が定められている。一回の会議の議案は四〇、五〇件程度もあり、ときには八〇件を超えることもある。したがって、議案のうち詳細に審議されるものは極めて限られ、採決も複数の議案について一括して行われる。本会議に指定された日の二週間前が委員会の会議週に設定される。

(3)　委員会

連邦参議院の委員会には次に掲げるものがある。

① 常任委員会は、概ね連邦政府の省庁別に編制されている。各州は、一名ずつ委員を派遣し、一票ずつ表決権を有する。委任により、州の職員が代理出席することができ、委員会の多くの会議は、ほとんど州職員のみで行われる。一回の会議の中で、案件ごとに委員が交代することもできる。二〇一四年一一月現在、一六の委員会が設置されている。

② 特別委員会は、個別の事案に関して設置されるが、実際の例はほとんどない。

③ 欧州連合専門部会（Europakammer）は、欧州連合に関する案件を取り扱う。欧州連合専門部会の議決は、連邦参議院全体の議決とみなされる。各州は、一名ずつ構成員を派遣するが、表決権は本会議におけるのと同数を有する。

四　立法過程

1　法案の種類・提出

(1)　法案の提出

法案の提出権は、連邦政府、連邦参議院および連邦議会議員にある。法案はすべて連邦議会に提出される。提出者の別により、次のような提出の手続の違いがある。

連邦政府提出法案は、提出に先立って連邦参議院に送付される。連邦参議院は、六週以内に当該法案について態度を決定する。これを連邦参議院における第一回審議（erster Durchgang）という。この態度決定では、法案の修正、異議なしまたは完全な拒否のいずれかが表明される。連邦政府は、この連邦参議院の態度決定とこれに対する連邦政府の意見を添えて、法案を連邦議会に提出する。連邦参議院が要求するときは、この期限は九週に延長される。逆に、連邦政府が例外的に特に緊急を要する旨を表明したときは、この期限は三週となるが、この場合にも、連邦参議院が要求するときは、六週に期限が延長される。このように連邦政府提出法案に対する連邦参議院の態度決定の手続が設けられているのは、後述するように連邦参議院の立法に関する権限がかなり強力であるため、連邦議会の審議が開始されるに先立って連邦参議院の態度を把握しておく必要があるからである。

連邦参議院提出法案は、各州が連邦参議院に提出した原案が可決された場合に連邦参議院提出法案となる。連邦参議院提出法案は、まず連邦政府に送付され、六週以内に連邦政府の見解を付して連邦議会に提出される。連邦政府が要求するときは、この期限は九週に延長される。連邦参議院が例外的に特に緊急を要する旨を表明したときは、この期限は三週となるが、この場合にも、連邦政府が要求するときは、六週に期限が延長される。

連邦議会議員提出法案は、連邦議会に提出される。提出には、一会派または総議員の五％の署名を要する。

第一七選挙期（二〇〇九～二〇一三年）には、提出法案のうち連邦政府提出法案は五四・三％、連邦参議院提出法案が一五・〇％、連邦議会議員提出法案が三〇・七％であった。なお、可決法案件数中の比率は、それぞれ七八・五％、三・一％、一五・九％である（残りの二・五％は共同提案によるもの）。

このように、連邦政府提出法案の場合には、連邦議会提出に先立って連邦参議院の態度決定を求める手続が前置されるため、連邦政府提出の重要法案で審議を急ぐものについては、同一内容の連邦政府提出法案と連邦議会議員提出法案（与党会派提出法案）を同時に作成し、連邦政府提出法案に対して連邦参議院が態度決定を審議している間に並行して連邦議会の審議を行うことができるようにしたり、あるいは実際には連邦政府が作成した法案を連邦議会議員提出法案（与党会派提出法案）として提出したりすることがある(8)。

(2) 同意法案と異議法案

法案には、①成立に連邦参議院の同意を要する法案（大別して州の財政に関係する法案や州の組織・行政権に関係する法案がある）と②成立に連邦参議院の同意を要せず、連邦参議院は連邦議会が議決した法案に異議を申し立てることができるだけの法案の二種類があり、前者を同意法案、後者を異議法案という。提出の手続は、同意法案と異議法案で同じである。連邦参議院が拒否権を有する同意法律の比率は、公布された法律のうち第一四選挙期で五四・六％、第一五選挙期で五〇・八％と過半数を占めており、二〇〇六年の連邦制の改革で、連邦と州の権限配分が整理された際には、この同意法律の比率の削減も目標の一つとされていた。改革の結果、第一六選挙期（二〇〇五～二〇〇九年）の統計では、四一・八％に留まった。

2 第一読会

連邦議会では、法案は、原則として三読会制により審議される(9)。提出された法案は、事務局により印刷・配布され、各会派の作業部会で検討が行われる。法案には、①問題、②解決策、③代替策、④費用が明記される。各会派の法案に対する暫定的な立場が固まると、長老評議会で第一読会の日程が協議される。なお、連邦議会議員提出法案の場合には、法案を提出した会派は、当該法案が印刷後三会議週以内に第一読会に上程されることを求めることができる。

第一読会では、一会派もしくは五％の出席議員が要求した場合または長老評議会で合意した場合には、一般討論が行われる。法案の内容に対する動議の提出は許されず、また法案が否決されることはない。

第一読会を通過すると、法案は委員会に付託される。

3　委員会審査

委員会審査では、法案について報告者（Berichterstatter）が選任され、報告者は、委員長とともに当該法案の審査とそのとりまとめに責任を負う。委員会は非公開が原則であるが、連邦政府構成員の出席を要求し、その他専門家や利害関係者の意見を聴くため公聴会を行うことができる。委員の四分の一以上の要求により公聴会が行われる仕組みは少数派の重要な権利となっている。非公開審議には批判もあるが、率直な意見交換により会派間の妥協が容易になる利点がある。委員会審査と並行して、各会派の作業部会でも引き続き検討が行われる。連邦政府は、連邦政府提出法案の骨子について与党会派と事前に調整しているが、それでも法案がなんらかの形で修正されることがほとんどである。また、特に連邦参議院で野党会派が多数を占める状況においては、野党会派の意見が採用されることも稀ではない。委員会審査には、通常、連邦参議院の代表と所管連邦省の職員も出席し、法案が修正される場合には、所管連邦省の職員が起草を補助する。

委員会審査報告書には、審査の経過と本会議に対する議決勧告が記載され、法案を修正する場合にはその理由が詳細に説明される。また、委員会において否決された意見についても言及される。

各会派は、提出した法案の委員会への付託後一〇会議週が経過した場合には、委員会に対して報告または審査の遅れの理由の説明を求めることができ、これにより野党会派にも自らの提案をアピールする場が確保されている。

4 第二読会・第三読会

委員会審査終了後、本会議で委員会審査報告書に基づき第二読会が開かれる。一会派もしくは五％の出席議員が要求した場合または長老評議会で合意した場合には、一般討論が行われる。一般討論に続いて逐条審議が行われ、各議員は修正案を提出することができる。修正案が提出されない場合には、法案全体を一括して表決に付することができる。

第三読会は、第二読会で修正がなされた場合には、修正を踏まえた法案が印刷された後、二日目以後に行われるが、第二読会で修正がなされなかった場合には、直ちに行われる。修正案の提出は、第二読会で修正または追加された条項についてのみ、かつ一会派または総議員の五％の議員に限り許される。連邦議会で可決された法案は連邦参議院に送付される。

5 連邦参議院における第二回審議 (zweiter Durchgang)

連邦参議院に送付された法案は常任委員会に付託されるが、特に連邦政府提出法案の場合には、連邦参議院の態度決定が連邦議会の審議で考慮されているかが審議の焦点となる。委員会は、連邦議会の委員会と同様に、審査報告書において本会議への議決勧告を行う。本会議は年間で一三回程度開かれるだけであるので、実質的な審議は委員会で行われる。本会議では各州は表決権を一括して行使する。州政府が連立政権の場合で法案に対する賛否が一致しないときは、通常棄権する。表決権が一括して行使されていない場合には、当該州の票は無効となる。

6　両院関係

(1)　異議法案の場合

連邦参議院が連邦議会から送付された法案に異議がある場合には、法案の受領から三週以内に両院協議会（Vermittlungsausschuss）の招集を要求することができる。この期間内に連邦参議院が両院協議会の招集を要求しなかった場合には、法案は成立する。

両院協議会は、連邦議会から選出された一六名と連邦参議院から選出された一六名の計三二名から構成される。連邦議会の協議委員は会派勢力を反映して、連邦参議院の協議委員は各州一名が選任される。法案ごとに設置されるのではなく、連邦議会側の協議委員は選挙期中固定されている点が特徴である。連邦参議院の協議委員は、各州政府からの指示に拘束されず、妥協がしやすいようになっている。成案は、出席協議委員の過半数によって決定され、連邦議会で議決された法案の承認、修正または撤回のいずれかの形をとる。成案が連邦議会で議決された法案の修正の場合には、連邦議会は、改めて当該法案について表決に付さなければならない。連邦議会が法案の修正を可決し、二週以内に連邦参議院がこれに異議を申し立てなかった場合または申し立てた異議を撤回した場合には、法案は成立する。なお、両院協議会が成案を得られずに調整手続が終了する場合もある。

両院協議会による調整手続が終了した場合には、連邦参議院は、法案について二週以内に異議を申し立てることができる。①その異議が表決数の過半数によりなされた場合には、連邦議会の総議員の過半数により、②その異議が表決数の三分の二以上によりなされた場合には、連邦議会の表決数の三分の二以上かつ総議員の過半数により、連邦議会は異議を却下することができる。異議が却下された場合には、法案は成立する。また、二週以内に連邦参議院が異議を申し立てなかった場合または申し立てた異議を撤回した場合にも、法案は成立する。

(2) 同意法案の場合

異議法案とは異なり、成立には連邦参議院の明確な同意が必要となる。また、連邦参議院は、両院協議会の招集を要求せずにいきなり同意を拒否することもできる。同意法案については、連邦議会と連邦政府も両院協議会の招集を要求することができる。両院協議会の手続と成案の取扱い等については、異議法案の場合と同様である。

7 認証・公布

法律が成立すると、所管連邦大臣と連邦首相が副署した後、連邦大統領が認証し、連邦法律公報で公布される。連邦大統領は、立法手続または法律の内容が明らかに基本法に違反していると認められる場合には、認証を拒否することができる。これまでに連邦大統領が認証を拒否したのは八例、認証の際に基本法違反等の疑義を表明したのは九例である。連邦大統領の認証の拒否について、連邦参議院と連邦議会は、憲法裁判所に提訴することができる。

五　政府統制

立法と並んで重要な議会の機能が政府統制である。連邦参議院は本会議、委員会ともに会議数が少なく、政府統制機能は立法過程や法規命令・一般行政規則の同意手続を通じて果たされるので、ここでは連邦議会の主な政府統制の手段を掲げる。与野党の対立を基本とする連邦議会では、政府統制の手段を利用するのは、野党会派が圧倒的に多い。

1　大質問（Große Anfrage）

大質問は、一会派または五％の議員が提出することができる。一件の質問で、一つのテーマについて数十問が記載される。答弁は文書で行われ、答弁書が受理された後、一会派または五％以上の議員が要求する場合には、当該大質問について本会議で審議を行わなければならない。一例を挙げると、二〇一二年五月九日にＳＰＤが提出したドイツにおける通行料金の将来構想に関する大質問は八七問にも及ぶもので、連邦政府は、一〇月一九日に回答し、一〇月二五日の本会議において約三〇分の審議が行われた(10)。第一七選挙期では五四件の大質問が提出された(11)。

2　小質問（Kleine Anfrage）

小質問は、一会派または総議員の五％以上の議員が提出できる。一件の質問で、一つのテーマについて一〇問～数十問が記載される。連邦政府は、質問受領後、一四日以内に文書で回答しなければならない。大質問と異なり、小質問については本会議で審議されることはない。一例を挙げると、緑の党が二〇一二年一一月一九日に提出した、連邦環境・自然保護・原子炉安全省の原子炉安全局長に関する小質問は五三項目に及ぶもので、連邦政府は一二月七日に回答した(12)。第一七選挙期では三六二九件の小質問が提出された。

3　質問時間（Fragestunde）

質問時間は、各会議週の水曜一三時から二時間実施されている。各議員は、連邦政府の口頭答弁を求めるための質問を一会議週につき二問まで提出できる。質問議員は、答弁に対して補足質問を行うことができる。質問は、議長に会議週の前の金曜一〇時までに提出しなければならない。なお、議長は、明らかに緊急で公衆の関心がある問題について前日一二時までに質問が提出された場合、緊急質問を許可することができる。第一七選挙期では六〇五七件の口頭質問が行われた。

4　文書質問（schriftliche Einzelfragen）

文書答弁を求める質問は、各議員一か月に四問まで提出することができる。連邦政府は、質問の受領後一週間以内に答弁書を送付しなければならない。一週間以内に答弁書を得られない場合には、質問議員は、期限経過後の会議週の最初の質問時間に、答弁を求めることができる。文書質問の提出については、口頭質問とは異なり、所属会派の調整を受けないとされ、各議員が自由に活動することができる貴重な機会となっている。第一七選挙期では二万一四一件の文書質問が提出された。

5　対政府質問（Befragung der Bundesregierung）

会議週の水曜一三時から三〇分実施される。当日の午前中に行われた連邦政府の閣議の議題の一つが主題となる。冒頭に大臣又は政務次官が当該主題について五分間発言し、その後各会派の議員から質問が行われる。政務次官による答弁については、議員からの批判がある。第一七選挙期では六九回の対政府質問が実施された。

6　時事問題討論時間（Aktuelle Stunde）

時事問題討論時間は、長老評議会で合意したとき、一会派または総議員の五％以上が要求したとき、質問時間における連邦政府の答弁について一会派または出席議員の五％以上が要求したときに実施される。通常は、水曜午後の本会議で質問時間の後に実施される。一日につき複数の討論時間を行うことはできず、全体で一時間以内、個別の発言は五分以内とされる。第一七選挙期では一三一回の時事問題討論時間が実施された。

7　調査委員会（Untersuchungsausschüsse）

調査委員会は、基本法第四四条に基づき、「公開の議事において必要な証拠を取り調べる」委員会であり、最も強力な政府統制の手段である。総議員の四分の一以上による設置動議が提出された場合には設置が義務付けられているため、少数者調査権[13]として特に野党の権利を保障する重要な手段となっている。証人喚問等には、刑事訴訟に関する規定が準用される。二〇〇一年には調査委員会法が制定され、必要に応じ予備調査受託者（Ermittlungsbeauftragte）を任命し、調査を補佐させることができるようになった。

調査委員会が設置される数は一選挙期当たり一～三件程度と少ないが、ひとたび設置されると徹底した調査を行うのが特徴である。二〇〇六年四月七日に設置された連邦情報局のイラク戦争への関与に関する調査委員会は、一二五回の会議を開催、うち五九回の会議で一四二人の証人を尋問、二〇〇九年六月一八日には一四三〇ページにもわたる調査報告書[14]を提出した。

8　調査会（Enquete-Kommission）

調査会は、一九六九年の議会改革で導入され、「広範かつ重要な複合的事案に関する決定の準備のため」に設置される。調査会は、調査委員会と同様に、総議員の四分の一以上の設置動議により設置される。委員には非議員の専門家もなることができ、議員と同等の権利を有するというユニークな仕組みになっており、通常、同数の非議員と議員が任命される。調査会は、設置された選挙期の終了までに報告書と議決勧告を提出する。二〇〇三年七月三日に設置された「ドイツにおける文化」調査会は、第一五選挙期末までに調査が終了せず、二〇〇五年六月一日に二〇ページの中間報告書を提出、第一六選挙期の二〇〇七年一二月一一日に五一二ページにも及ぶ最終報告書を提出した(15)。

9　請願

ドイツ連邦議会の特色の一つとして、請願制度の充実が挙げられる。請願に関しては基本法に請願権と連邦議会における請願委員会の設置が規定されている。五万人以上の署名のある集団請願（Sammelpetitionen　同一の内容で署名の一覧を伴った請願）または大量請願（Massenpetitionen　同一の内容で本文が完全にまたは本質的に同一である大量の請願）については、原則として委員会の公開の会議において請願者を招いて審査される。また、公開請願（öffentlichen Petitionen）については、請願者との合意の上、当該請願を請願委員会のウェブサイト上に公開し、これについて他の者が署名し、議論することができる。近年は提出手続が簡略化され、請願者は郵送、Fax、連邦議会のウェブサイト上の提出書式により請願を提出することができ、議員の紹介は不要である。形式的不備等の場合を除き、各請願について、原則として与党会派から一名、野党会派から一名の報告者が任命され、委員会で取扱いが審査される。最終的な取扱いには、①連邦政府への考慮のための送付、②連邦政府への検討のための送付、③連邦政府への資料としての送付などがあり、①連邦政府への考慮のための送付、②連邦政府への検討のための送付をされた請願については、連邦政府は、原則として六週間以内に回答しなければならない。③連邦政府への資料としての送付をされた請願については、連邦政府は一年以内にその後の状況について回答する。

二〇一一年には一万五一九一件の請願が受理され、一万五一三六件が処理された(16)。そのうち、委員会での審査の対象となったのは六三八七件であり、①連邦政府への考慮のための送付は一七件、②連邦政府への検討のための送付は一一件であった。請願委員会の四回の公開の会議では、公開請願のうち気候保全の基本法への明記を求めるもの等一〇件を審査し、請願者も委員会で発言した。

おわりに

最後に、連邦議会と連邦参議院が抱える課題について付言したい。

第一の課題は、政府統制の強化、特に野党会派の権利の強化である。早くから調査委員会による少数者調査権が認められてきたドイツではあるが、連邦政府の連邦議会に対する情報提供義務、調査委員会において喚問する証人を少数派も指定できる権限、調査会の設置要件（総議員の四分の一以上による動議）や調査会に調査委員会と同等の調査権限を付与することなどを基本法に明記することが提案されている。さらに、本会議の質問時間や対政府質問が十分な機能を果たしていないことから、イギリス議会をモデルに、連邦議会議員の質問には原則連邦大臣が答弁し、特に連邦首相が六週ごとに答弁することを義務付ける改革も提案されている(17)。

第二に欧州連合関係・国際関係に関する議会の関与の強化の必要性が指摘されている。一般的に欧州連合加盟国では、国民生活に影響を及ぼす重要な決定が欧州連合を舞台に行われることが近年増えており、欧州統合とグローバル化により脱議会化（Entparlamentisierung）に拍車がかかっているという指摘がある。二〇一三年には、欧州連合案件に関する連邦政府と連邦議会の協力を強化する法律が成立した。

第三に連邦議会議員の待遇や政治倫理の問題がある。近年、ドイツの財政状況の悪化を背景に、連邦議会議員の待遇や政治倫理について厳しい目が向けられ、議員の副収入の届出制度の強化や、議員年金の給付削減などが行われてきた。二〇一四年には、議員の権利の問題に関する独立委員会の報告書を受けた改正議員法が成立し、議員歳費の引上げ（二〇一六年以降は全雇用者の名目賃金指数の変動に応じて改定）、常任委員会委員長等の役職手当の創設、議員年金の削減等が行われた。

最後に連邦参議院については、特に野党が多数を占める場合に連邦議会の与野党対立が持ち込まれ、立法が停滞する問題が指摘されてきた。二〇〇六年の連邦制改革により、成立した法律に占める連邦参議院の同意を必要とする同意法律の比率は、約五割から約四割に低下したものの、一層の改革が必要であるという意見がある。例えば、連邦参議院における表決を、現行のように総表決権数の過半数（三五票）とするのではなく、相対多数として可決されやすくすることや、さらに連邦と州の権限関係を見直して同意法律の比率を低下させることなどが提案されている。

このように課題を抱えたドイツの連邦議会と連邦参議院ではあるが、引き続きドイツの民主制の中核としての役割が期待されている。

※本稿における意見にわたる部分は筆者の個人的見解である。

主な参考文献（注に掲げたものを除く。）

・ドイツ連邦議会ウェブサイト <http://www.bundestag.de/>

・連邦参議院ウェブサイト<http://www.bundesrat.de>
・Ludger Helms, *Die Institutionalisierung der liberalen Demokratie : Deutschland im internationalen Vergleich*, Campus Verlag, 2007.
・Joachim Jens Hesse / Thomas Ellwein, *Das Regierungssystem der Bundesrepublik Deutschland*, 10., vollstaendig neu bearbeitete Auflage, Nomos, 2012.
・Wolgang Ismayr, *Der Deutsche Bundestag*, 3 Auflage, Springer VS, 2012.
・Stefan Marschall, *Das politische System Deutschlands*, 2.Auflage, UVK Verlagsgesellschaft, 2011.
・Wolfgang Rudzio, *Das politische System der Bundesrepublik Deutschland*, 8., aktualisierte und erweiterte Auflage, VS Verlag, 2011.
・Thomas Saalfeld, "Germany : Multiple Veto Points, Informal Condition, and Problems of Hidden Action," in Kaare Strom et al. eds., *Delegation and Accountability in Parliamentary Democracies*, Oxford University Press, 2003, pp.347-375.
・Susanne Linn und Frank Sobolewski, *So arbeitet der Deutsche Bundestag : Organisation und Arbeitsweise : Die Gesetzgebund des Bundes*, 25. Auflage, NDV, 2012.
・古賀豪＝奥村牧人＝那須俊貴『主要国の議会制度』（基本情報シリーズ⑤）（国立国会図書館、二〇一〇年三月）
・孝忠延夫『国政調査権の研究』（法律文化社、一九九〇年）
・戸田真介「ドイツの議会制度」『議会政治研究』六四号（二〇〇二年）
・野口暢子「ドイツ連邦議会の質問制度」『立法と調査』二七六号（二〇〇八年一月）
・服部高宏「ドイツにおける『二院制』——連邦制改革をふまえて」『比較憲法学研究』一八・一九号（二〇〇七年）

・山口和人「ドイツの議会改革」『レファレンス』二〇〇〇年四月号、三三―六六頁
・山口和人「ドイツの立法過程」中村睦男＝大石眞編『立法の実務と理論』(信山社出版、二〇〇五年) 五六五―五九九頁
・吉田栄司『憲法的責任追及制論　I』(関西大学出版部、二〇一〇年)
・渡辺富久子「ドイツ連邦議会による政府の統制―調査委員会を中心に―」『外国の立法』二五五号 (二〇一三年三月)

(1)　基本法においては、連邦議会と連邦参議院にそれぞれ独立の一章が充てられており、これらを両議院とする「ドイツ議会」なるものが存在するわけではない。したがって、ドイツの議会は厳密には二院制であるとは言えないが、連邦参議院の立法過程における役割は後述するようにかなり大きく、列国議会同盟 (Inter-Parliamentary Union) や比較議会制度の学術文献ではドイツは二院制と分類されることが多い。なお、防衛上の緊急事態の際に三二名の連邦議会議員と一六名の連邦参議院議員から構成される合同委員会 (Gemeinsamer Ausschuss) が、連邦議会と連邦参議院の権限を統一して行使する仕組みがある。

(2)　M. Steven Fish and Matthew Kroenig, *The Handbook of National Legislature : A Global Survey*, Cambridge University Press, 2009. ちなみに本書で取り上げる国は、強い順にドイツ (〇・八六)、イギリス (〇・七八)、カナダ (〇・七二)、日本 (〇・六六)、インド (〇・六三)、アメリカ (〇・六三)、韓国 (〇・五九)、フランス (〇・五六) であった。

(3)　連邦議会議員の過半数の投票を得た者が選出され、連邦大統領によって連邦首相に任命される。連邦大統領の提案した者が過半数の票を得られなかった場合には、連邦議会は一四日以内に連邦大統領の提案なしに過半数により連邦首相を選挙することができる。この期間内に選挙が成立し

ない場合には、連邦議会で新たに投票が行われる。最多得票者が過半数の票を得た場合には、当該人が連邦首相に任命される。最高得票者が過半数の票を得られなかった場合には、連邦大統領は、七日以内に当該人を連邦首相に任命するか、連邦議会を解散するかを選択しなければならない。

（4）この議席配分の方式は二〇一三年九月に実施された総選挙から適用されている。二〇〇九年の総選挙において、政党の得票の増加が議席の減少につながるいわゆる「負の投票価値」の問題が生じ、連邦憲法裁判所が違憲判決を下したため、連邦選挙法の改正が行われた。山口和人「ドイツの選挙制度改革　―小選挙区比例代表併用制のゆくえ―」『レファレンス』二〇一二年六月号、河島太朗＝渡辺富久子「【ドイツ】連邦選挙法の第二二次改正」『外国の立法』二五五―一号（二〇一三年四月）。

（5）連邦最高裁判所には、連邦通常裁判所、連邦行政裁判所、連邦税財務裁判所、連邦労働裁判所、連邦社会裁判所がある。

（6）ただし、防衛上の緊急事態中に選挙期が終了する場合には、防衛上の緊急事態の終了後六か月まで選挙期が延長される。

（7）連邦議会が連邦首相の信任動議を否決し、かつ連邦大統領が連邦議会を解散しない場合において、連邦政府が法案を緊急を要するものであると指定したにもかかわらず連邦議会がこれを否決したときは、連邦大統領は、連邦政府の申立てに基づき、連邦参議院の同意を得て、立法上の緊急事態を宣言することができる。立法上の緊急事態が宣言された後、連邦議会がその法案を再び否決し、または連邦政府が受け入れられない法文でその法案を採択したときは、その法案は、連邦参議院がこれに同意する限りにおいて、成立したものとみなす。

（8）一例として、二〇一三年に成立したエネルギー経済法改正法（Gesetz zur Änderung des

Energiewirtschaftsgesetzes vom 21. Februar 2013）がある。同じ内容の連邦政府提出法案と与党会派法案が二〇一一年六月六日、それぞれ連邦参議院に送付、連邦議会に提出され、連邦政府提出法案が連邦参議院の第一回審議を経ている間に与党会派法案が連邦議会で委員会付託され、その後連邦議会に提出された連邦政府提出法案と与党提出法案はともに六月三〇日に第二読会、第三読会が行われ、与党会派法案は連邦政府提出法案に統合することとされ、連邦議会を通過した。その後この法案は、連邦参議院による同意の拒否、両院協議会による調整を経て二〇一三年二月二一日に連邦大統領の認証により成立した。

（9）連邦の政治的関係を規律し、または連邦の立法の対象に関する条約を承認する法案は、原則として、二読会制をとる。

（10）Deutscher Bundestag, *Drucksache*, 17/9623, 2012.5.9；Drucksache, 17/11788, 2012.12.7；*Plenarprotokoll*, 17/201, 2012.10.25.

（11）Statistik der Parlamentarischen Kontrolltätigkeit – Überblick 17. Wahlperiode – Stand der Datenbank：06.12.2013< https://www.bundestag.de/blob/191010/9e9aeaca28d5660f9e360c3291468f4f/kontroll_taetigkeiten_wp17-data.pdf > 以下、政府統制に関する第一七選挙期の統計データはこの資料による。

（12）Deutscher Bundestag, *Drucksache*, 17/11600, 2012.11.19；*Drucksache*, 17/11788, 2012.12.7.

（13）この少数者調査権は、著名な社会科学者であるマックス・ウェーバーにより提唱され、ワイマール共和国憲法に規定されるに至った。孝忠延夫『国政調査権の研究』（法律文化社、一九九〇年）参照。なお、我が国の衆議院の予備的調査制度もドイツの少数者調査権の制度を参考にしている。第一八選挙期においては、野党の議席数が会議席の四分の一を下回ったため、少数派の権利を保護する必要上、第一八選挙期の特則として、一二〇名の議員からの要求があれば調査委員会を設置しなければならないとされた。

(14) Deutscher Bundestag, *Drucksache*, 16/13400, 2009.6.18.

(15) Deutscher Bundestag, *Drucksache*, 16/7000, 2007.12.11.

(16) 以下、二〇一一年のデータはすべてDeutscher Bundestag, *Drucksache*, 17/9900, 2012.6.28.

(17) "Parlamentsreform ; Der Bundestag braucht mehr Action," *Zeit online*, 2012.8.16.

イタリア

田近　肇

はじめに

わが国の国会が抱える問題を考えるとき、常に取り上げられるのが、二院制のあり方である。わが国の二院制に関しては、まず、両議院の組織のあり方について、衆議院と参議院の議員の選出方法が類似したものになっており、このことは二院制の存在理由からみて望ましくないという批判がなされている。また、両議院の権限についても、憲法上衆議院の優越が定められているにもかかわらず、参議院の権限が実はかなり強力であることが以前から指摘され、いわゆる「ねじれ国会」の下での「決められない政治」の原因がこの点に帰せられてきた。

これらの指摘、つまり、両議院の議員の選出方法にほとんど違いがないということと、両議院の権限が大きく異なるわけではないということは、実は、そっくりそのまま、イタリアの国会(Parlamento)の特徴でもある。イタリアでも、「国会は、代議院(Camera dei deputati)および共和国元老院（Senato della Repubblica）で構成する」（憲法第五五条）ものとされ、二院制が採用されている。この二院制は、「対等で対称的な二院制（bicameralismo paritario e simmetrico）」と呼ばれるように、両議院の組織方法が類似しかつ両議院が完全に対等な権限を有するという比較法的にみて例外的な二院制であり、イタリア政治の機能不全をもたらす要因として問題視されてきた。

しかしながら、イタリアでは、近時、この「対等で対称的な二院制」の克服に向けて、憲法改正および選挙制度改革が進められつつある。そこで、本稿では、イタリアにおいて、現行の二院制に関してどのような点が問題とされ、どのような改革が提案されているのかを紹介することとしたい。ただし、二〇一三年一二月現在、具体的な憲法改正案・選挙法改正案は、まだ国会に提出されていない。そのため、本稿では、大統領の下に設置された作業部会の最終報告書および政府に設置された憲法改革委員会の最終報告書を基にした紹介にとどまることを、あらかじめお断りしておく。

一　憲法改正・選挙制度改革の経緯

1　改革の背景

イタリアにおいて、「対等で対称的な二院制」が政治の機能不全の要因であることは、以前から認識されていた。事実、二院制の見直しを内容とする憲法改正案は、第一共和制末期の一九八三年に設置され、一九八五年に報告書が出された制度改革両院合同委員会（ボッツィ委員会）の提案に始まる。その報告書は、二院制自体は維持しつつも、代議院に対して優先的または排他的な立法機能を、元老院に対して優先的または排他的な政府統制機能を付与するという形で両議院の役割分担を提案していた。

また、二〇〇五年に両議院で可決された憲法改正案も、元老院に地域代表的性格を与えると同時に、従来の対等な二院制を改めて、代議院が優位する二院制へと転換することを内容としていた。この憲法改正案は、最終的には二〇〇六年の国民投票で否決されたが、その後も、二〇〇七年の代議院憲法問題委員会案および二〇〇八年の元老院憲法問題委員会案は、元老院に地域代表的性格を与え、それに合わせて両議院の権限に違いをもたせることを内容とする提案をしている。

2 今回の改革の直接的契機

今回の憲法改正論議の直接のきっかけとなったのは、二〇一三年二月二四日および二五日に行われた代議院および元老院の総選挙の後のイタリア政治の混乱である。この総選挙で民主党（Partito democratico）を中心とする中道左派連合は、代議院議員選挙においては、全国レベルで二九・五％の票を獲得して首位に立ち（なお、ベルルスコーニ元首相が率いる「自由の人民（Popolo di libertà）」を中心とする中道右派連合は二九・一％、グリッロ氏が率いる「五つ星運動（Movimento cinque stelle）」は二五・五％、モンティ元首相が率いるモンティ連合は一〇・五％であった）、全議席の約五五％の多数を占めることができた。しかし、元老院議員選挙では、中道左派連合は、全国レベルでの得票ではやはり首位に立ったものの、全議席の約三九％を獲得するにとどまり（なお、中道右派連合が約三七％、五つ星運動が約一七％を獲得した）、過半数の議席を獲得することができなかった。このように代議院と元老院との間で「ねじれ」現象が生じた結果、民主党のベルサーニ書記長は、元老院の信任を受ける見通しが立たないまま組閣を断念せざるをえず、この混乱による政治空白は、大統領選挙の混乱とナポリターノ大統領の再選を経て、中道左派と中道右派との大連立によってレッタ政権が成立するまで、約二か月間続いた。

3　改正作業の経緯

こうした中で、「対等で対称的な二院制」が抱える問題点が改めて認識され、政権連立の交渉の過程で、ナポリターノ大統領は、二〇一三年三月三〇日、制度改革のための作業部会（いわゆる「賢人会議（saggi）」）を設置し、この賢人会議は、政治の安定をもたらし迅速な意思決定を可能にする必要があるとして、四月一二日に、「対等な二院制の克服」を提案する最終報告書を公表している。また、レッタ政権は、二院制や議院内閣制に関する憲法規定の改正と選挙制度改革の提案を行うことを目的として、憲法改革担当大臣が委員長を務める憲法改革委員会（Commissione per le riforme costituzionali）を六月一一日に設置し、同委員会は、九月一七日、「対等な二院制の克服」に賛成する最終報告書を提出している。

その後、「憲法改正及び選挙制度改革のための国会委員会」(Comitato parlamentare per le riforme costituzionali ed elettorali)を設置し、特別の憲法改正手続を定める憲法的法律の制定が進められた(ただし、現在まで未成立)。この憲法的法律案が二院制改革を内容とする憲法改正を念頭に置くものであったことは、この国会委員会が「憲法第二部第一章〔国会〕、第二章〔大統領〕、第三章〔政府〕および第五章〔州、県、市町村〕に定める諸条の憲法改正法律案ならびに……両議院の選挙制度に関する通常法律案であって憲法改正に伴うものを審査する」ことをその任務とするものとされていたことからも明らかであった。

4 制度改革の基本的な方向

今回の憲法改正の議論がこのような背景・経緯を有しており、さらに、二〇一一年の政府債務危機の後、財政安定化に関する欧州連合の規律を迅速かつ確実にイタリア国内で実施することが喫緊の課題とされてきたことからすれば、「政治の安定と効率性の実現」が制度改革のキーワードとなっているのは、当然であろう。

賢人会議の言葉を遣えば、今日、「政府と国会とは、過去と比べてより一層、政治の安定と決定の迅速性とを確保しうる条件におかれ」なければならない。この問題意識は憲法改革委員会も共有しており、同委員会によれば、イタリアでは、問題が放置されて蓄積した結果、国家財政と実体経済とが危機に陥っているにもかかわらず、現在の政治制度は安定した政治方針を表明することができないでいる。それゆえ、執行府の安定と効率性とを確保し、国会の活動の効率性を促進する制度的な仕組みの導入が必要だとされるのである。

以下、安定した政府の形成と迅速かつ効率的な意思決定を実現するうえで、現行の制度にどのような問題があり、それに対して、具体的にどのような改革の提案がなされているのか、見ていこう。

二　両議院組織法

1　現行制度

(1)　代議院議員選挙法

イタリアでは、代議院議員も元老院議員も原則として直接普通選挙で選出され（憲法第五六条一項および第五八条一項）、その任期はともに五年であり（第六〇条一項）、代議院・元老院の両方について大統領による解散がありうる（第八八条一項）。なお、代議院議員選挙と元老院議員選挙は、運用上常に同日選挙という形で行われている。

選挙制度に関しては、二〇一三年一二月末現在、大きく言えば、両議院のどちらについても比例代表制がとられているということができる。まず、代議院議員選挙については、一九五七年三月三〇日共和国大統領令第三六一号（二〇〇五年一二月二一日法律第二七〇号による改正後のもの）が定める制度は、「多数派プレミアム付き比例代表制」と呼ばれ、選挙区ごとの比例代表制選挙を基礎としつつも、多数派プレミアムの付与の判断を全国レベルで行う仕組みになっている。

具体的には、代議院の全六三〇議席のうち、在外選挙区の一二議席を除いた六一八議席が選挙区に配分される（憲法第五六条二項）。選挙区は、多くの場合、州と一致するが、ミラノを抱えるロンバルディア州のように人口の多いいくつかの州は、複数の選挙区に分けられている。選挙区への定数配分の方法については憲法上明文の規定があり、基本的には各選挙区の人口に比例して配分するものとされる（第五六条四項）。

投票が終わると、選挙区ごとに集計された各候補者名簿の得票数をさらに全国レベルで集計し、一定割合以上の票を獲得した候補者名簿連合（例えば、中道右派連合や中道左派連合）に対し全国レベルで配分される議席数を算出する。その際、①全国得票数が最大の候補者名簿連合の議席が三四〇議席（議員定数の五五％）を超えた場合には、その算出された議席数はそのまま確定し、さらに(i)連合内の各候補者名簿が全国レベルで獲得した議席数、(ii)各候補者名簿連合が各選挙区レベルで獲得した議席数、および(iii)連合内の各候補者名簿が各選挙区レベルで獲得した議席数を、調整しながら確定する。それに対し、②全国得票数が最大の候補者名簿連合の議席が三四〇議席を超えない場合には、その候補者名簿連合の獲得議席数は三四〇議席とし、残る議席をその他の候補者名簿連合の間で分配する。以下、①の場合と同様に、(i)から(iii)まで確定する。

(2) 元老院議員選挙法

他方で、元老院議員選挙について、一九九三年一二月二〇日委任命令第五三三号（二〇〇五年一二月二一日法律第二七〇号による改正後のもの）が定める制度は、「州単位での多数派プレミアム付き比例代表制」と呼ぶことができる。具体的には、まず、全三一五議席のうち、在外選挙区選出分（六議席）を除いた三〇九議席が人口に比例して各州に配分される（憲法第五七条四項）。ただし、憲法上、モリーゼ州およびヴァッレ・ダオスタ州に配分される議席はそれぞれ二議席および一議席と定められ、その他の州には最低でも七議席を配分するものと定められている（同条三項）。

元老院議員選挙の場合には、多数派プレミアムの付与の判断は、州単位で行われる。というのは、「元老院は、州を基礎として選出する」という憲法第五七条一項の規定は、ある州でなされた投票が他の州における元老院議員の選出のために用いられることを排除するものであると解釈され、代議院議員選挙におけるような全国レベルで多数派プレミアムを付与する制度は、元老院議員選挙では導入できないと理解されているからである。それゆえ、元老院議員選挙においては、①ある州で得票が最大であった候補者名簿連合の獲得議席が当該州から選出される議員の定数の五五％を超えた場合には、そのまま残余の議席をその他の候補者名簿連合の間で得票に比例して分配し、②これを超えない場合、得票が最大の候補者名簿連合の獲得議席は当該州から選出される議員の定数の五五％の議席としたうえで、残余の議席をその他の候補者名簿連合の間で分配するというやり方がとられている。

(3)　両議院組織法の間の異同

以上、イタリアの二院制においては、①議員定数の違い、②元老院には若干名の終身議員が存在するという違い（憲法第五九条）、③多数派プレミアムの付与の判断を全国レベルで行うか、州レベルで行うかという違いがあるものの、いずれの議院の議員も基本的には直接普通選挙によって同一任期で選出され、両議院とも解散がありうることから、民主的正統性について両議院の間には顕著な違いはないといえる。

さらに、具体的な選挙制度についても、両議院とも「多数派プレミアム付き比例代表制」によって議員が選出されるのであり、その結果、両議院の議員は、政治的に同質的にならざるをえない。その意味で、イタリアの二院制は、「事実上の一院制（monocameralismo di fatto）」であるとか、「純粋に手続的な二院制（bicameralismo meramente procedurale）」であると評されることがある。

2　元老院の組織原理の見直し

(1)　賢人会議の改革案

二〇〇五年の憲法改正案以来、元老院を州の利益を代表する地方代表機関とすることが提案されてきたことは、すでに触れた。実は、第二院を州の利益を代表する議院とする構想は、すでに憲法制定議会（一九四六年から一九四七年まで）の審議でも主張されていたが、その時点では「州には実体がない」という理由で斥けられていた。しかし、その後、一九七〇年に普通州の設置が実現し、連邦制への移行を志向した二〇〇一年の憲法改正（二〇〇一年一〇月一八日憲法的法律第三号）によって大幅な地方分権が実現した結果、州が州としての実質を有するようになり、元老院を州の代表機関と位置づけるという方向でコンセンサスが形成されてきたのである。

賢人会議の報告書は、こうした議論の流れを踏まえ、唯一の「政治の議院（Camera politica）」である代議院については直接普通選挙という従来の組織方法を維持する一方で、元老院を「州を代表する第二の議院（諸州の元老院（Senato delle Regioni））」と位置づけることによって、両者の組織原理に違いをもたせることを提案している。具体的な元老院議員の定数および選出方法に関しては、元老院議員の総数を一二〇人に減らし、元老院はすべての州知事および「州民数に比例するように各州議会によって選出された州の代表者」によって構成すべきものとされる。

(2)　憲法改革委員会の改革案

憲法改革委員会の最終報告書は、ある特定の提案を委員会案として打ち出すことはせず、複数の選択肢を併記する体裁をとっており、委員の中には、両議院を合併して一院制へと移行することを主張するものもあったようである。しかし、委員の多くは、二院制それ自体は維持したうえで、両議院の組織原理に違いをもたせることを支持している。

この「相違のある二院制（bicameralismo differenziato）」の導入を支持する委員は、賢人会議と同様、地方団体を代表する議院として元老院を位置づけることでは意見が一致している。ただ、その具体的な選挙制度をめぐっては意見が分かれており、州知事が当然に元老院議員となるものとする点では一致しつつも、その他の議員に関しては、①間接選挙制を導入し、州議会および市町村議会がその構成員以外の者から選出するものとする案と、②直接選挙制を維持するが、その選挙を代議院議員選挙と同時に行うのではなく、州議会議員選挙と同時に行うものとする案とが併記されている。なお、元老院議員の定数については、憲法改革委員会は、一五〇人ないし二〇〇人とすることを想定している。

3　代議院議員選挙法の改革

(1)　代議院選挙制度の改革の必要性

二院制の見直しは、代議院議員選挙法がどうあるべきかという議論とも無関係ではない。後に詳しくみるように、二院制改革の議論の中では、政府に信任を付与する権限を代議院のみにもたせることが想定されており、安定した政府の形成を可能にするためには、むしろ代議院の選挙制度のあり方が問題となるからである。

ところで、政府と議会との関係には、議院内閣制のほか、半大統領制という形態もありうるところ、賢人会議も憲法改革委員会も、半大統領制への移行という選択肢をまったく否定しているわけではない。代議院の選挙制度は、議院内閣制と半大統領制とのいずれを採用するのかという問題とも関連しており、仮に半大統領制を採用するとした場合の代議院議員選挙法について、例えば賢人会議は、「正統性について同一の源を有する大統領と比べて国会を強化するため、フランスのモデルに従って、選挙人団の二回投票制を中心とする選挙法律」が望ましいとしている。また、憲法改革委員会は、これに加えて、コアビタシオンを防ぐため、大統領と代議院議員の任期を一致させるなどして大統領と代議院多数派の政治的同質性を確保する必要があることを指摘している。

(2)　選挙制度の選択肢

これに対し、議院内閣制を維持する場合――賢人会議は、この選択肢を支持する――について、賢人会議は、①ドイツの制度に倣った比例代表制、②スペインの制度に倣った比例代表制、③一九九三年から二〇〇五年までイタリアでとられていた、大部分の議席を多数代表法で選出し残余の議席を比例代表制で選出する混合制度（いわゆるマッタレッラ法（legge Mattarella））という三つの選択肢がありうるとし、憲法改革委員会は、これらに加えて、④二回投票制による多数代表制もありうるとする。

(3)　阻止条項・プレミアム制度

いずれの選択肢をとるにせよ、政府を支える安定した多数派が形成されるようにするため、阻止条項（clausola di sbarramento）を設けることが推奨される。現行制度上も、政党連合に参加しない政党については全国で四％以上の有効投票を獲得すること、政党連合に参加する政党については、政党連合が一〇％の有効投票を獲得し、当該政党自身が二％以上を獲得することという阻止条項が存在する。しかし、憲法改革委員会は、この議席獲得の要件を引き上げ、例外なく五％以上の有効投票を獲得することを要求すべきであると提案している。

さらに、全国得票数が最大の政党連合または政党に対して、多数派プレミアムを付与する制度を設けることも検討される。多数派プレミアムを付与する方法についてもいくつかの選択肢がありうるが、憲法改革委員会は、その一例として、選挙で勝利を収めた政党連合（または政党）の獲得議席が全議席の四〇％または五〇％を超えたときにその政党連合に五五％の議席を付与することとし、第一回目の投票で多数派プレミアム獲得の要件をみたす政党連合がない場合は、第一位の政党連合と第二位のそれとの間で決選投票を行って、勝者にプレミアムを付与するという案を提示している。

なお、二院制改革と必ずしも直接的な関連性を有するわけではないが、代議院議員の定数についても、現在の六三〇人から四五〇人（憲法改革委員会）ないし四八〇人（賢人会議）に削減することが提案され、また、二〇〇〇年の憲法改正で導入された在外選挙区については、その廃止が提案されている。

三　両議院の権限関係

1　現行制度

(1)　総　説

現在のイタリアの二院制においては、両議院の権限は対等とされ、両者の間に違いはない。わが国では、憲法上衆議院の優越が定められ、それは、衆議院と参議院とでは任期の長短および解散の有無の点で違いがあり、民主的正統性を有する程度が異なるからだと説明されるが、イタリアでは、現行選挙法を前提とする限り、代議院と元老院との間には民主的正統性に顕著な違いはなく、そうすると、例えば代議院を優越させなければならない理由はないことになる。

また、比較法的にみると、連邦制を採用する国家で、連邦を構成する州の代表機関という位置づけが第二院に与えられる場合、州の権限にかかわる連邦法律の制定について第二院に特に権限が認められたり（例えば、ドイツ）、連邦による条約の締結や連邦公務員の人事について第二院に特別な権限が認められたりすることがある（例えば、アメリカ）。しかし、イタリアの場合、「元老院は、州を基礎として選出する」という憲法の規定は、元老院の権限に関してはなんら意味を有しておらず、元老院になんらかの特別な権限が付与されているわけでもない。

(2)　通常法律の制定権

(a)　法律案の審議　通常法律の制定権に関して、イタリア憲法は、「立法権能は、両議院が共同して行使する」ものと定めており（第七〇条）、法律案が法律として成立するためには、両議院が同一の条文で可決しなければならない。なお、イタリアでは、予算および決算の承認もそれぞれ、予算承認法律（legge di approvazione del bilancio di previsione）および決算承認法律（legge di approvazione del rendiconto consuntivo）として、法律の形式で行われることとなっている（第八一条四項）。

政府が法律案を提出する場合に、代議院と元老院のどちらの議院に先に提出するかは、政府の政治的な判断に委ねられる。わが国では、憲法上、予算について衆議院の先議が定められているが、イタリアでは、例えば予算承認法律についてどちらかの議院の先議を定める憲法規定は存在しない。この点、現実には、予算承認法律案については、一年ごとに交互にどちらかの議院に提出する──例えば、昨年は代議院の先議に付されたのだとしたら、今年は元老院の先議に付す──という慣行が採られており、これもまた、対等な二院制という観念の表れといえる。

(b) 両議院の議決が異なる場合　一方の議院で可決された法律案は、その議院の議長のメッセージを付して、他の議院に送付される。法律が成立するためには両議院が同一条文で可決する必要がある以上、ある法律案に修正がなされた場合、その法律案は必ず他の議院にその審議のため送付される。日本の場合、衆議院と参議院とで議決が異なるときは、憲法上、両院協議会を通じて歩み寄りがなされることが期待され、また、法律案については、衆議院は特別多数で再可決をすることで自らの議決をもって最終的な決定とすることが認められている。しかし、イタリアでは、両議院の権限は完全に対等とされ、両議院の間の対立を調整するためのメカニズムは憲法上用意されていない。それゆえ、例えば両議院の間で「ねじれ」が生じるなどして両議院が対立した場合には、行き詰まりを解決する制度的な手段はなく、そのような場合、通常は大統領の調停によって会派の代表者や両議院議長の協議を通じて解決が図られるが、それでも対立が解消しないときには、大統領は、両議院の解散に訴えるほかない。

ただし、一九九六年（第一三立法期）以降の立法状況を実証的に調べた研究によれば、七～八割の法律は先議の議院に回付されることなく成立しており、九八～九九％の法律は両議院それぞれ二回ずつの議決までで成立しているようである（なぜ、このようなことが可能なのかは、後述する）。したがって、現実には、通常法律の制定に関して両議院の権限が対等とされていることが直ちに立法活動の行き詰まりをもたらしているわけではないといえる。しかし、理論上は、モンテチトーリオ宮殿（代議院）とマダーマ宮殿（元老院）との間の法律案の往復（navette）は、両議院が同一の条文で可決するまで永遠に続きうる。

(3)　政府に対する信任付与権

(a)　政府形成時の信任付与　これに対し、両議院の権限の対等性が深刻な弊害をもたらしているのが、両議院が有する政府への信任付与の権限である。イタリアの現在の議院内閣制においては、「政府は両議院の信任を有しなければならない」ものとされ（憲法第九四条一項）、政府は、代議院と元老院の両方から信任を得なければならない。

イタリアでは、内閣総理大臣その他の大臣の任命権は大統領に属する（第九二条二項）。選挙の後、大統領は、首相候補者に組閣を要請し、通常は大統領による任命から二四時間以内に内閣総理大臣および各大臣が宣誓を行って（第九三条）、新たな政府が成立する。このようにして新たに政府が成立した場合、政府は、一〇日以内に、両議院に対して信任を求めなければならない（第九四条三項）。両議院による新政府への信任の付与は、各議院において多数派が信任動議（mozione di fiducia）を提出し、これを可決するという形で行われる（同条二項）。この信任動議は、その提出に際して理由が付されなければならず、点呼投票による記名表決によって可決されなければならない。この信任の付与によって、政府は、その権限を完全な形で行使することが可能になる。

いずれにせよ、ここで重要なのは、政府は代議院と元老院の両方から信任を受けなければならないとされている点である。わが国の場合、内閣総理大臣の指名に関して衆議院と参議院とが異なった指名の議決をした場合について、憲法上衆議院の優越が定められているが、イタリア憲法にはそのような規定は存在しない。それゆえ、イタリアでは、代議院と元老院の議決が一致しない限り完全な権限を有する政府は形成されず、いつまでも政治空白が続くことになる。二〇一三年の総選挙の後、民主党のベルサーニ書記長はまさにこの「対等な二院制」の仕組みゆえに組閣を断念せざるをえなかったのであり、したがって、その結果として生じた政治空白は、部分的にはその原因を「対等な二院制」に求めることができるのである。

(b) 不信任動議　両議院の権限が対等なのは、政府に対する不信任動議（mozione di sfiducia）についても同じである。不信任の動議は、議院の議員の少なくとも一〇分の一が署名して提出し、提出から三日が経過した後に討議に付される（憲法第九四条五項）。不信任動議も、信任動議と同様に、点呼投票による記名表決で採決され（同条二項）、不信任が議決された場合、政府には辞職する法的な義務が発生する。なお、わが国では、不信任決議を受けた内閣には、総辞職のほか、衆議院を解散するという選択肢が残されているが、イタリアでは、代議院および元老院の解散権は政府ではなく大統領に属するから（第八八条）、不信任が議決された場合、政府は辞職するほかない。

もっとも、現実には、イタリアでは、不信任の動議が表決に付されること自体、稀であり、現行憲法の下で不信任が議決された例は、これまで一度もない。しかし、注目すべきなのは、わが国の場合——というより、議院内閣制を採用する諸国では通常——、法的な効果を有する内閣不信任決議を行うことができるのは衆議院（下院）に限られているが、イタリアでは、この不信任の議決は制度上代議院だけでなく元老院も行うことができ、元老院も単独で政府を倒すことができる仕組みになっていることである。

(c)　信任問題　さらに、同じことは、信任問題（questione di fiducia）についてもいえる。政府は、与党と協定した方針の実施のために必要な提案（例えば、政府提出法律案）が問題となっているとき、その提案が国会によって承認されない場合には信任が失われたものとみなし辞職する旨を宣言することができる。このやり方を用いる場合、政府は、原則として法律案の一か条の表決に信任をかける。イタリア憲法には信任問題について定める明文の規定がなく、むしろ、「政府の提案に対する一議院または両議院の反対表決は、政府の辞職の義務を伴うものではない」とする規定がおかれている（第九四条四項）。しかし、この憲法の規定は政府が特定の提案に信任をかけることを妨げるものではないという理解の下に、信任問題は、当初慣習上の制度として用いられるようになり、その後、法律および議院規則によって一定の規律がなされるに至っている（一九八八年八月二三日法律第四〇〇号第二条二項および第五条一項b号、代議院規則第一一六条ならびに元老院規則第一六一条四項）。この信任問題という方法は、代議院における議案の審議だけでなく、元老院における議案の審議においても用いられているのであり、信任問題との関係でも、政府に信任を付与する両議院の権限は対等ということができるのである。

2　両議院の権限関係の見直し

(1)　信任関係の見直し

(a)　信任付与権の代議院への留保　　さて、こうした「対等な二院制」の問題点を踏まえて、賢人会議と憲法改革委員会はいずれも、二院制と議院内閣制を維持する場合には両議院の権限関係を見直す必要があることを指摘している。

とりわけ政府に信任を付与する権限に関して、政府が代議院と元老院の両方と信任関係を有するという現在の制度を改め、政府に信任を付与しまたはこれを撤回する権限は代議院にのみ帰属するものとすべきことが提案される。賢人会議によれば、「選挙の後、選挙の結果に基づいて共和国大統領が任命する閣僚の候補者は……信任を得るため、代議院のみに提示される」べきであるとされ、また、憲法改革委員会も、現行の議会制度を合理化することによって政府の安定性と政策方針の一貫性とを確保しなければならないとして、「政府に信任を付与しおよびこれを撤回する役割を代議院のみに留保する」必要があるとするのである。

さらに、代議院による信任の撤回に関連して、賢人会議と憲法改革委員会はともに、「内閣総理大臣の不信任は、新たな内閣総理大臣を明記した建設的不信任動議を代議院が絶対多数で可決することによってのみ決議しうる」ものとすべきであるとし、現在の制度を改めて、ドイツやスペインでとられているような建設的不信任の制度を導入するよう提案している。

(b)　内閣総理大臣の権限の強化・選挙における首相候補者の明示　ところで、内閣総理大臣の権限に関して、賢人会議は、現在の制度上、両議院の解散が大統領の権限とされ、これに内閣総理大臣が関与しえないことを問題にし、場面を限定しつつも、内閣総理大臣に対して、大統領に代議院の解散を要求する権限を付与することを提案している。また、他の閣僚との関係についても、「政府において内閣総理大臣が有する優越的地位を強化」する必要があるという指摘がなされ、賢人会議と憲法改革委員会は一致して、内閣総理大臣に対し、大臣の任命と罷免を大統領に提案する権限を付与すべきであるとしている。

憲法改革委員会はさらに進んで、代議院議員選挙に政治リーダーの選択を組み込むことによって、代議院における多数派の形成と内閣総理大臣の指名とが一度になされるような政府形態と選挙法とを追求すべきことを主張する。具体的には、各政党（または政党連合）が首相候補とする者の名が選挙候補者名簿（または名簿連合）に表示されるような選挙制度を用いて代議院議員選挙を行い、その選挙の結果に基づいて大統領が内閣総理大臣を任命するという仕組みが提案されている。

いずれにせよ、ここでは、政府への信任の付与に関して両議院が対等な権限を有し、政府が存続するためには代議院と元老院の両方の信任が必要であるとする現在の二院制の仕組みが政権の不安定化の一因であることが問題とされており、政府との間に信任関係を有するのは代議院のみとするというのが、見直しの基本的な方向とされるのである。

(2) 立法権限の見直し

(a) 賢人会議案　両議院の権限関係の見直しは、立法権限にも及ぶ。この問題につき、賢人会議は、法律は原則として代議院が審議し可決するものとし、元老院には代議院が可決した法律案を審査して修正を提案する権限のみを与えることを提案している。この案によれば元老院が法律案に対する修正を提案した場合であっても、これを受け入れるか否かの決定権は、代議院に属するものとされる。ただし、①憲法改正法律およびその他の憲法的法律、②代議院の選挙法律を除く選挙法律、③市町村、県および大都市圏の統治機関および基本的権能に関する法律、④首都ローマに関する法律、⑤他の州とは異なる州制度に関する法律（憲法第一一六条三項）、⑥欧州連合の規範形成への州ならびにトレント県およびボルツァーノ県の参加に関する手続規範（憲法第一一七条五項）、⑦州の選挙法律の原則に関する法律（憲法第一二二条一項）、⑧州および地方公共団体の財政秩序に関しては、引き続き、両議院の権限の対等性を維持すべきものとされている。

(b) 憲法改革委員会案　これに対し、憲法改革委員会は、国会が制定する「法律」を、①憲法改正法律および憲法的法律、②憲法付属法律（legge organica）、③両院議決法律（legge bicamerale）、④通常法律という四つのカテゴリーに分け、そのカテゴリーに応じて両議院の権限関係に違いをもたせることを提案している。まず、①の憲法改正法律および憲法的法律に関しては、必ず国民投票を行うこととするかどうかという議論――現在は、各議院が第二回目の表決において三分の二の多数で可決したときは、国民投票は行われない――は別にして、両議院の権限は憲法の現行第一三八条が定めるとおり対等とすべきものとされる。
③の両院議決法律とは、州および地方公共団体の組織および権能ならびに州・地方公共団体と国との関係に関する法律のうち、代議院と政府との間の信任関係にかかわらないものを指す（具体的にどのような法律がこれに含まれるかは憲法に特定して示すものとされる）。この型の法律についても、現行の両議院の対等な権限はそのまま維持すべきものとされている。
②の憲法付属法律という概念は従来イタリア憲法にはなく、憲法改革委員会の一部委員がその導入を提案したものである。これは、憲法典を直接に施行するため憲法典によって特定された事項を規律する法律であり、具体的には選挙法や司法組織法などがこれに含まれるとされる。④の通常法律にはその他の法律が含まれる。これらの法律の制定に関して、憲法改革委員会は、その最終表決権は代議院にのみ属し、代議院がこれを絶対多数で可決すべきものとしている。元老院はこれが代議院から送付されてから三〇日以内にその意思を表明できるが、元老院が否決した場合、代議院はこれを再可決することができ、元老院が修正を加えた場合には、代議院がその修正について最終的に決定するものとされる。
立法権限の見直しについて、賢人会議の提案と憲法改革委員会の提案は、細部には相違点もあるが、目指している方向は一致しているということができよう。つまり、両者とも、憲法改正法律および憲法的法律ならびに地方制度に関する法律等の制定については両議院の権限の対等性を維持しつつも、それ以外の法律の制定については、代議院に優先的な審議権と最終決定権をもたせ、元老

院には修正の提案権のみをもたせるにとどめようという基本的な考え方では一致しているのである。

(3) 元老院の役割

このように、政府への信任の付与および法律の制定に関して代議院に優先的な権限を付与することが提案される反面で、元老院に対しては、その重要な役割として、州の利益を代表するという機能を付与することが提案される。この点、従来、州や地方公共団体の利益を国の立法に反映させるための仕組みとしては、「州問題に関する国会委員会（Commissione parlamentare per le questioni regionali）」のほか、「国＝州間協議会（Conferenza Stato-regioni）」および「国＝市および地方自治体間協議会（Conferenza Stato-Città ed autonomie locali）」、さらにはその両者の「合同協議会（Conferenza unificata）」という制度が用いられてきた。

州問題に関する国会委員会は、憲法上は、大統領による州議会の解散・州知事の罷免の場合に意見を表明する権限が定められているにすぎないが（第一二六条一項）、議院規則によって、「憲法第一一七条に定める事項および憲法的法律によって採択された州の特別憲章が定める事項に関する規定を含む法律案または州の立法活動もしくは行政活動に関する法律案」について意見を述べる権限が認められ、この意見は所轄の委員会が本会議に提出する報告書に添付するものとされている（代議院規則第一〇二条。また、元老院規則第四〇条九項）。なお、上記の二〇〇一年憲法的法律第三号第一一条は、議院規則によって州、自治県および地方公共団体の代表者をこの委員会に参加させ、この委員会が反対意見を表明した法律案等については絶対多数の賛成によってのみ可決しうる旨を定めているが、この「補完された委員会」は未だ実現していない。

国＝州間協議会その他の協議会は、内閣総理大臣（またはその委任を受けた大臣）が主宰し、何人かの大臣および州知事（国＝市および地方自治体間協議会の場合には、地方公共団体の代表者）で構成される。これらの協議会は、州や地方公共団体の利益および権限にかかわる政府の意思決定に州や地方公共団体を参画させようとするものであり、例えば、法律案、委任命令（decreto legislativo）案および規則案であって州または自治県の権限にかかわるものを政府が決定する際には、必ず国＝州間協議会の意見を聴取しなければならないものとされている（一九九七年八月二八日委任命令第二八一号第二条三項）。これらの協議会の意見は、法的には政府の決定を拘束する効力をもつものではないが、政府にとってはその政治的な影響力を無視しえないといわれる。

いずれにせよ、元老院は、「州を代表する第二の議院」と位置づけられる場合、州問題に関する国会委員会および国＝州間協議会その他の協議会に代わって、これらの機関がこれまで果たしてきた役割を担うことになろう。

憲法改革委員会はさらに、代議院の安定した多数派が政府を支えるという制度設計をする場合、政府に対する統制機能はむしろ政府との間に信任関係を有しない元老院にこそ期待されるとして、元老院が引き続き調査権および監査権を保持し、法律の執行と公財政の状況に対する統制権能を体系的に行使すべきとしている。

3 立法手続に関する改革案

(1) 例外的手段の濫用という問題

(a) 緊急命令の濫用　賢人会議と憲法改革委員会は、両議院の組織および権限関係以外にも、立法手続に関するいくつかの提案をしている。それらの提案は二院制改革という本稿の主題と直接に関連するものではないが、従来からイタリアの立法手続について指摘されてきた問題点にかかわるため、そのいくつかを取り上げておきたい。

イタリアの立法手続に関しては、かつてはその非効率さが問題とされた。一九七一年に全面改正された両議院の規則では、コンセンサスの形成が重視される反面で、効率的な議院運営ということは必ずしも重視されず、七〇年代にはイタリア国会の立法機能は麻痺していたといわれる。

これに対し、今日問題とされているのは、そうした非効率さに対処しようとして、本来は例外的なはずの手段が濫用され、常態化しているという現実である。そのような例外的手段の濫用の一例として、緊急命令（decreto legge）の制度を挙げることができる。緊急命令とは、緊急の必要がある例外的な場合に、政府の議決を経て大統領が定める命令をいい、公布の直後から通常法律と同等の形式的効力を有する（ただし、六〇日以内に国会がこれを法律に転換しない限り、はじめからその効力を失う。憲法第七二条二項および三項参照）。この制度は、本来は「緊急の必要がある例外的な場合」の暫定措置を定めるための制度であるが、今日、広義の立法の一五％程度（転換法律を含めれば、約三分の二）を占めるといわれる。緊急命令の制度を利用すれば、政府は国会の立法手続の完了を待たずしてその政策を実施することができる。さらに、緊急命令を法律に転換する法律案は、両議院で優先的に——実質的に六〇日以内に——審議されることから、緊急命令の制度は、現実には、政府がその重要政策にかかわる法律案を国会に優先的に審議させるための手段として利用されてきたのである。

(b)　信任問題の濫用　緊急命令は、しばしば、先に触れた信任問題と組み合わせて用いられる。信任問題は、本来は、議案の可決か政府の辞職かという二者択一的な判断を迫ることで与党議員の引き締めを図ることを目的とするものであるが、信任がかけられた法律案の一か条は優先的に表決に付され、これが可決されるとすべての修正案は否決されたとみなされるため、緊急命令転換法律の迅速かつ確実な成立を期すことを目的として、これに信任をかけるというやり方がとられるのである。

さらに、信任問題は、最大修正案（maxiemendamento）という手段と併用して用いられることが少なくない。最大修正案とは、法文全体を一か条に統合した修正案をいい、時には一か条に数百の項を有する法律案が作成されることもある。政府は、信任問題と最大修正案を併用し、最大修正案の一か条に信任をかけることによって、議院に対して、法律案を修正することなく全体として受け入れるよう迫ることができる。実際、このやり方は、法律の制定に関して権限を同じくする両議院に対して同一の条文を可決させるのに有効な手段として用いられてきた。

緊急命令、信任問題および最大修正案という三つの例外的手段の利用は、一面では、必ずしも効率的な立法が保証されない現行制度の下で、政府の主導による政策の迅速な実現をある程度可能にしてきた。先に、通常法律の制定に関して両議院の権限が完全に対等であるにもかかわらず現実には深刻な弊害は生じていないと述べたが、それは、緊急命令、信任問題および最大修正案のこうした運用によって可能になったものだと指摘することができる。しかし、反面で、こうした運用は、憲法改革委員会報告書の言葉を遣えば、憲法の論理を歪めて国会の憲法上の役割を損なっているだけでなく、何百という項から成る条文という読解困難な「お化け立法」をもたらすことで国会の機能性も損なっており、その結果、法の確実性と、市民と国家との間の関係の明確性を傷つけ、政府に対する不信を招いていると指摘されるのである。

(2) 緊急立法手続の整備の提案

そうしたところから、賢人会議と憲法改革委員会はともに、立法手続を合理化する改革――なお、この改革は、必ずしも憲法改正によらずとも、議院規則の改正でも実現可能である――を提案している。すなわち、一方では、政府が例外的な手段に訴えずとも法律案の迅速な審議を国会に促すことを可能にするため、緊急立法手続を整備することが提案される。例えば、憲法改革委員会は、①内閣総理大臣は閣議決定に基づいて、代議院に対し、政府提出法律案を優先的に議事日程に登録し、一定の期間内に最終表決を行うよう請求することができ、②代議院は、この請求を受けたときは、その法律案を緊急立法手続によって審議するか否かを三日以内に決定し、③代議院が緊急立法手続によることを決定したにもかかわらず期間内に最終表決を行わないときは、その法律案は政府提出の原案のまま最終表決にかけられるものとする手続を新設することを提案している。

他方で、このような緊急立法手続が整備される以上、緊急命令の制度は、その本来の趣旨に従い、これを用いることが許されるのは真に例外的な場合に限られることになる。また、最大修正案という手段に対しては、「法律案は同質的な内容を有しなければならず、各条は単一かつ限定された対象を有しなければならず、各修正は単一の規範の提案を含まなければならない」として、法律案または条文に異質な内容が含まれているときには、無関係な規定を削除して適当な別の法律案に割り当てる権限および異質または無関係な修正提案を拒否する権限を議長に付与するという提案がなされており、そうすると、最大修正案という手段も自ずから禁止されることになる。

おわりに

冒頭で、日本の二院制とイタリアの二院制が、両議院の組織方法に大きな違いがなく、両議院の権限も大きく異なるわけではないという共通した特徴を有することを指摘した。もちろん、そうした特徴を共有しているとはいっても、日本の二院制は、衆議院の優越が憲法上定められていることから、イタリアの二院制ほど極端なわけではない。しかし、それでもなお、イタリアで現在進行中の二院制改革の議論の中でなされている提案は、わが国の国会のあり方を考えるうえで、示唆に富んでいるように思われる。

わが国でもかつて、「決められない政治」が問題とされた時期には、「ねじれ国会」と「強すぎる参議院」は、政治の停滞の原因として否定的に理解された。ところが、二〇一三年の参議院議員選挙で「ねじれ」が解消された現在、二院制の効用が発揮されるためには両議院の間に「ねじれ」が存在することが望ましいと、むしろ「ねじれ」を肯定的に捉える見解がみられるようになっている。憲法の教科書的な説明によれば、通常、第二院の存在理由として、多数派の専制の防止や慎重な審議の確保といった理由が挙げられ、この点だけに注目すれば、そうした見解も分からないわけではない。

しかし、よく考えてみれば、第二院は国会さらには政治部門の一部なのであり、政治部門の一部としては、第二院もまた、第一院や政府と協同して、政治的課題の解決に向けて積極的に政策を決定していくことが求められているはずである。わが国の二院制の議論では、第二院の「反省の院」としての側面ばかりが強調されるきらいがあるが、本来は、第二院もまた積極的な政治的意思決定の任を担う存在なのであり、この後者の側面も正当に考慮したうえで、「決められる政治」を妨げないような二院制のあり方を考える必要があるように思われる。

とはいえ、第二院のこの二つの側面の間のバランスをとることは、容易なことではない。一方では慎重な審議を確保しつつ、他方では積極的な政治的意思決定を進めていくためには、第二院を構成する議員および政党には、与党と野党との間の緊張関係を維持しながらも、協力すべきときには協力するという巧妙な議会運営の能力が求められるからである。もし、わが国の参議院が専ら党派対立の場となっており、そのような知恵をこれに期待することはできないというのであれば、問題を端的に制度レベルで解決する方策の一つとして、今回のイタリアの制度改革の提案が参考になろう。すなわち、政府に対する信任の付与・撤回の権限を有するのは第一院のみとし、憲法改正法律・憲法的法律や州の利益にかかわる法律案等は別にして、その他の法律案については第一院を優位させることによって安定した政府の形成と迅速かつ効率的な意思決定を実現する一方で、従来必ずしも第一院と区別された憲法上の位置づけ・役割が明確ではなかった第二院を地方代表機関と性格づけることによって、これに第一院とは異なる独自の存在意義をもたせようという二院制の構想である。

わが国でも、二〇〇〇年に参議院議長に提出された、参議院の将来像を考える有識者懇談会の「参議院の将来像に関する意見書」は、参議院の選挙制度に関して、「参議院を『全国民の代表』ではなく、一定の地域と関連し、これを単位とする地域代表的な性格のもの」にすることを提案し、それに合わせて、権限に関し、「参議院に地方自治及び地方分権等に関する優先的な審議権を与え」、「条約等に関する優先的な審議権も検討」すべきことを提案していた。現在のわが国の二院制が抱える問題を解決するためになされたこの制度改革の提案は、実は、イタリアにおける今回の憲法改正の議論と基本的な方向を同じくしており、よく似た問題を抱えた二つの国会に対しては、やはりよく似た処方箋が出されているのである。

【参考文献】

カルロ・フザーロ（芦田淳訳）「イタリアにおける二院制」岡田信弘編『二院制の比較研究　英・仏・独・伊と日本の二院制』（日本評論社、二〇一四年）九頁
芦田淳「海外法律情報イタリア　上院改革『相違がなく対等な二院制』の見直し」ジュリスト一一二八三号（二〇〇五年）一七八頁
同「イタリアにおける選挙制度改革」外国の立法二三〇号（二〇〇六年）一三二頁
同「イタリアの対等な二院制下での立法過程をめぐる考察」北大法学六二巻六号（二〇一二年）二六五頁
同「イタリアにおける二院制議会の制度枠組とその帰結」岡田信弘編・前掲書一〇五頁
岩崎美紀子「二院制議会（八）――イタリア――」地方自治七四一号（二〇〇九年）三九頁
岩波祐子「イタリア二〇〇六年憲法改正国民投票〜改正案の概要と国民投票までの道程〜」立法と調査二五九号（二〇〇六年）一〇七頁
高橋利安「憲法体制転換期におけるイタリア憲法の変容――第一共和制から第二共和制への移行のなかで――」修道法学三〇巻二号（二〇〇八年）一八〇頁
田近肇「イタリア型二院制の現状と課題」岡山大学法学会雑誌六三巻一号（二〇一三年）一頁
Commissione per le riforme costituzionali, Relazione finale, 2013（内閣府・憲法改革大臣ウェブサイト（http://www.riformecostituzionali.gov.it/）を参照）
Gruppo di lavoro sulle riforme istituzionali, Relazione finale, 2013（大統領府ウェブサイト（http://www.quirinale.it/）を参照）
Roberto Bin & Giovanni Pitruzzella, *Diritto costituzionale*, 15ª ed., G.Giappichelli, 2014
Stefano Maria Cicconetti, *Diritto parlamentare*, 2ª ed. aggiornata, G.Giappichelli, 2010

Vittorio di Ciolo & Luigi Ciaurro, *Il diritto parlamentare nella teoria e nella pratica*, 4^{a} ed., Giuffrè, 2003
Luigi Gianniti & Nicola Lupo, *Corso di diritto parlamentare*, il Mulino, 2008
Armando Mannino, *Diritto parlamentare*, Giuffrè, 2010
Maria Luisa Mazzoni Honorati, *Diritto parlamentare*, 2^{a} ed., G.Giappichelli, 2005

このほか、イタリア共和国憲法については、初宿正典＝辻村みよ子編『新解説世界憲法集〔第三版〕』（三省堂、二〇一四年）一三三頁以下（田近肇訳）を参照。また、代議院および元老院の議院規則については、代議院ウェブサイト（http://www.camera.it/）および元老院ウェブサイト（http://www.senato.it/）を参照。

〔二〇一三年一二月末脱稿〕

*本稿の脱稿後、憲法および選挙法の改正に関していくつかの動きがあった。

第一に、二〇一三年一二月に、現行の代議院議員選挙法および元老院議員選挙法の規定を違憲と判断する憲法裁判所の判決が下されている（二〇一四年判決第一号）。この判決の要点は、次のとおりである。①多数派プレミアムの付与に最低得票要件が存在せず、相対的に多数の票を得たにすぎない候補者名簿が過剰な議席を獲得しうることは、国民主権、投票価値の平等、国民代表といった憲法原理に反する。②現行の拘束名簿式の制度では選挙人の投票と当選者の決定との間に必ずしもつながりがなく、このことは代表制の論理に反する。この判決を受けて、代議院議員選挙法が改正され（二〇一五年五月六日法律第五二号）、多数派プレミアム制度および拘束名簿式制度等の見直しが行われた。以上について、芦田淳「統治機構改革の行方――憲法改正委員会最終報告書と両院選挙法違憲判決」論究ジュリスト九号（二〇一四年）一二八頁および同「違憲判決を踏まえた下院選挙制度の見直し」外国の立法二六四―一号（二〇一五年）一一頁を参照。

第二に、本文中で触れた、憲法改正のための国会委員会を設置し、特別の憲法改正手続を定める憲法的法律案が成立しないままに、二〇一四年四月、「対等な二院制の克服、国会議員数の削減、諸機関の活動費用の抑制、経済労働国民会議の廃止および憲法第二部第五章の改正のための諸規定」と題する憲法改正法律案が国会に提出され、二〇一六年四月一二日までに、修正のうえ両議院によって可決された。この憲法改正法律案は、今後国民投票で賛否が問われることが予定されている。そのうち本稿にかかわる主な内容は、次のとおりである。①元老院の性格を地方代表機関へと改め、その議員は州議会が選出するものとする。②法律の制定や政府への信任付与の権限は原則として代議院にのみ属するものとする。③緊急命令制度の濫用的な利用を禁止する一方で、緊急立法手続を整備する。これらはいずれも、本文中で紹介した賢人会議および憲法改革委員会の提案におおむね沿ったものと評することができよう。

〔二〇一六年六月追記〕

韓　国

國分典子

はじめに

韓国では、植民地支配からの解放後、一九四八年五月一〇日に総選挙が行われて五月三一日に初代国会が開会した。以来、二〇一六年四月一三日の選挙による現在の国会が第二〇代国会と位置づけられている。一九四八年の第一共和国憲法制定の際には、当初、両院制国会・議院内閣制の憲法案が出されたが、最終的には、単院制国会・大統領制の統治機構となり、以後、一九五二年の第一次憲法改正で両院制が採択されたが実施されず、一九六〇年の第二共和国憲法の議院内閣制の下で一時、両院制が運用されたほかは、大統領制的な統治機構を採り、単院制国会となっている。

国会の憲法上の地位については、日本での議論と同様に、国民の代表機関としての地位、立法機関としての地位とともに、国政統制機関としての地位を有するものと考えられている。本稿では、現代韓国の国会の組織や権限、機能について、その概略を述べることとする。

一　政治体制の特徴と単院制

韓国の統治機構は、「半大統領制」などとも呼ばれることがあり、大統領中心的な性格が強いものの、議院内閣制を加味した制度であるという見方がされている。大統領と国会議員はそれぞれ、国民の直接選挙で選ばれ、大統領五年、国会四年の任期を全うする。国会が解散されることもない。但し、国会は、行政府にあって、国政の重要事項を審議する国務会議の構成員である国務総理と国務委員（日本の大臣にあたる）に対して出席要求権・質問権（憲法六二条二項）を有するとともに、かれらの解任の建議を大統領に行うことができることになっており（憲法六三条）、また国務総理の任命についての同意権も有している（憲法八六条一項）。この点に、国会と国務会議構成員の間の議院内閣制的要素を見出すことができる。

国会は、冒頭で述べたように、歴史上、わずかの期間を除いて単院制国会の制度となっており、現状でもこれを変えようとする動きは特にない。しかし一方で、韓国の憲法改正史上も、両院制化に対しては効率性や経費の問題が主たる難点として挙げられているに過ぎず、制度構造そのものに対して積極的な批判があるわけではなかった。これまでの議論をみると、両院制については、議院内閣制導入との関連でその必要が論じられてきた傾向がある。民主化以降今日まで、韓国には議院内閣制への憲法改正を求める意見も根強くあり、これに関連して両院制が見直される可能性はある。また、南北統一の問題が浮上すれば、それが両院制への制度転換の契機となる可能性もあるであろう。

二　組織

1　国会議員

憲法四一条は「国会は国民の普通・平等・直接・秘密選挙により選出された国会議員により構成する」としているが、具体的な組織については、四八条で国会の機関として国会議長一人と副議長二人をおいているのみで、詳細は法律に委ねている。

国会議員の数は「法律により定め、二〇〇人以上とする」（憲法四一条二項）とされ、公職選挙法に基づいて、小選挙区制で選ばれる地域区国会議員と比例代表国会議員で構成されている。二〇〇〇年の総選挙までは、一人一票で、地域区に投票された票に基づいて政党得票数を計算し、比例代表枠を割り当てる方式が採られていたが、二〇〇一年七月一九日の憲法裁判所の違憲決定（限定違憲）を受け、地域区投票と比例代表投票（政党名を記載）を分ける一人二票制となった。議席は従来、二九九であったが、公職選挙法改正により、二〇一二年の第一九代国会議員選挙から地域区一議席が増え、三〇〇議席となっている。

地域区については、日本と同様、公職選挙法の別表に定められているが、各市・道の地域区国会議員定数は三人以上でなければならないと定められている。公選法に基づき、選挙区画定委員会が設置され、同委員会が総選挙日の六か月前までに国会議長に地域選挙区画定案についての報告書を提出することとなっている。韓国においても一票の格差やゲリマンダリングを巡って訴訟が起こっており、憲法裁判所は、人口偏差について、選挙区の平均人口数を基準として上下三三・三％を超える偏差は違憲（憲法不合致）と判断している（二〇一四年一〇月三〇日決定。ただし、同決定では、当該選挙自体は無効とせず、期限を設定して立法改善を要求する内容となっている）。

比例代表選挙は、政党への投票により行われ、有効投票の一〇〇分の三以上を得票したか、地域区国会議員選挙で五席以上の議席を得ていなくてはならないといういわゆる阻止条項がある。地域区との重複立候補は禁止されている。

韓国では、北朝鮮からの影響の恐れもあり、在日韓国人をはじめ、在外国民に選挙権が認められてこなかった。しかし、これも憲法裁判所の違憲決定（憲法不合致二〇〇七年六月二八日）を受けて、前回選挙から外国に永住権をもつ者も含め、在外国民が選挙できるようになった。ただし、住民登録や国内居所申告のない者（多くの在日韓国人はこれに該当する）は、比例代表選挙のみに選挙権を有する。

国会議員には、憲法上、不逮捕特権、免責特権が保障されている（憲法四四条、四五条）。また国会議員は補佐官等の補佐を受ける権利を認められており、四級相当特別職公務員二人、五級相当特別職公務員二人、六・七・九級特別職公務員各一人ずつ、および国費雇用のインターン二名の計九名を補佐としておくことができる。一方、憲法四六条は清廉の義務、国家利益優先の義務、利権介入禁止の義務を国会議員の義務として定め、四三条は兼職制限を定めている。

なお、国会議長一名、副議長二名は、無記名投票で選挙し、在籍議員の過半数の得票を得た者が選ばれる。第一回投票で過半数を得た者がいない場合には、第二回投票を行い、それでも過半数を得た者がいない場合には、最高得票者と次点の者で決選投票する。任期はいずれも二年である。

2　委員会

日本と同様、韓国でも委員会中心の国会運営が進められている。

(1)　常任委員会

常任委員会は、所管事項に関して一定の議案を審議する常設の委員会であり、国会法三七条で、一六の委員会とその所管事務が定められている。委員は日本の会派にあたる院内交渉団体の所属委員数の比率に従い、各交渉団体代表委員の要請により国会議長が選任することになっている。委員会には、委員長一名と幹事がおかれる（この点は特別委員会も同様である）。幹事は後述の交渉団体毎に一名で、委員長との協議を行い、また委員長の職務を代理・代行するという法的権限以外に、事実上も委員長の各種の諮問に応じ、委員会運営に影響力をもっている。

常任委員会委員の任期はすべて二年となっている。また常任委員会のなかでも、各交渉団体代表委員は、国会運営委員会と情報委員会の委員となる。

(2)　特別委員会

特別委員会は、複数の常任委員会の所管事項に関わるものや特に必要と認められる案件を効率的に審査するために法律の規定または本会議の議決によって設置されるものである。国会法上の常設特別委員会として倫理特別委員会、予算決算特別委員会がある。非常設特別委員会は一定の活動期間の間、設置されるもので、代表的なものとしては後述の人事聴聞特別委員会がある。

(3)　全院委員会

全院委員会は、国会議員全員から成るもので、アメリカのシステムをモデルとしている。委員会の審査を経、または委員会が提案した議案中で政府組織に関する法律案、租税または国民に負担を課す法律案等の主要議案を審議するために、在籍議員の四分の一以上の要求がある場合におかれ、議案の修正案を提出することもできる。全院委員会は制憲国会で導入されたが、その後、第五代国会で本会議と重複するという理由で廃止されていた。再び導入されたのは、二〇〇〇年二月の国会法改正によってである。その背景には、国民の政治意識や社会の多様化につれ、国会の議案処理についての国民の関心が高まり、国会活動の形式化を批判する国民の声も高まってきたことがあるといわれている。委員会中心主義による本会議の形骸化を補完するために、本会議の議決前に全議員が再度審議できる機会を設けようという趣旨であるが、一方で、本会議の存在がますます形骸化する、この制度が作られた当時と現代の社会状況は異なり、全院委員会が立法審議過程に必要とされる専門性にとって有益かどうか疑問である、といった批判もある。全院委員会は、本会議で当該議案についての審査報告または提案説明があった後に開催される。開会のための要件が上述のようなものである点、議決定足数が在籍議員の五分の一以上の出席で開催され、在籍議員の四分の一以上の出席と出席議員の過半数の賛成で議決される点などに本会議との違いがある。また委員長には国会議長が指名する副議長がなり、交渉団体別に幹事一人をおき、国会運営委員会幹事がこれを兼ねることとなっている。

(4)　連席会議

連席会議は、案件の回付を受けた所管委員会が案件の審査に参考にすることを目的に、関連委員会と意見を交換するために開催する会議である。特別な開催要件は定められておらず、所管委員会側からでも関連委員会側からでも開催を要求することができる。国会法上、意見の陳述や討論は行うが、表決は行わないことと定められている。

(5)　小委員会

常任委員会と特別委員会は、特定の案件の審査のために小委員会をおくことができることとなっている。常任委員会は所管事項の分担・審査のために常設小委員会をおくことができる。

常任委員会、特別委員会、および小委員会は、重要な案件や専門知識を要する案件を審査するときには、議決または在籍委員の三分の一以上の要求がある場合に、利害関係者または専門家の意見聴取のために公聴会を開く事ができ（六四条）、重要な案件の審査や国政監査・国政調査に必要な場合、証言、陳述の聴取と証拠の採択のために証人等の出席を求め、聴聞会を開くことができる（六五条）ことになっている。

(6)　専門委員

韓国では、制憲国会以来、専門委員制度が導入されており、現在の国会法でも四二条で、「委員会で委員長および委員の立法活動等を支援するために議員ではない専門知識を有する委員」をおくとされている。主席専門委員は次官補級の特別職である。その他の専門委員は、国会事務処所属の一般職二級の公務員であって立法審査と調査に関する知識と経験があり、職務に必要な専門知識を有する者から任用される。

専門委員は委員会の扱う案件についての検討報告を行うことを職務としており、所属委員会での発言権を有するほか、本会議でも本会議議決または議長の許可を得て発言することができることとなっている。主席専門委員にはこれらの職務のほかに、委員長の指揮を受けその業務の処理および委員会所属公務員の指揮・監督を行うこと、その他委員会の一般行政業務を総括すること、等の職務が課されている。

国会議員が国民代表として一般国民から選ばれる一方で、法案作成をはじめ、国会の職務に高度な専門性が要求される今日、専門委員が立法過程において果たす役割は極めて重要である。

3　交渉団体

委員会構成員が交渉団体を基準に選ばれることは既述のとおりであるが、交渉団体とは、原則として政党所属議員からなる院内政治団体である。学説上、これを政党の一部とみる説と議会の機関とする説があるが、憲法裁判所は、交渉団体について「政党国家において、議員の政党への帰属を強化するひとつの手段として機能するのみならず、政党所属議員たちの院内行動の統一を期することで政党の政策を議案審議において最大限反映するための機能も有する」（二〇〇三年一〇月三〇日決定）ものであると述べている。交渉団体を構成するのは、所属議員二〇人以上を有する政党が原則であるが、必ずしも政党を単位としなくてはならないわけではなく、他の交渉団体に属しない二〇人以上の議員によっても構成することができる（国会法三三条一項）。ただし、ひとつの政党にはひとつの交渉団体のみが認められる。なお、交渉団体の機関としては、議員総会と代表委員があり、交渉団体の権限は代表委員を通じて行使される。さらに、国会議長との協議に応ずるために、各交渉団体代表委員たちは議長の主宰で、若しくは代表委員たちだけで「院内代表会談」と呼ばれる会談を開いて主要事案の論議を行っている。

代表委員は、所属議員の議場活動の調整・統制・支援の権限と責任を有し、国会議長は、実質的に、国会運営においてほとんどすべての事項につき、代表委員と協議しなければならない。

国会法三四条は、交渉団体所属委員の立法活動を補佐するために、交渉団体政策研究委員と呼ばれる職員をおいている。政策研究委員は交渉団体代表委員が指名し、国会議長が任命する特別職の公務員である。交渉団体が解散または統廃合された場合には、政策研究委員は当然に退職する。

4　国会立法支援組織

立法を支援する機関として、国会法上、国会事務処、国会図書館のほかに、国会議長の下に国会予算政策処と立法調査処が設置されており、また国会事務総長傘下の立法次長の下に法制室がある。

予算政策処は、予算案・決算・基金運用計画案および基金決算についての研究・分析、予算または基金上の措置に随伴する法律案等の議案についての所要費用の推計、国家財政運用および経済動向の分析・展望、国家の主要事業についての分析・評価および中・長期財政の必要性の分析、委員会または議員の要求する事項の調査・分析を行う（国会予算政策処法三条）。

立法調査処は、国会の本来の役割を効果的に遂行し、良質な立法・政策関連情報が国会議員に迅速かつ正確に提供されることを目的とした機関である。具体的な職務としては、委員会または議員の要求する事項の調査・分析・回答、立法および政策関連の調査・研究・情報の提供、立法および政策関連資料の収集・管理・普及、二つ以上の交渉団体の議員一〇人以上から成る国会議員研究団体に対する情報の提供、外国の立法動向の分析および情報の提供を行う（国会立法調査処法三条）。法案作成過程で、立法調査官たちは専門委員の業務を補佐する役割を果たしている。

法制室は、国会議員または委員会が要請した法律案の立案と検討、大統領令・総理令および府令についての分析・評価、国内外の法制に関する研究、国会議員の法制活動についての支援等を行っている（国会事務処職制七条）。

三　国会の運営と諸権限

1　会期

国会は会期制を採っている。定期会は毎年一回、一〇〇日以内の期間で開かれる（憲法四七条）。韓国の会計年度が一月一日から開始するため、これに合わせて予算案作成に充分な期間を設けるために、国会法は九月一日を定期会の集会日としている。臨時会については、大統領または国会在籍議員の四分の一以上の要求で集会されることとなっている（憲法四七条）。会期の期間はそれぞれ集会直後の本会議の議決で決定される。決定された会期内に案件を処理することができない等の理由がある場合、本会議の議決で会期の延長をすることができる。ただし、この場合も、憲法四七条二項で定められた定期会一〇〇日、臨時会三〇日を超えることはできない。

2　立法過程

(1)　法律案の作成と提出

憲法第四〇条は「立法権は、国会に属する」としている。ただし、憲法五二条は国会議員と政府に法律案提出権を認めている。

法律案には、①議員発議法律案、②委員会提出法律案、③政府提出法律案がある。①は通常、政党の政策部処、所属政党の専門委員、交渉団体所属議員の立法活動を補佐するために交渉団体におかれる政策研究委員、国会議員補佐官・秘書官に作成させたり、専門家に依頼して作る場合が多い。②は小委員会を設置し、そこで準備した内容を委員会の全体会議で質疑・討論・逐条審査して議決するか、委員の同意で提案された内容を委員会で直接審議・議決して作成する。③は主に、政府の高位当局者や政党、特に与党の政策方針に基づいて立案される。ただし、大統領所属下の憲法機関である監査院や各部処（日本の省庁にあたる）の要請、関連団体や利害関係人の建議等による場合、法院の判決や憲法裁判所の決定等により必要とされる場合、請願に基づく場合などもある。立案にあたっては所管部処の中の主務部処が実務者会議を通じて立案すべきかどうかを決定し、草案を準備する。その後、必要な場合には関係行政機関との協議を行った上で、立法予告を行う。行政手続法に基づき、法律案の立案を主管する行政庁は特別な場合を除き、法律の制定、改正または廃止を行おうとする場合には四〇日（自治法規の場合には二〇日）以上の期間を設けて、官報、公報、インターネットＨＰ等で立法予告をしなければならないことになっている。予告された法律案については誰でも意見を提出することができることになっており、当該行政庁は予告された法律案について の公聴会を開くことができる。

政府提出法律案の場合、与党との党政協議会での協議を経て意見調整が図られる。党政協議会は政府と与党の間で立法政策や活動方向の事前調整を行うもので、高位党政協議会、政党政策協議会、部処別党政協議会、政党に対する政策説明会、政党への政策資料提供等が行われる。以上の段階を経て作られた法律案は、政府の法制機構である法制処の審査を受けなければならない。法制処は日本の内閣法制局にあたる仕事を行い、法律案に問題点がないかをチェックする。法制処の審査を経た法律案は次官会議に上程され、次官会議で可決されれば、その議決結果を添付して国務会議に上程される。次官会議で否決された場合には国務会議には上程されないが、否決理由を明示した審議意見を添付した場合には国務会議に上程することができることになっている。国務会議を通過した法律案は、国務総理と関係国務委員が副署し、大統領が署名して、法制処から国会に提出される。

(2)　委員会における審査

(a)　立法予告と議事日程　　国会に提出された案は、本会議で提出が報告された後、所管の常任委員会と関連委員会に回付される。回付された法律案について、所管委員会委員長は立法趣旨・主要内容等を国会公報またはインターネットHP等に掲載する方法等によって一〇日以上の期間を設けて立法予告しなければならない（ただし、緊急を要したり、立法の性質またはそれ以外の事由で立法予告する必要がない、または困難であると判断される場合には委員長が幹事と協議してこれを行わないことができる）。なお従来、立法予告が義務的事項ではなく委員会の裁量事項となっていたことが問題とされ、二〇一一年五月に一部の例外を除き、義務的立法予告を原則とするよう、改正が行われた。

国会法上、委員会では委員長は幹事と協議して議事日程を定めることとなっているので、法律案審査に着手するか否かは事実上、議事日程協議過程の結果に依存することになる。また国会法は緊急不可避で委員会の議決がある場合を除き、発議または提出された法律案は、当該委員会に回付された後、一部改正法律案は一五日、新たな法律案または全部改正法律案は二〇日、後述の法制司法委員会の体系・字句審査は五日、法律案以外の議案については二〇日を経過しない時にはこれを議事日程に上程することができないこととしている。これは議員が法律案の内容を検討することができる最小限の時間を保障し、さらに拙速立法を防止する趣旨であると解される。しかし、現実には回付案件が多いために適切な時期に上程することが難しく、また案件によっては上程可否を巡って委員会での議論が紛糾するため、二〇一二年五月の国会法改正（「国会先進化法」と呼ばれている）では、委員会に回付されてから上程されない議案について、上記の規定の日数に加えてさらに三〇日を経過した場合には三〇日を経過した日以後初めて開催された委員会の議事日程で上程されたものと看做すこととするという規定が設けられることとなった。

(b)　提案説明・大体討論・案件調整委員会・小委員会　委員会では、提案者による提案説明ののち、専門委員による検討報告が行われる。検討報告書は委員会上程日の四八時間前までに所属委員たちに配布されなければならないこととなっている。ただし、委員会提案による法律案についてては検討報告を再度行うことは必要ないと考えられ、行われていない。

法律案審査にあたっては、まず「大体討論」と呼ばれる全般的な大まかな討論が行われ、この際に提案者に対する質疑と答弁も行われる。また二〇一二年五月の国会法改正で、案件調整委員会制度が導入され、委員会は、意見調整の必要がある案件を審査するために在席委員の三分の一以上の要求があれば、与野党同数から成る案件調整委員会を設置しなければならないことになっている。案件調整委員会は、設置された日から九〇日間活動し、調整案を在籍委員の三分の二以上の賛成で議決した場合、遅滞なくこれを全体委員会に報告し、全体委員会はこの案件が小委員会の審査を経たものと看做して調整案が議決された日から三〇日以内に表決しなければならない。この場合、案件調整委員会は小委員会に代わる役割を果たすこととなる。しかし、案件が調整できないか、または否決された場合には小委員会に回付される。小委員会は国会閉会中も活動することができる。小委員会の審査手続については国会法上の規定はないが、一般的に委員会についての規定が準用されている。小委員会は原則として公開である。

(c)　政府意見の聴取・公聴会・聴聞会　　委員会は政府提出案以外の法律案が予算上の措置を伴う場合には、政府の意見を聞かなければならない。また、委員会または小委員会は重要な法律案や専門知識を要する法律案についてはその議決または在籍委員の三分の一以上の要求で公聴会を開催し、利害関係者や学識・経験がある者等の意見を聞くことができる。また証人、鑑定人、参考人による陳述等が必要な場合、同じくその議決または在籍議員の三分の一以上の要求で聴聞会を開催することができる。新たに制定する法律案や全文改正法律案の場合には、公聴会または聴聞会を開催することは義務である（ただし、委員会の議決があれば省略できる）。

(d)　審査・討論・表決　　新たに制定される法律案や全文改正法律案については委員会で逐条審査がされなければならない。その他の法律案については委員会の議決でこれを省略することができる。逐条審査と小委員会の審査報告を終えると、委員長はまず案件についての異議の有無を問い、異議がなければ可決を宣言する。しかし、意見が出た場合には、賛成・反対の立場を明示した上での討論を行い、その後に表決を行う。法律案の議決は在籍委員の過半数の出席と出席議員の過半数の賛成をもって行われ、可否同数の場合には否決とされる。委員会が本会議に附議する必要がないと判断した議案については本会議には附議されず、廃棄される。しかし、委員会の決定が本会議に報告された日から七日以内（ただし、閉会ないし休会中の期間を除く）に三〇人以上の議員が要求すれば、本会議に附されなければならない。委員会は手続を終えたのち、審査経過および結果その他必要な事項を書面で国会議長に報告する。この報告書には少数意見の要旨や関連委員会の意見を記載しなければならないこととなっている。

(3)　体系・字句審査

委員会が法律案の審査を終えた場合、または立案した場合には、法制司法委員会に回付され、体系および字句の審査が行われなければならない（国会法八六条）。体系の審査とは、法律案の内容の憲法適合性、関連法律との整合性を審査すると当時に法律の形式を整備するものであり、字句の審査とは、法規の正確性、用語の適合性・統一性等を審査し、法律間の用語の統一を図って法律用語を整備することをいう。

(4)　本会議

本会議は、在籍議員五分の一以上の出席で開会する。本会議の進行は、開会宣言→報告→発言→

議事日程に従った議案の上程→審査報告→質疑・討論→表決→表決結果の報告→散会宣言の順に進む。

議長には、従来、委員会における案件審査の期間を指定し、期間内に終了しない時には指定した期間を過ぎた場合に直ちに他の委員会に付託するか、または本会議に上程する権限があった。しかし第一八代国会で予算案や米韓FTA等与野党が対立する案件を巡って職権上程が行われ、これが暴力行為を誘発したことから、二〇一二年五月の国会法改正で職権上程の要件が制限され、①天災地変が生じた場合、②戦時、事変またはそれに準ずる国家非常事態の場合、③議長が交渉団体代表と合意した場合のいずれか（ただし、①②の場合も交渉団体代表との協議は必要）の場合のみに職権上程ができるものとされた。

同改正によって、「無制限討論」（フィリバスター）制度も導入されている。これは本会議に附された案件について、在籍議員の三分の一以上の署名による要求書が提出された場合、議長は無制限討論を実施しなくてはならないというものである（ただし、発言回数は、案件ごとに議員一人につき一回のみ）。無制限討論を議決により終結するには在籍議員の三分の一以上の連署による終結動議の提出、提出から二四時間経過後の無記名投票による表決が行われなければならず、表決においては在籍議員の五分の三以上の賛成が必要とされる。

議員の発言については、「五分間自由発言」という制度がある。これは、議員が審議中の議案や請願その他重要な関心事案について五分以内で意見を自由に述べられる制度で、委員会中心主義の制度の中で議員が自由に意見を述べる機会を拡大する目的で、一九九四年六月の国会法改正で導入された。一般に、質疑については、口頭が原則であるが、時間の制約等、会議進行上の事情で書面質疑を認めている。政府に対する書面質問の制度は、国会法一二二条に規定があるが、議案審査・報告時の書面質疑は明文無く、慣例上認められている。

委員会の審査報告書が提出されると、議長は本会議の議題となる前にこれを議員に配布し、当該委員長が本会議で報告する。委員会の審査が不十分、不適切、もしくは手続上の瑕疵がある場合、および審査内容が他の委員会の所管事項と競合している場合等には、当該委員会または他の委員会に再回付される。

本会議で法律案の修正動議を出すには、理由を付し、三〇名以上の議員の賛成と連署をもってあらかじめその案を議長に提出しなければならない。この修正案は原案と同時に本会議で審議される。

委員長の報告と提案者の趣旨説明ののち、質疑・討論を経て表決を行う。ただし、委員会の審査を経た法律案については質疑や討論を省略できることになっている。表決は、憲法または国会法に特別な定めのない場合、在籍議員の過半数の出席と出席議員の過半数の賛成で議決し、電子投票による記録表決を原則としている。

(5) 公布と大統領の再議要求

議決された法律案は政府に移送され、国務会議の審議を経て国務総理および関係国務委員が副署し、大統領が署名することによって大統領によって公布される。しかし、大統領には憲法五三条二項により、異議書を附し、再議を要求する権限がある。再議要求が出された法律案は委員会には回付されず、本会議で再議される。この場合、在籍議員の過半数の出席と出席議員の三分の二以上の賛成により前回と同じ議決が行われれば法律として確定する（憲法五三条四項）が、そうでない場合には廃棄されたものと解釈される。この際の議決は国会法の規定に従い、無記名投票で行われる。

法律案が政府に移送されたのち、一五日以内に大統領が公布も再議要求も行わなかった場合には、国会議長がこれを公布する。

3　国政監査と国政調査

国会の重要な権限としては、憲法六一条一項の定める国政調査と国政監査の権限がある。国政監査権は韓国独特のものであるといわれている。

(1)　沿革

一九四八年の制憲憲法では、「国政監査権」のみを規定していたが、同憲法の下で一九四八年一〇月二日に制定された国会法で国政調査について、調査のための議員の派遣、調査のための政府機関の報告、記録提出要求、証人出席要求等を定めた。つまり国政監査は憲法に基づき、国政調査は国会法に基づいて実施されることとなったのであった。その後、一九七二年の第四共和国憲法（維新憲法）において、国政監査制度についての規定は削除され、調査制度も極めて限定的なものになったが、一九八〇年の第五共和国憲法で国政調査制度が復活し、現行憲法において両制度がともに規定されることとなった。

(2)　国政監査と国政調査の違い

国政監査と調査の関係については、両者の違いを重視するよりも、両者を議会の国政統制権の表れとして相互補完的に捉えるというのが通説的な見解のようである。両者の違いは、国政監査がそれぞれの所管常任委員会によって国政全般にわたって年に一度定例的に行われるものであるのに対し、国政調査は不定期に特定の目的をもって行われる点である。現在、「国政監査および調査に関する法律」に従い、国政監査は、毎年、定期会前に所管常任委員会別に三〇日以内の期間を定めて行うこととなっており、国会の議決を要さない（ただし、本会議の議決に基づき、定期国会の期間中に行うことが可能である）。一方、国政調査は、国会在籍議員の四分の一以上が要求する場合にいつでも行うことができ、本会議の議決により特別委員会または常任委員会に特定の事案に関して行わせるものである。なお、国政調査を行う特別委員会は、交渉団体議員の比率に従って構成され、調査に参与することを拒否する議員は除外することができるようにしている。

(3)　調査・監査の計画と対象

監査の場合も調査の場合も、監査・調査の場所は、国会または対象となる現場その他の場所で行うこととされているが、監査の場合、常任委員会が作成した監査計画書に監査班の編成、監査日程、監査要領等、監査に必要な事項を記載する。また、監査に必要な報告・書類提出または証人出席の要求書は遅くとも要求日の七日前に送達されねばならない（国会における証言・鑑定等に関する法律五条四項）。常任委員長は監査計画書の作成にあたって国会運営委員会と協議することとなっている。常任委員長が監査計画書案とその要約書を添付の上、運営委員会に協議を要請し、運営委員会が協議の上、その結果を常任委員長に報告する。常任委員会はこれを受けて全体会議での議決の上、国政監査計画書を採択することになっている。

国政監査の対象は憲法上、「国政」としか書いてないが、「国政監査および調査に関する法律」は国政監査の対象機関を具体的に明示し、また常任委員会が自ら選択することができるようにし、必要な場合には国会本会議の議決を得ることとしている。なお、地方自治団体も対象とされるが、複数の委員会の監査対象となることが多いため、重複を避けるため、複数の常任委員会が共同で実施することが認められている。

一方、国政調査については、調査の対象は特定の国政事案であるが、今日国家機関の行う活動の多様性や相互の連携、社会構造の複雑さを考えると、範囲を限定することは困難である。通常、国政調査の対象となる機関は、国会本会議の議決で承認された調査計画書に記載された機関に限定されることになっている。

(4)　監査・調査の方法

事実上、監査の方法は会議形式で行われており、以前は、監査は非公開、調査は公開とされていたが、現在は法律上、監査も公開とされている。必要に応じて委員会の議決に基づいて現場検証も行うことができるものとしている。会議形式での監査の進行は、監査を受ける機関からの所管業務の現況（特に監査を行う委員会から要求された報告事項があればそれを含む）が報告され、それについて質疑・答弁が行われる。監査の途中で必要があれば、さらに書類提出、証人や鑑定人の出席要求、検証の実施を行うことができるものとされている。会議では最後に委員長が講評を述べて終わり、その後に監査結果報告書が作成される。監査報告書には、監査の経過および結果、処理意見が記載され、対象機関の活動の是正が必要な場合にはそれを要求することになっている。

なお、「国会における証言・鑑定等に関する法律」に基づく書類提出や証人・鑑定人・参考人としての出席要求に応ずる義務に応じなかった場合や偽証のあった場合には、これを処罰の対象とし、監査・調査の実効性の保障を図っている。国会は処理結果報告に対し、適切な措置をとることができる。

(5)　監査権・調査権の限界

監査権・調査権の限界としては、以下のものが考えられる。

①　私生活を対象としてはならないという基本権保障の観点からの限界

②　権力分立の観点からの限界、特に司法権の独立に基づく限界

③　軍事・外交・対北朝鮮関係等の国家機密に関する事項で、その発表によって国家安危に重大な影響を与えるという国家利益に基づく限界（国会における証言・鑑定等に関する法律四条一項

但書による。原則として、その旨の主務部長官の署名が証言等の要求を受けた日から五日以内にあることが必要とされる。これ以外の場合、公務員または公務員であった者は職務上の秘密を理由に拒否することはできない。）

④　国政調査権は、国会機能の補助的手段と解され、国会の機能と無関係な事項を対象とすることはできない。

(6)　国政監査の必要性

韓国では、国政調査が、これまで執行府の不適正な行為や疑惑のある事件について用いられてきたのに対し、国政監査は、政府の恣意的な法執行を監視したり、立法に必要な情報を集めるというのみならず、国民の知る権利を充足させるという意味で国政全般を監視する役割を果たしてきた。しかし、いくつかの問題点も指摘されている。第一は、権力分立の観点から行政権の自律性に対する侵害になるのではないか、また監査院の監査や常任委員会による統制または国政調査権の発動で足り、そもそも国政監査までは必要ないのではないかという点である。さらに第二に、監査対象が多すぎる結果として監査が形式的で一過性のものになるのではないかという点、第三に、国政監査が政党間の政争の場となり、政策についての正当な批判や対案の提示の場になっていないのではないかという点、第四に、証人の出席や書類の提出が課題となり、時間と費用がかかるとともに、行政機関の本来の業務に支障をきたす点、第五に、証人の欠席や偽証の問題が起きており、処罰制度も充分に機能していない点、第六に、監査結果を受けてのその後の事後処理が充分に行われておらず、次年度に同じ指摘を受けるといった点も、指摘されている。

4　財政に関する権限

予算案は毎年政府によって編成され、国会の審議・議決を経て確定される。また監査院の会計監査を受けて決算が国会に提出され、国会が決算を承認すると政府の予算執行責任が解除されることになる。憲法は、政府の予算案は会計年度ごとに会計年度開始九〇日前までに国会に提出され、国会は三〇日前までにこれを議決することを規定している（五四条二項）。ただし、国会は、政府の同意なしに政府の提出した支出予算各項目の金額を増加したり、新たな費目を設置することはできないこととされている（憲法五七条）。

憲法上、租税法律主義が採られている（憲法五九条）ほか、国債募集や予算外に国家の負担となる契約を締結する場合には、国会の議決が必要である（憲法五八条）。

5　条約同意権、緊急命令承認権、等

国会は憲法六〇条の定める重要な条約について、宣戦布告・国軍の海外派遣・外国軍の駐留について、および大統領の一般赦免について同意権を有する（憲法六〇条、七九条二項）。また、大統領の緊急命令に対する承認権および緊急な財政・経済的処分・命令についての承認権（憲法七六条）、大統領の戒厳宣布に対する在籍議員の過半数の賛成による解除請求権（憲法七七条）を有する。大

統領制的な性格が強い韓国においては、これらの国政統制の権限は、特に政府に対する国会の地位の強化という点で重要な意味をもつものである。

6　行政立法に対する権限

国会法九八条の二によれば、中央行政機関の長は、法律で委任された事項または法律を執行するために必要な事項を規定する行政立法を行った場合には、一〇日以内にこれを所管常任委員会に提出しなければならないことになっており、委員会の専門委員がこれを検討してその結果を委員に提供し、常任委員会は委員会または常設小委員会において当該行政立法に法律違反がないかを検討して、法律に合致しない内容については、所管中央行政機関の長に通報することができる。通報を受けた中央行政機関の長は、これについての処理計画とその結果を遅滞なく所管常任委員会に報告しなければならない。政治改革の一環として行政立法に対する統制の強化が議論される中で二〇〇〇年二月に導入された制度で、「通報」は法的拘束力はないが強い是正要求の意味を有すると考えられている。

7　憲法改正についての権限

憲法改正の発議は、国会の在籍議員の過半数によって提案することができる（大統領も発議できる）。提案された憲法改正案は、大統領が二〇日以上公告し、国会は公告された日から六〇日以内に議決しなければならない。在籍議員の三分の二以上の賛成で議決された場合、議決後三〇日以内に国民投票に附すことになっている（憲法一二八条～一三〇条）。民主化とともに第九次憲法改正の形で成立した現在の第六共和国憲法下では、憲法改正は行われていない。

8 弾劾訴追権

憲法六五条一項は、大統領、国務総理、国務委員、行政各部の長、憲法裁判所裁判官、法官、中央選挙管理委員会の委員、監査院長、監査委員、その他法律の定める公務員を弾劾の対象としている。弾劾訴追は国会が行い、審判は憲法裁判所が行う。弾劾訴追の議決を受けた者は、弾劾審判のあるときまで権限を停止される（六五条三項）。六五条二項により、弾劾訴追には国会在籍議員の三分の一以上の発議が、議決には在籍議員の過半数の賛成が必要とされるが、大統領の場合には、国会在籍議員の過半数の発議および在籍議員の三分の二以上の賛成が必要とされている。「その他法律の定める公務員」の範囲をどのように考えるかについては様々な見解があるが、検察総長、検事、各処長、政府委員、各軍の参謀総長、高位の外交官、特別職公務員等がこれに該当すると考えられているようである。

弾劾訴追事由について、憲法は「職務執行において、憲法または法律に違背した場合」（六五条一項）としているが、「職務執行」と「憲法または法律に違背」が何を意味するのかについては議論がある。前者で問題になるのは現在の職務のみを指すのか、前職の職務をも包含するのかである。

違法行為と看做されるのは、故意・過失・法の無視を含む行為である。単に政治的責任を問うものや無能力を理由とする訴追はできない。

韓国の憲政史上、弾劾訴追の議決が行われ、憲法裁判所が判断を行うに至ったのは、少数与党政権であった盧武鉉大統領の弾劾訴追が唯一の例であるが、訴追を受け、審理を行った憲法裁判所は弾劾に至るほど「大統領の法違反行為が憲法守護の観点から重大な意味をもつとはみることができ」ないとして弾劾審判請求を棄却した。弾劾決定は公職から罷免するにとどまるものであり、これによって民刑事の責任が免除されるものではない。また決定の宣告があった日から五年間、公務員となることはできないとして公職への就任を禁止している（憲法裁判所法五四条二項）。

9　人事についての権限

憲法上、大統領には重要な憲法機関の人事についての権限があるが、これに対して今日、議会の政府に対する牽制機能として大きな意味をもっているのが、国会の同意権や人事聴聞会の制度である。憲法上は前述の国務総理任命についての同意権や監査院長任命についての同意権、また国務総理・国務委員の解任建議権、弾劾訴追権があるほか、通常裁判所の終審にあたる大法院の大法官や大法院長の任命にあたっての同意権、憲法裁判所の九名の裁判官のうちの三名の選出の権限があり、さらにその他の主要国家機関の構成員についても人事聴聞が行われている。

人事聴聞会は、法律上人事聴聞の対象となる公職候補者については所管の常任委員会で行われるほか、国務総理、大法院長、大法官、憲法裁判所長、国会選出の憲法裁判官、国会選出の中央選挙管理委員会委員、監査院長等、国会の同意や選出を要する公職候補者については、人事聴聞特別委員会で聴聞が行われる（ただし、憲法裁判所の裁判官や中央選挙管理委員会委員は国会選出以外の者についても所管常任委員会において聴聞が行われている）。

こうした人事に対する国会の統制機能は、国民代表機関として民意を反映させるという意味でも重要なものではあるが、実際には与野党の駆け引きによって人事が決定しないという状況も起こっている。大法院の人事については実質的に大法院長の決定権が大きく聴聞会は通過儀礼に過ぎないことを問題視する指摘がある一方、憲法裁判所の裁判官人事では国会選出裁判官一名の補充人事が決定せず、一年以上の間、八名の裁判官で運営されざるを得ないという状況が生じたこともあった。

おわりに

大統領制的な性格が強い韓国の統治機構において、国民代表機関としての国会には、立法機能とともに国政に対する統制機能が強く求められている。但し、世論調査をみると、行政府や司法府と比較しても、国会に対する国民の信頼は最も低い。国会立法に対する司法的審査や国民投票による直接民主制的な制度の強化の必要性が論じられたり、市民団体の活動が活発な背景には、このような国会に対する不信があると考えられる。

最後に、現在の韓国国会の機能に関連して考えられるいくつかの論点を指摘しておきたい。

第一は、政党中心の制度設計である。国民の国会への信頼が低いと述べたが、その理由としては国会が政党間の駆け引きの場になっているということが考えられる。韓国では、従来、政党における個人の影響力の強さと地域主義が問題点として指摘されてきた。これらについては、党内改革や国民意識の変化によって次第に改善されてきてはいる。しかし選挙や委員会中心のシステムにおいて多数党に有利な制度が作られていること、委員会が党派対立やロビー活動の場になっていること、法律案の立案は実際には政府と与党の間の党政協議制度を通じて行われることが多いため、議会内の討議が形骸化していること、人事聴聞が党派対立を反映し、重要な人事が迅速に決まらないこと、といった問題があるほか、「国会先進化法」のように、これを改善しようとする制度改革もかえって問題を生んでいるとの指摘がある。与野党合意で導入された「国会先進化法」は少数派に配慮したものであるが、今度は野党の独裁を招くともいわれており、果たしてこれが熟議民主主義への契機となり、政党国家の弊害を超えられるのかについては、もう少し先行きを見守る必要があると考えられる。

第二は、立法過程における政府からの影響である。法案については、先に述べたように、議員立法にも実際には政府が関与している場合が多い。また国会の委員会が各行政官庁の「立法府における有力な出張所」となっているともいわれている。

一方、大統領と国会との関係では、憲法上、大統領には国会に意見表明権や法案の再議要求権があるため、そもそも制度的に大統領の立法への強い影響力は強いと考えられる。また立法の重要な部分が大統領令に委ねられているという批判もある。しかし、行政立法に対して、国会は次第にコントロールを強めてきている。これに関連して、二〇一五年六月、朴大統領が国会法改正に対する大統領の再議要求権を行使したことがニュースになった。これは、従来、大統領令等が法律と合致しないと判断される場合、国会は「所管中央行政機関の長にその内容を通報することができる」となっていた国会法九八条の二の三項を「修正・変更を要求することができる」とする修正案に対し、大統領が行政権と司法権に対する侵害であると反発したものである。結局再議には与党が応じず、改正案は見送りになった。これは大統領の強い権限を示したもののようであるが、国会は、一九九七年の第一五代国会が行政立法の国会提出制度を導入して以来、行政立法統制権を拡大しようとしてきており、就任後初めての朴大統領の再議要求権発動は、国会に対し、そこまで大統領が追い詰められたことをも示すものでもあった。付言すれば、政党との関係では、現在では大統領と党首が分けられているため、与党を通して大統領が国会を統制できない場合もある。

第三は、法律案の専門化である。韓国では、いくつ法案を提出したかが国会議員の成果として重要な意味をもつため、議員立法が多い。しかし、現代の多様で専門的な法律案作成を実際に行うのは専門家である。委員会における専門委員、その下で作業を行う立法調査官の役割、議員立法の立案・検討を行う法制室の役割は次第に大きくなっている。二〇〇九年の国会法改正で加わった行政立法の国会による統制に関しても法制室が実質的な業務を行っている。これら専門職の業務過多・

人数不足が問題になっているとともに、これらの組織間の連携が充分に取れていないといった問題点も指摘されている。現代の国会の機能を考える上では、これらの専門家たちの役割に着眼する必要があるとともに、専門化・多様化のなかで、一般国民の代表たる国会議員が果たすべき役割が何であるかが問い直されなければならないであろう。

【参考文献】

日本語文献

奥村牧人「韓国の議会制度」レファレンス五九巻八号（二〇〇九年八月）

菊地勇次「『国会先進化法』と韓国国会―改正の概要と立法過程への影響―」韓国研究センター年報一五号（二〇一五年三月）

藤原夏人「【韓国】国会改革―第一九代国会から導入される新制度―」外国の立法二〇一二年七月号

山本健太郎「韓国における政治改革立法と政党の動向」レファレンス五四巻六号（二〇〇四年六月）

同「韓国の政党・政治資金制度―政党法・政治資金法の概要」レファレンス五五巻一号（二〇〇五年一月）

韓国語文献

고대원・현성수・강철준『국회 내 정책 지원기구（위원회전문위원실、법제실、국회예산정책처、국회입법조사처）의 정책능력 제고 방안 고찰－각 기관의 전문성 제고 및 업무협력 방안을 중심으로』二〇一二 국회사무처 연구용역보고서

김철수『헌법과 정치』진원사二〇一二年

同『憲法学新論』第二一版博英社二〇一三年
成樂寅『憲法学』第一六版法文社二〇一六年
윤종빈・정회옥『의회에서 정치토론의 조건과 원칙』二〇一三 년도 국회사무처 연구용역보고서
鄭浩永『国会法論』第三版法文社二〇一二年
지병문『국회 그리고 한국의 정치』도서출판 오름二〇〇九年
고준석・노제훈「현행 헌법상 국정감사제도의 문제점과 제도개선방향에 관한 연구」土地公法研究五三集（二〇一一年五月）
朴璨杓「両院制의 理論과 實際－韓国 両院制論의 深化를 위하여－」『立法調査研究』二五一号（一九九八年六月）

インド

浅野宣之

「インドは世界最大の民主主義国家である」と言われることがある。約一二億五千万人と世界第二位の人口を抱えつつ、一九四七年の（パキスタンとの）分離独立以降、非常事態宣言が発せられた時期はあったものの、クーデターのようなかたちで政権が覆されたことはなく、議会選挙を通じて政権が交代されてきたことを指してのものである。

インドは連邦国家であり、連邦の議会としての上院および下院とともに、各州の議会としての州議会が存在する。人口の多い一部の州については、州の議会も上院および下院の両議院をもつ。ただし本章では、連邦の議会を取り上げる。

下院についての統計資料等は、第一四次下院については主に下院事務局によるParliament of India : A Study（以下PoIと略）という報告書を利用した。第一五次および第一六次下院については、下院ウェブサイトおよびこれに掲載される、各会期の議事情報'Resume of Work'を活用し、集計した(1)。

一　インド議会の構成

1　議会の構成

インド議会は、上院（ラージャー・サバー）と下院（ローク・サバー）により構成されている。憲法第七九条ではこれらに加えて大統領も議会を構成するものとして記載されている。

上院は、大統領が指名する一二人の議員と、二三八人を超えない人数の各州および連邦直轄領の代表から構成される（憲法第八〇条）。二〇一六年七月の段階では、二四三人の上院議員（大統領指名議員一一人を含む。定数は二四五人で空席二）により構成されている。なお、大統領が指名する議員は文学、科学、芸術または社会事業にかんして特別の知識または実際の経験を有する者とされており、二〇一二年までに指名された二〇一人のうち主な職業としては、文学者（作家・詩人など含む）が二〇人、教育者が一九人、ソーシャル・ワーカーが一八人、芸術家が一七人、法律家が一二人を占めている。各州および連邦直轄領代表の議席数の配分は、憲法第四附則に定められている。

上院の議長は副大統領が職務上務めることとされており（憲法第八九条第一項）、副議長は上院議員の中から選出される（同第二項）。したがって、上院議員の議席を失った場合、副議長職を失うこととなる。

下院は、州における選挙区から直接選挙によって選ばれた五三〇人を超えない議員と、連邦直轄領を代表する二〇人を超えない議員（以上、憲法第八一条第一項）、さらに指名によりアングロ・インディアン社会を代表する二名を超えない議員（憲法第三三一条）から構成される。したがって、最大で五五二人の議員により構成されることとなる。二〇一六年七月の時点では任命議員二名を含め、五四一人の議員（定数は五四五人で空席四）により構成されている。なお、アングロ・インディアンとは、憲法上の定義によれば、「その父または男系祖先がヨーロッパ人の血統を引く者であって、本人がインド領内に居住し、その親がインドに一時的滞在者ではなく定住者であった者をいう」とされている（憲法第三六六条第二項）。

下院議長および副議長は、下院議員の中から選出される。これらが欠けたときには、あらためて選挙により選出することとされている（憲法第九三条）。

総理大臣は、下院において多数を占める政党の長が就任することが通例である。総理大臣は、下院議員である場合、下院における与党代表としての権限をもつ。また、上院議員である大臣の中で、最長老の者が、上院における与党代表として総理大臣から任命される。なお、最大野党からも、上下院においてそれぞれ代表が出される。

PoIによれば、与党代表は、議事運営において重要な役割を果たすとされている。彼は議会の招集や閉会の日程を提案し、各会期において処理される事務を策定する。また、円滑な議事推進のため、事務の優先順位を決定するほか、手続き事項を取り扱うこともその責務に含まれる。また、各党で選任される院内幹事（Whip）もまた、議事運営を円滑に進めるための役職である。採決の見込まれる日時を伝え、出席を促すなどの役割を担う。下院与党の院内幹事の長（Chief Whip）は、議会事務大臣がこれを務める。また、上院では議会事務副大臣がこれを務めることとされている。彼らは与党代表に対して責任を持ち、政府に対して議事運営にかんして助言する責務をもつ。

2　議員の資格

上下院の議員は、両議院の議員を兼ねることはできない。また、連邦の上下院議員と州議会議員とを兼ねることもできない（憲法第一〇一条第一項、第二項）。議員の議席喪失事由としては、次に述べる議員の欠格事由のいずれかに該当するとき、議長あてに自筆の文書をもって辞任を申し出、議長によって承認されたとき、そして議院の許可を受けることなく、六〇日間すべての会議を欠席したときの三つが挙げられている（同条第三項および第四項）。

議員の欠格事由としては、連邦政府または州政府の下で、報酬を受ける職にある者（議会が法律で欠格とならない旨を定めた職は除く。連邦または州の大臣は例外に含まれる）、心神耗弱者として裁判所から宣告を受けた者、破産者であって復権していない者、インド市民でない者、連邦議会の定める法律により欠格とされる者が挙げられ、選挙され、または連邦議会議員であることはできないとされている（憲法第一〇二条第一項）また、憲法第一〇附則により欠格とされた者も、上下院いずれの議員にもなることはできないとされる（同条第二項）。

憲法第一〇附則により欠格とされた者とは、いわゆる「脱党防止規定」に抵触した者を指す。これは、一九六七年の第四次下院総選挙において、それまで国民会議派一党が支配的であったところ、内部分裂を引き起こしたことに端を発し、下院選挙や州議会選挙で選出された議員が流動的に党籍を変更することが相次いだ。これによっていくども州政権が倒れる事態が引き起こされたことから、脱党防止のための規定が必要とされたものである。一九八五年に第五二次憲法改正がなされて上述の第一〇附則が追加され、脱党防止法が制定された。

憲法第一〇附則では、自発的に政党の党員としての地位を放棄した場合や、政党や政党の代表者などからの指示に反して、事前の了承を得ることなく議院における投票や棄権を行ったりした場合、議員としての資格を失うとしている。つまり、選挙への立候補を行った際に所属していた政党から離党したり、政党の指示に反した投票を行ったりした場合などに、議席を失うということである。ただし、上下院の議長および副議長は、連邦、州のいずれでもこの対象にはならない。これらの憲法の規定が、一九八五年脱党防止法に盛り込まれ、運用されている。

3　上院と下院との関係

下院は数々の点で上院に優越している点、あるいは下院の専属によるところのものがある。詳細については後述の立法過程および予算案審議過程についての紹介で記述するが、金銭法案（Money Bill）の提出は下院に限定されていること、下院議長が金銭法案か否かを決定する権限を有すること、法案の審議過程において両院の意思が異なる場合に設置される合同会議については、これを構成する下院議員の数が上院議員の数よりも多いこと、大臣会議（内閣）は下院に対して連帯して責任を負うため、不信任決議は下院のみがなしうることなどが挙げられる。これに対し、上院が専属権をもつ事項もある。それは、州立法管轄事項について「国家的利益から連邦議会が法律を制定することが必要または有益である」と宣言する権利（憲法第二四九条）および全インド公務（All India Services）の創設に関して宣言する権利（憲法第三一二条）である。これらは州の代表者としての上院の位置づけにかかわるものとされる。

二　議員の選出

前述のとおり、上院議員の多くは州議会において選出され、下院議員の多くは直接選挙によって選出される。議員は、上院においては三〇歳以上、下院においては二五歳以上でなければならない（憲法第八四条）。

1　下院議員選挙

下院議員選挙は、小選挙区制で行われる。憲法ではまず、各州に割り当てる下院の議席数と州の人口との割合が、できるかぎり均しくなるように各州の議席数を割り当てなければならず、各州は各選挙区に人口と当該選挙区に割り当てる議席数との割合が、できるかぎり州内で均しくなるように選挙区を分けなければならないと定めている（第八一条第二項）。この人口については、インドで一〇年ごとに実施されている国勢調査の結果をもとに確定するとされている（同条第三項）。二〇〇九年に行われた第一五回下院議員選挙においては、地方自治体の領域を基礎として選挙区の大規模な改定が行われた。五四三の選挙区のうち、四九九が新たな選挙区として設定されたものであった。この改定には、二〇〇一年に行われた国勢調査の結果が用いられた。

下院議員選挙をはじめ、州議会議員選挙、大統領および副大統領選挙にかかわる準備や実施の監督を行うのが選挙委員会である（憲法第三二四条第一項）。選挙委員会は選挙委員長と大統領が決定する数の選挙委員により構成され、選挙委員は、法律の定めにもとづき大統領が任命する（同条第二項）。

二〇一四年選挙の場合選挙委員会は、第一回の四月七日から、九回に分けて選挙の実施日を設定し、最終的に五月一六日に選挙結果を公表した。これは、投票所の治安維持などの理由から、全土一斉での投票を行っていないためである。一部の投票所では電子投票機の誤作動などの理由により、あらためて再投票が行われている。なお、この電子投票機とは政党のマークが並んで記載されている横にボタンが配置されており、そのボタンを押すことで投票するという形式の機械である。識字率の問題などから、政党名などを筆記できない有権者が多数いると考えられることから、インドでは以前から、投票の際には政党のマークが記された用紙上に印をするかたちで投票を行ってきた。電子投票は、その延長線上にある形式の投票を行うものである。この機械を用いることで、開票にかかる時間を短縮させることができ、不正投票も減らせるとされている。ただし、機器のセキュリティに問題があるなど、課題も指摘されている。

2 上院議員選挙

州議会議員による、単記移譲式投票により選出される。各州および連邦直轄領の代表によって占められる議席の割合は、憲法第四附則において定められている（憲法第八〇条第二項）。最大の人口をもつウッタル・プラデーシュ州のように三一議席もの割当てがなされている州もあるが、インド北東部の諸州のように一議席しか割当てがなされていない州も多く存在する。

3 議席の留保

憲法第三三〇条第一項は、下院において指定カーストおよび指定部族に対して議席の留保を行う旨を規定している。そのうえで、第二項では指定カーストおよび指定部族のための留保議席数は、当該州または連邦直轄領に割り当てられる議席数に対し、当該州または連邦直轄領における総人口数に対しての指定カーストまたは指定部族の人口の割合にできるだけ均しくなるよう、定めなければならないとしている。これと同様に、州下院においても議席の留保が行われる（憲法第三三二条）。

指定カーストとは、憲法第三四一条にもとづき、大統領令によって州またはその一部ごとに指定されたカースト、またはその一部を総称するものである。いわゆる不可触民と重複するものとして理解されている。これに対し指定部族とは、憲法第三四二条にもとづき、大統領令によって指定された部族を指し、文化的独自性や社会的・経済的後進性、山岳地などでの居住を特徴とする民族を指す。二〇一一年国勢調査によれば、指定カーストは全人口のうち一六・二％、指定部族は八・二％を占めている。二〇一四年に実施された第一六次下院議員選挙では、指定カーストに留保された議席数が八四、指定部族に留保された議席数が四七で、残る四一二議席が一般議席となる。

こうした留保措置は、指定カーストや指定部族に対して歴史的に行われてきた抑圧、差別に対する補償的差別であるとされている。憲法制定当初この留保措置は憲法施行後二〇年間の時限的なものと予定されていたが、その後第二三次改正（一九七〇年）、第四五次改正（一九八〇年）、第六二次改正（一九九〇年）、第七九次改正（二〇〇〇年）、第九五次改正（二〇一〇年）により、一〇年ずつ延長されている。

留保措置については、政治的参加の拡大、被抑圧者層の顕在化といった面から積極的に評価できる一方、カーストに基づく議席留保を行うことでカーストの永続化につながってきたという意見や、国民会議派の一党支配に留保議席が活用されてきたという意見など、消極的評価もみられる。いずれにしても、上述の議席数から見ても指定カーストや指定部族の扱いは無視できないものといえ、インド議会政の状況に密接にかかわるものといえよう。

4　宣誓または約言

議員に選出された者は、議席を占めるに先立ち、大統領または大統領が任命する者の前で、宣誓または約言を行わなければならないとされている（憲法第九九条）。宣誓の文言は憲法第三附則に規定されているが、次の通りの文言である。

「下院議員に任命された私、（氏名）は、法律を持って確定されたインド憲法への信頼と忠誠を示し、インドの主権と統一を支持し、これより誠実に職務を遂行することを、神の名において宣誓します（または、厳粛に約言します）。」

この宣誓または約言を行わない場合は、議員としての資格がないことを知りながら議事に参加した者と同様に扱われ、議事に参加した（または投票した）日一日当たり五〇〇ルピーの罰金を支払わなければならないとされている（憲法第一〇四条）。

5　議員の特権

議員は、憲法の規定および議事手続きを定める規則や議事規程の制限内において、議院内での発言は自由であるとされ（憲法第一〇五条第一項）、議会またはその委員会における発言や投票に関して裁判所で審査されることはないと定められている（同条第二項）。

不逮捕特権については、日本とは性質が異なる。インドの場合、刑事事件による逮捕については対象となっていない。逮捕に際して関連する裁判官、治安判事、または公務員は、その旨を議長に伝えなければならないこと、議会の敷地内で逮捕などを行ってはならないことなどが規則において定められている程度である。

議員報酬については「一九五四年議員の報酬、手当及び年金に関する法律」により規定が設けられている（最新の改正は二〇一〇年）。これによれば、本稿執筆時点では、議員の歳費が月額五万ルピーであり、そのほかに会期中の手当として一日当たり二千ルピーが支給される。

三　委員会制度

議会の委員会は、常任委員会（Standing Committee）と非常任委員会（Ad Hoc Committee）とに分けることができる。また、省別予算の検討などを行う省別常任委員会も設置されている。

1　常任委員会および非常任委員会

PoIによれば、常任委員会は以下の種類に分類される。①予算、公営企業、決算にかかわる各委員会の総称としての財政委員会（Financial Committees）。政府の財政について監視する役割を担うもので、公営企業および決算の各委員会には上院議員も参加するが、予算委員会には下院議員のみが参加する。広い範囲の活動を監視する重要な委員会であるが、佐藤［2009］によれば、その活動は一九八〇年代以降低下したとされる。②法案や公益にかかわる事項に対する請願、あるいは議員特権にかんする委員会の総称である調査委員会（Enquiry Committees）、③委任立法や議院提出文書、政府保証などにかんする委員会の総称である監視委員会（Committees to scrutinize）、④議員法案や議事規則などにかんする各種委員会の総称である議員の業務に関する委員会（Committees relating to the day-to-day Business of the House）、⑤議員公邸など議員への便宜供与にかかわる委員会、そして各種の合同委員会（Joint Committee）である。合同委員会には、指定カーストおよび指定部族の福祉にかかわる委員会（Committee on the Welfare of Scheduled Caste and Scheduled Tribes）や女性のエンパワーメント（Joint Parliamentary Committee on the Empowerment of Women）などがある。

非常任委員会には、議会敷地内の治安にかんする委員会（Committee on Security in Parliament Complex）や議員地域開発事業にかんする委員会（Committee on Member of Parliament Local Area Development Scheme）などがある。

2　省別常任委員会

政府の機能の複雑化も理由となり、一九八〇年代から新たな委員会制度の設置が検討され始めた。その結果、現行の省別常任委員会の制度が一九九三年から開始された。一九九三年の設置当初は一七の委員会がであったが、二〇〇四年に二四へと増加された。このうち八委員会を上院事務局が担当し、一六の委員会を下院事務局が担当している。各委員会は上院議長から任命された上院議員一〇人と、下院議長から任命された下院議員二一人の合計三一人で構成されている。

省別常任委員会の主な役割は、①担当する省の予算について検討し、議会に報告を提出すること、②上下院議長からの付託にもとづき、担当する省に関係する法案を検討すること、③担当する省の年次報告書について検討し、報告を作成すること、そして④上下院議長からの付託にもとづき、国家の長期基本政策文書について検討することである。以上のうち報告書数などからみて、主な活動は予算関連のものとされる。法案の検討にしても、第一五次下院（第一会期から第一五会期）において二六七件の法案（上院からの回付も含む）のうち、一三六件が省別常任委員会に付託されている。歳出法案は同委員会に付託されないことを考えれば、比較的高い割合で付託されているということができる。しかし、報告書に拘束力がないこと、省別予算の審議が十分になされていないことなど、問題点も指摘されている。

四　議会の運営

1　議事の運営

通常、議会は一年に三回の会期に分かれて開会されている。予算会期（おおむね二月から五月）、モンスーン会期（おおむね七月から八月）、そして冬季会期（おおむね一一月から一二月）である。下院選挙後最初の会期は議長等の選出、大統領による演説などで終わり、議会において立法や予算承認などの活動を行うのは実質的に第二会期からとなる。現行の第一五次議会においては、第一会期を除き、おおむね一会期につき二〇日強、ただし予算会期においては三〇日強程度が費やされている。開会日数が多くとも、議事の中断（interruption）などにより実際の開会時間がごく限られたものになる場合もみられる。

議会においては、その事務を遂行するに当たりヒンディー語または英語を用いることとされている（憲法第一二〇条）。ただし、憲法第三四八条では連邦議会または州議会に提出される法案や、これらが可決する制定法や政令などは、英文によるものと定められている。多民族、多言語の国家であるインドでは言語も重要な政治的問題であり、したがって公用語にかんする（大統領に諮問する）委員会および議会内の公用語にかんする委員会の設置が規定されている（憲法第三四四条）。

議院における投票に関しては、議長または議長として行動する者を除き、出席しかつ投票する議員の過半数で決定する。議長または議長として行動する者は、第一回目の投票では参加できず、可否同数の時に決裁権を有するものとされている（憲法第一〇〇条）。他国の議会と同様、インドの議会の主な役割は立法、予算承認、行政の監視、国家政策に関する討議などにあるとされる。本節では、立法手続きおよび予算承認にかかわる手続き、討議の場としての質問、そして行政の監視に関わる動議などの手続きについて紹介する。

2　立法手続き

(1)　立法管轄権

連邦議会の立法管轄権は、憲法第七附則第一表（連邦の管轄事項）に列挙された事項および第三表に列挙された事項（競合管轄事項）におよぶ。第一表に掲げられている事項としては、国防、外交、鉄道、郵便その他のコミュニケーション手段、銀行、通貨、度量衡など九七事項が示されている。第三表に掲げられている事項としては、刑事法・刑事手続き、治安維持、婚姻および離婚、民事手続き、社会保障・社会保険、労働者の福祉、工業、電力など四七事項がある。また、一定の場合においては第二表（州管轄事項）に列挙されている事項についても立法管轄権を持つとされている。これには、憲法の規定上次の四つの事態が含まれている。すなわち、①上院において特別多数により、当該事項が国家的重要性を有し、国家的利益にかかわるものであると宣言した場合（憲法第二四九条）、②二以上の州が、連邦議会による立法を希望した場合（憲法第二五二条）、③条約や国際機関の決議などを実施するために法律を制定する場合（憲法第二五三条）、そして④非常事態が宣言され、州における憲法機構の運用が不能な場合（憲法第三五七条）である。なお、第二表に掲げられている事項としては、警察、地方自治、公衆衛生、酒類、農業、水、土地、金融業などがある。

憲法で定められた立法手続きにかかわる規定としては、金銭法案その他の財政法案を除く法案についてはいずれの議院でも先議できること（憲法第一〇七条第一項）、法案は一定の場合を除いて両議院が同意を与えないかぎり、議会が可決したものとはみなされないこと（同条第二項）、議会で審議中の法案については議会の停会により廃案とはならないこと（同条第三項）、下院を通過していない法案であって上院で審議中のものは、下院の解散によっても廃案とはならないこと（同条第四項）、下院で審議中の法案、または下院で可決し上院で審議中の法案は、後述する合同会議に付される場合を除いて、下院の解散により廃案となること（同条第五項）が挙げられている。

(2) 第一読会

立法手続きは、まず法案が上院または下院のいずれかに提出されるところから始まる。政府または議員のいずれからも法案を提出することができる。

議員が法案を提出するためには、法案提出許可を得る必要がある。もしも提出に反対意見がある場合、議長は職権により、反対意見を提出した議員および法案を提出した議員に対し、簡潔な説明を行う機会を与えることができる。その後投票を行い、法案提出の可否を決定する。ただし、財政法案などのように必ず投票にかけられる場合もある。これが第一読会にあたる。

法案は提出されたのちに官報に掲載される。なお、法案提出許可を求めることなく、議長の許可にもとづき、官報に掲載されることもある。この場合は、法案提出許可を得る必要はないとされている。

法案の提出された議院の役員は、当該法案を、関係する常任委員会に送付し、検討および報告の作成を求めることができる。常任委員会に提出された場合、法案の方針や条項について検討し、報告書を作成する。

(3)　第二読会

つづいて、第二読会にあたる手続きに入る。まず、法案を特別委員会または両院の合同委員会に送付して検討を行うか、あるいは公聴会により意見を集めるか、または直接議院での検討に入るかを選択する。特別委員会または合同委員会においては、条項ごとに検討をすすめる。条項の修正を意見することもできる。また、専門家などの意見を集約することもできる。こうした検討の後、委員会は報告書を議院に提出する。公衆からの意見を集約する場合は、州政府または連邦直轄領の機関を通じて行う。集約された意見は議院に提出される。

そして、次の段階として、当初提出された法案と委員会報告に掲載された修正案とを条項ごとに検討する。出席議員の賛成多数により、修正案を法案に盛り込むことが可能になる。条項の検討が終了したのち、附則、第一条、法律の名称などが採択される。

(4)　第三読会およびその後の手続き

上述の手続きをふまえて法案提出者は、法案の可決を求めることになる。この段階における議論は、原則として法案への賛否を表明するものに限定され、修正は限られたものとなる。憲法改正法案でないかぎりは、出席議員による投票の過半数が可決には必要となる。ただし、憲法改正法案の場合は、総議員の過半数かつ各議院における出席議員の投票の三分の二が可決には必要となる。

いずれかの議院において上述の手続きにより可決された法案は、別の議院に送付され、同様の審議が行われる。ただし、法案提出許可の手続きは不要となる。

いずれかの議院において採択された法案が別の議院では否決された場合、あるいは両議院が当該法案に加えられる修正に不同意の場合、または他の議院が当該法案を受け取った日から可決しないまま六か月が経過した場合は、大統領は両議院に対して当該法案を審議し、表決するための合同会議を招集することができる（憲法第一〇八条第一項）。当該法案が、合同会議で修正することを承認された修正を付し、合同会議において出席し投票する議員の過半数で可決されたときは、両議院において可決されたものとみなされる（同条第四項）。ただしこの手続きは後述する金銭法案では適用できない。

両議院で可決された法案は、大統領の元に送付され、その認証を得て法律となる。大統領は、認証を保留することも可能であり、認証の期限が定められていないことから、いわゆる「握り潰し保留（pocket veto）」も可能となる。また、金銭法案の場合を除き、当該法案またはその特定の条項について教書を付し、できるかぎりすみやかに再審議をするように伝える。しかし、再可決のうえで大統領に提示された場合は、大統領は再度保留することができない（憲法第一一一条）。また、特別多数が必要である憲法改正法案の場合は、大統領は認証を行わなければならない。

(5) 立法の現状

第一五次議会では、三二八の法案のうち一七九が可決された。財政法案および歳出法案を除くと二二八の法案が提出されたが、第一五次議会の解散により六八が廃案となった。また憲法第一〇七条第四項にもとづき、六〇の法案が第一六次議会で継続審議されることとなった。

3　予算の承認

おもに予算会期において審議されるのが、予算案である。下院において審議される予算案は、大別すると一般予算（General Budget）、鉄道予算（Railway Budget）、そして連邦直轄領および大統領直接統治下にある州の予算の三種類となる。佐藤（前掲）によれば、予算審議は一般討論（General Discussion）、各省の省予算案（国庫金請求明細、Demands for Grant）、これらを総括した歳出配分承認法案（歳出法案、Appropriation Bill）、そして財政法案（Finance Bill、新規課税への提案を含む）の四段階に分かれている。

(1)　予算案提出

まず、両議院に「年次財政説明書」が提示される。これは、年間の収支見積もりを記したもので、憲法第一一二条第一項において、大統領が提出させるものとしている。この説明書に計上される支出予算のうち、憲法がインド統合基金の負担となるべき支出として規定している支出に充当する額および、その他の支出でインド統合基金から支出することが提案されているものに充当する額とを分け、かつ収入勘定についての支出とその他の支出とを分けなければならないことが定められている（同条第二項）。このインド統合基金の負担となるべき支出とは、大統領、上下院議長や副議長、最高裁などの裁判官などの俸給や手当、インド政府が支払い義務を有する利子やその他の債務、裁判所などの判決や決定を履行するための費用などが含まれている（同条第三項）。

予算案の提出は、大統領の定めた日になされなければならない。財務大臣が予算案提出にともない演説を行うが、これには経済的見通しおよび租税のプロポーザルが含まれている。一般予算については、毎年二月の週末を除く最終日までに提出しなければならないとされている。ただし、下院選挙が実施される年においては、予算案の審議が二度行われる。なお、財政年度の開始前に予算の審議が完全に行えないときや、選挙の実施年などには、憲法第一一六条にもとづき「勘定に対する投票」として、交付金やインド統合基金からの支出を承認することができる。行政の執行に必要な支出を承認するというものであり、暫定予算とは異なるとされている。

(2) 一般討論および常任委員会での検討

下院における予算案に対する討論は二度に分けて行われる。最初のものは予算案の大枠や方針にかかわるものに限られており、四日〜五日程度で終了する。一般予算および鉄道予算にかんする最初の討論の後、議会は停会され、この間議会規則第三三一G条により、各省からの国庫金請求明細および鉄道予算案について、常任委員会において検討がなされる。佐藤［前掲：五〇―五一］によれば、一九八〇年代半ば以降下院における省別予算案の審議で取り上げられる省の数が減少し、残りの省については議事打ち切り（ギロチン）(2)によって下院を通過する状況が頻発したことから、こうした事態への対応策として省別常任委員会の設置につながったとされる。

常任委員会の報告にもとづき、省別予算についての審議に入る。審議時間は、議長が議院の与党代表との協議の上決定する。下院は国庫金請求について承認または拒否し、もしくは条件付きで承認する権限をもつ（憲法第一一三条第二項）が、上院は一般討論を行うのみである。なお、前述のインド統合基金からの支出については、審議はできるが表決はできない（同条第一項）。

(3)　歳出法案および財政法案

国庫金請求にかんする表決の後、政府は歳出法案を議会に提出する。憲法第一一四条第一項では、下院が第一一三条の規定にもとづき国庫金の承認をしたのち、できるかぎりすみやかに、次の掲げるものに充当するために必要な金額を支出することを規定した法案を提出しなければならないと定めている。なお、次に掲げるものとは、下院が承認した国庫金および、インド統合基金の負担となるべき金額で、年次財政説明書に計上された金額を超えないものとが挙げられている。なお、歳出法案にかんして、国庫金の額や目的、あるいはインド統合基金の負担となるべき支払金額について変更する修正案については議会で発議することができないとされている。また、この発議の可否について疑義があるときは、議長（の職にある者）が決定すると定められている（同条第二項）。

歳出法案の可決の後に取り上げられるのが財政法案である。財政法案は一般予算案提出ののち、すみやかに下院に提出されなければならないとされている（憲法第一一七条第一項）。

大統領が直接統治を行っている州についても、上述の連邦予算と同じ手続きで承認がなされる。近年では、二〇一三年に大統領直接統治がなされていたジャールカンド州の予算について、この手続きがとられた。

以上のように進められる予算案の審議および表決は、主に各年度の予算会期に行われる。ただし、その他の会期においても補正予算案の審議等が行われる。第一四次下院および第一五次下院においては、予算会期において、会期のおよそ三〇から四〇%を占める時間が、予算案の審議および表決手続きに費やされている。

(4) 金銭法案

租税の賦課、廃止、軽減、変更または規制や、インド政府による借入金や保証供与の規制、インド統合基金などの管理やこれへの払込および支出などにかかわる事項の全部または一部を含む法案を、金銭法案（Money Bill）と定義している（第一一〇条第一項）。前述の財政法案もこのなかに含まれる。法案が金銭法案か否かについて疑義が生じたときには、下院議長の裁決により決定される（同条第三項）。

金銭法案については、憲法第一〇九条で、下院の先議権（第一項）が定められ、下院可決後上院の勧告を得るために送られなければならず、上院は受け取った日から一四日以内に勧告とともに下院に回付しなければならないこと、そして、下院は上院による勧告の全部または一部を受諾または拒否できること（第二項）が定められている。さらに、下院が上院の勧告を受諾したときには、当該法案は、上院が勧告し下院が受諾した修正を付して両議院により可決したものとみなし（第三項）、上院の勧告を受諾しない場合は下院が可決した形式により両議院が可決したものとみなされる（第四項）。なお、下院が可決し、上院に勧告を求めた法案が一四日以内に回付されないとき、当該法案は下院が可決した形式で、両議院により可決されたものとみなされる（第五項）。

4　動議および質問

(1)　質問の種類

通常、下院において開会後一時間は、質問の時間に充てられている。下院のウェブサイトでは、「質問することは議員の固有かつ自由な権利であり、議員は行政および政府の活動について、いかなる側面についても質問することができる」とし、また、「政府は人々の意見にふれることができる」として、その重要性を示している。質問には、「星印（Starred）」、「非星印（Unstarred）」、「短期通告質問（Short Notice Questions）」、「議員に対する質問（Questions addressed to Private Members）」がある。

「星印」は閣僚による議会における口頭での回答を要求する質問で、質問書にアステリスクを付けることからこのように呼ばれている。口頭による回答があった場合、それに対する補足質問が許される。一日当たり、二〇件の質問までがリストに掲載される。「非星印」は口頭での回答は求めず、文書回答のみとなるもので、補足質問も認められない。これについては一日当たり二三〇件までがリストに掲載される。また、これに加えて、一日当たり二五件まで、大統領直接統治下の州にかんする質問を挙げることができる。「星印」の質問から、議長の職権により「非星印」に移されることも少なくない。「星印」の質問でもすべてに回答がなされるとも限らず、むしろ第一五次下院においては、第二会期から第一五会期を総合しても、受理された「星印」の質問が六四八四件に対し、回答があったのは六五〇件（受理した質問の約一〇%）にとどまっている。

質問を希望する議員は、一〇日から二一日以前に質問を希望する旨を通告しなければならない。ただし議長は、最低一〇日前という期限を短縮させることも可能である。

「短期通告質問」は、公共性にかんがみて緊急性があると考えられる事項について、上述の期限よりも短い期間内に通告を行う質問である。ただし質問する議員は、短い期限にて質問を行う理由を、簡単に述べる必要がある。

「議員に対する質問」は、法案、決議などについて関係する議員に対して行うものである。手続きとしては、閣僚に対する質問と同様に取り扱われる。

(2) 質問の手続き

下院事務局においては、通告された質問には回答を求める閣僚や回答を希望する日程が記載されているかを確認した後、予備的に審査が行われる。これは質問の優先順位などを配慮に入れつつ、決定される。

つづいて、質問内容について検討される。質問は公共性の側面から重要とされる情報を得るためのものとされ、自らの主張や推論、中傷を含むものは受理されない。また、すでに回答がなされているもの、入手可能な資料から情報が得られるものも同様である。さらに、訴訟が裁判所等で係属中の事案に関係するもの、友好関係をもつ外国に対し失礼とされる内容のものについても受理されない。さらに、一五〇文字を超える質問、原則として政府の役割にない事項についての質問、政策の大枠についての質問なども不受理の対象となる。短期通告質問の場合は、質問対象の閣僚に照会し、回答を認めた場合に受理される。その後、質問の日程が決定される。

質問日には、質問に対して閣僚が答弁を行う。その後、質問者は二つまでの補足質問を行うことができる。さらに、質問に名を連ねたその他の議員に対し、一つだけの補足質問を認めるほか、議長はその他の議員にも質問することを認めることができる。短期通告質問は、質問時間の最後またはすべての口頭による回答が終了した後に行うことができる。

回答に対してさらなる説明を求めるとき、「三〇分討論（Half-an-Hour Discussion）」の実施を通告し、議長はこれを認めることができる。予算会期を除き週に三回、一七時三〇分から一八時までの予定で討論が行われる。

質問時間における質疑応答については、国営放送や下院チャンネルなどを通じて放送されている。

(3)　その他の通告、動議

(a)　大統領演説に対する討議（Motion of Thanks on the Address by President）　憲法第八七条第一項は、「下院議員選挙の後、最初の会期および各年の初めての会期の開始にあたり、大統領は、両議院の合同会議において演説を行い、議会招集の理由を告知する」と定めている。同条第二項では、演説で言及された事項について討議するための時間の割り当てについて、議事規則で定める旨規定している。動議提出者とその賛成者は、総理大臣により選任される。演説において言及された事項について、討議することになる。

(b) 延会動議（Adjournment Motion）　延会動議は政府に対する批判が含まれている。すなわち、政府が憲法に定められた責務を果たしていないという理由からなされるもので、内閣「譴責」動議であるともされている。動議提出者は多くの場合「野党代表」をはじめとする議員であり、動議は基本的に否決されることとなるが、討論自体が野党側からの攻撃の場となるとされている。

(c) 不信任・信任動議　議事規則第一九八条には、大臣会議（内閣）に対する不信任動議についての手続きを定めている。憲法第七五条第三項では、大臣会議は下院に対して連帯して責任を負う旨が定められており、不信任動議の可決は、政権の崩壊にもつながる。信任動議は、まず大臣会議成立の時点において、信任を受ける手続きの一つとされている。そのため、議会の第一会期においては常に一定の時間が費やされているとされる。

不信任動議の提出にあたっては、五〇名以上の議員の賛成がある場合、議長はこれを認める。そして、許可を求めた日から一〇日以内に動議が取り上げられることになる。

(d) 注意喚起通告（Calling Attention）　議長による事前の許可を得る限りにおいて、緊急性かつ公共性のある事項について、関係閣僚の注意を喚起し、閣僚は回答することができる。事項としては、自然災害、コミュナル紛争などが挙げられる。討論は原則としてできないが、提起者は関連する質問を行うことを認められている。注意喚起通告が認められるか否かは、事項の緊急性と公共性による。通告の受理・選択に際しては、議長が緊急性と公共性にもとづいて行うこととされている。

(e)　短時間討論（Short Duration Discussion）　緊急性かつ公共性のある事項について、正式な動議を提出することなく、議長の認めるかぎりにおいて、通告した議員が意見を述べる機会が与えられるというものである。議長に事前に連絡した議員は討論に参加することができる。討論の終わりに関係する閣僚が答弁を行うが、討論を通告した議員が答弁を行うことは認められていない。この手続きは、議事規則第一九三条にもとづくものであり、表決は行われない。第一四次下院では、五四の短時間討論が議院に受理された。第一五次下院では、五四件が受理され、そのうち討議されたものが三七件であった。

(f)　動議（Motion）　議事規則第一八四条によれば、議長の同意を得たうえでの動議の提出がなされないかぎり、公益にかかわる討議はなされないとされている。この動議には二種類のものがある。一つは議会に提出された報告書などについて討議するもので、議事規則第一九一条にもとづいて実施される。討議の終わりには、表決が行われる。これに対して議事規則第三四二条にもとづくものは、政策、現状や宣言などに対して討議を行うものである。この場合は、表決は行われない。両方の動議を合わせて、第一五次下院では一三六三件の動議が提起され、そのうち八件のみが討議に入った。

(g)　決議（Resolution）　議員または閣僚は、議事規則第一七三条から第一七五条の規定にもとづき、公益にかかわる事項について決議を求めることができる。決議には、議会の意見を表明するにとどまるもの、法的拘束力をもつもの、議会の手続きの中で採択されるものに分かれている。また、政府による決議、議員による決議、法定決議にも分類される。決議は意見や勧告の表明、政府の政策やその実行の承認、政府に対する何らかの問題についての注意喚起などの内容を含んでいる。

政府による決議は、主に条約などの承認にかかわるもの、政府の政策の承認にかかわるもの、委員会の勧告を承認するものなどがある。法定決議は憲法または法律の規定にもとづき提起されるものである。第一五次下院の場合、合わせて一〇一件の決議案が提出され、一六件が採択された。

(h) 議事規則第三七七条にもとづく事項　質問、短時間討論、注意喚起通告、動議などで取り上げることのできない事項であっても、議事規則第三七七条にもとづいて取り上げることが可能である。自らの選挙区での問題について政府の責任を問うためにこの手続きを用いられる。第一五次下院では四〇一九件が提起されている。

(i) ゼロ・アワー　質問時間終了後から午後の議事開始まで、正式な議題として取り上げられなかった事項を取り上げられる時間帯とされる

五　その他の統治機構との関係

1　大統領

大統領は、議員ではないものの議会を構成するものと位置づけられている。大統領は連邦上下院および州下院議員により選出され（憲法第五四条）、連邦の行政権が属するものと定められている（憲法第五三条）。大統領と議会との関係でもっとも重要なのが可決された法案の認証であるが、そのほかにも大統領と議会とで接点のある事項が存在する。まず、大統領は上下院のいずれかの議院または合同会議において演説することができ、そのために議員の出席を要求することができるほか、議会で審議中の法案その他の案件につき、教書を送ることができる（憲法第八六条）。また、前述のとおり下院の総選挙後初めての会期および各年の初めての会期の開始にあたり、両議院の合同会議において演説を行い、議会招集の理由を告知することが定められている（憲法第八七条第一項）。

憲法第一二三条は、大統領は議会閉会中、すみやかに措置する必要がある事態が存在すると認めるとき、いつでも当該事態に対処するために必要と考えられる大統領令を公布することができると定め（第一項）、これにより公布される大統領令は、議会の制定する法律と同じ効力を有するとされている。すべての大統領令は連邦上下院に提出されなければならず、かつ議会が再開した日から六週間が経過したとき、または当該期間経過前に上下院が当該大統領令を否認する決議をした場合において前先に決議をした議院の決議が可決されたときに、大統領は随時廃止することができると定められている（第二項）。

また、大統領は戦争、外患または内乱により重大な非常事態が発生したと認めるときに、非常事態宣言を発することができる（憲法第三五二条）。これにより発せられる布告は、上下両院に提出され、決議によって承認されなければ一か月の経過後に効力を失う。承認された布告の効力は、六か月後に失われる（同条第四項、第五項）。承認の決議については、総議員の過半数で、かつ出席し投票する議員の三分の二以上の多数によって可決される。

2 司法府と議会

インドの立法府および行政府と司法府とは、緊張関係を保ちつつ共存してきた。憲法が施行された翌年の一九五一年には、早くも憲法第一次改正がなされているが、その目的の一つは、議会が進めた一連の農地改革立法に対して、最高裁がこれらを憲法違反と判示したところから始まる。

さらに一九七三年のケーサヴァナンダ・バーラティ判決では、議会が改正しえない「憲法の基本構造」があると示した。何が憲法の基本構造であるかは、裁判官によって違いがみられるが、民主主義政体や三権分立などは複数の裁判官に共通するものとして示されている。

一九七〇年代後半から注目をあびるようになったものに、公益訴訟（Public Interest Litigation）がある。これは、貧困層や受刑者など、司法へのアクセスが閉ざされている人々に代わり、第三者が国などを相手取り訴訟を提起するというものである。この訴訟については原告適格の緩和のほか、判決を言い渡して終結させるのではなく、命令の進展状況を監視し、中間的命令を発することで政府に対する監督を継続的に実施していくという方法がとられることなどの、特徴がみられる。

公益訴訟は元来、人権侵害を受けている貧困層の人々のために用いられ始めた訴訟手続きであったが、その利用範囲は拡大され、近年では環境汚染のような社会問題のほか、汚職を告発する際にも用いられるようになってきている。ときにこうした状況が「取るに足らない問題」について取り上げすぎていて、濫訴を招いているという批判を引き起こしている面もある。しかし、行政府や立法府を監視するという司法府の役割が一連の公益訴訟を通じて遂行されていると評価することもできる。

まとめ

インドの議会は、独立直後より長く続いた国民会議派の一党支配体制や多数の政党が連立を組むことによって政権を維持するような体制など、その時々の政治状況を映してきた。また、その質問通告の多さなどをみても積極的に活動する議員がいることもうかがわれ、「議論好きなインド人」の表れとしてもみることができる。

もっとも、省別常任委員会の設置など制度的な改革は進められてきたものの、議会の活性化にはいたっていないという意見もみられ、また、女性のための議席留保のように改革が進まない事項も存在する。

とはいえ、クーデターのようなかたちで政権交代するのではなく、これまで選挙により政権交代が行われてきたインドにおいては、議会は統治機構の一つとして重要な役割を果たしていることは確かであり、その動態については今後も注視されるべきものである。また、司法府との関係については「強い裁判所」が、議会をはじめとする政治部門と緊張関係を継続して保っている点で他のアジア諸国とは異なる独特な状況を示しており、議会について考察するための一つの視点を提示しているということができよう。

【参考文献】

浅野宜之「インドにおける公益訴訟の展開と課題―第三世代の公益訴訟を中心に―」『関西大学法学論集』第六二巻第四・五号（二〇一三年）二九九―三二四頁。

稲正樹『インド憲法の研究―アジア比較憲法論序説』（成文堂、一九九三年）

孝忠延夫『インド憲法とマイノリティ』（法律文化社、二〇〇五年）

孝忠延夫＝浅野宜之『インドの憲法―二一世紀「国民国家」の将来像―』（関西大学出版部、二〇〇六年）

近藤則夫（編）『インド民主主義体制のゆくえ：挑戦と変容』（アジア経済研究所研究双書No.580、二〇〇九年）

近藤則夫『現代インド政治　多様性の中の民主主義』（名古屋大学出版会、二〇一五年）

佐藤宏「インドの民主主義と連邦下院議会」前掲近藤則夫編所収、三三―七九頁。

セン・アマルティヤ（佐藤宏＝粟屋利江訳）『議論好きなインド人』（明石書店、二〇〇八年）

広瀬崇子＝北川将之＝三輪博樹『インド民主主義の発展と現実』（勁草書房、二〇一一年）

堀本武功「インドの議会制とインド国民会議派」大内穂編『インド憲法の基本問題』（アジア経済研究所、一九七八年）所収、一七五―二〇五頁。

堀本武功『インド現代政治史　独立後半世紀の展望』（刀水書房、一九九七年）

安田信之『アジアの法と社会』（三省堂、一九八七年）

Austin, Granville, *Working a Democratic Constitution: The Indian Experience*, Oxford University Press, 1999.

Jayal, Niraja Gopal (ed.) *Democracy in India*, Oxford University Press, New Delhi, 2011.

Mohanty, Biswaranjan, *Constitution, Government and Politics in India : Evolution and Present Structure*, New Century Publications, New Delhi, 2009.

Noorani, A.G., *Constitutional Questions in India : The President, Parliament and the States*, Oxford University Press, New Delhi, 2000.

Shankar, B.L. and Valerian Rodrigues, *the Indian Parliament : A Democracy at work*, Oxford University Press, New Delhi, 2011

Singh, Mahendra P., *V.N. Shukla's Constitution of India*, Eastern Book Company, Lucknow, 2004.

インド議会ウェブサイト　http://parliamentofindia.nic.in/

インド国勢調査ウェブサイト　http://www.censusindia.gov.in/default.aspx

インド選挙委員会ウェブサイト　http://eci.nic.in/

（1）近年の和文文献では、佐藤宏［2009］および近藤［2015］が詳細にインドの議会制度について記述している。憲法の条文については、主に孝忠＝浅野［2006］を参照したが、同書で用いられている衆議院・参議院の用語を、本章では上院・下院として記述した。

（2）二〇〇五年予算案の承認手続きの中では、七省の省別予算が下院で審議され、残り四八省の予算がギロチンの対象となった。

第二部　日本の国会の現状と問題点

国会の構成と組織をめぐる問題

大石　眞

はじめに

日本国憲法は、国会を「国の唯一の立法機関」であると定めると同時に、「国権の最高機関」と位置づけている（四一条）。このうち、「立法機関」であることの意味は次章で詳しく検討されるが、「国権の最高機関」がどのような意味をもつかについては、政治的美称説と権限推定説に代表される考え方がある。

いずれにせよ、しかし、日本国憲法は、憲法改正提案権、立法権及び予算議定権、内閣総理大臣指名権、政府統制権、裁判官弾劾権などを国会に認めており、実質上「国権の最高機関」と呼ぶにふさわしい重要な権能を国会に与えている。これらの権限や機能の問題は、国会両議院の組織のあり方と密接に関連するものであるから、以下ではこの点を検討することにしよう。

一　国会を構成するもの

1　両院制（二院制）を考える

憲法第四二条は、国会が衆議院と参議院とからなるという両院制（二院制）を定めているが、両院制とは、立法部が二つの議院から構成されることをいう。ここに議院とは相互に独立して審議・議決をおこなう合議体を指し、J・ベンサムなどの有力な一院制論にもかかわらず、両院制を採用する国家は多い。

今日、両院制がとられる根本的な理由は、一般的に言えば、組織原理との関係では国民の多様な意見・利害を反映させることができるし、権限行使の点からみても、慎重な審議による立法というものを期待することができるからである。

もっとも両院制にもいろいろな類型があり、両院制の存在理由についてはもう少し掘り下げてみる必要がある。まず、アメリカ連邦議会における元老院（上院）などのように、構成国の主権に配慮した連邦制型の両院制はその一例であるが（第一部「主要国の議会制度」アメリカを参照）、単一国の場合にも以下のような類型がある。

(1)　両議院の組織原理に着目した場合

ここでは、下院のあり方はほぼ共通しているので、実際上、両院制の類型とは、第二院の組織法

（上院議員選挙法）のあり方の問題となる。これには貴族院型と公選型のもの――これにも間接選挙制と直接選挙制とがある――とがあるが、いずれであっても、全部入替制をとり、かつ任期満了前の解散制度もある下院は、一回の選挙で議席に表れる政治勢力を大きく変化させる。これに対し、上院は、一般に半数又は三分の一ずつ改選する一部入替制をとることにより、そうした下院のダイナミズムを緩和する機能をもった継続的・恒常的な組織とされる。この意味で上院は、憲法上いわば保守的な議院であることを期待されるのである。

(2)　両議院の権限関係に着目した場合

これについては、古典的な対等型と現代的な非対等型とが区別されるが、下院が予算法の先議権をもつとともに、上院は予算法に対する完全な修正権を有しないという点では、ほぼ共通している。現代的な非対等型というのは、一九一一年にイギリス議会において成立した類型で、予算法案のみならず一般の法律案についても、両議院の意思が異なった場合には、下院が最終的な決定権をもつという特徴をもつ。この類型は「一院制型両院制」や「不完全両院制」と呼ばれることもあるが、その後多くの国で採用されている。

2　日本国憲法下の両院制

(1)　両議院の組織原理との関係

このような視点に立つとき、日本国憲法下の両院制はどのように位置づけられるであろうか。

まず、憲法は、両議院の組織について特定の原理を指示していないが、憲法上、衆議院は参議院より議員の任期が短いうえに解散制度があり、予算法の先議権をもつ。したがって、衆議院は立憲諸国における下院に相当する機関と考えられ、たとい憲法の明文がなくても、衆議院組織法としては、すでに明治憲法が帝国議会の衆議院について定めていたように（明憲三五条）、直接選挙制に限られ、かつ、全議席を対象として選挙をおこなう全部入替制を前提とするものと解釈しなくてはならない。

これに対し、諸国にいう上院に相当する参議院の組織法のあり方について、現行憲法は、半数改選制を明記するのみで（四六条）、そういう意味での選挙方法を特定していない。したがって、特定の組織法を予定しているものとは言えず、参議院組織法としては、理論上、間接選挙制も可能だと考えられる。

(2) 両議院の権限関係の問題

一方、衆参両議院の権限関係は憲法の明文で特定されている。すなわち、憲法改正提案権については両院対等であるが（九六条参照）、法律の制定、予算の議決、条約締結の承認、内閣総理大臣の指名といった権能について、衆議院の議決に優越性を認めている（五九条〜六一条、六七条参照）。したがって、憲法は原則的に一院制型両院制を採用したものと言えるが、この衆議院の優越については、法律の制定とその他の場合とでは大きな違いがある。

というのも、衆議院は、参議院で異なった議決をした法律案について単独で成立させるためには、出席議員の三分の二以上の特別多数による再可決を必要とする（五九条二項参照）。したがって、参議院は、法律の制定に関する限り、衆議院の単純多数決による決定に対しては、単なる「反省を求める議院」ではなく、「抑制を加える議院」として機能することが認められている。そのため、両院協議会も、他の三つの場合については必ず開催されるのと異なり、法律制定の場合には任意的なものとされる。

いずれにせよ、両院の権限関係は、憲法上そのようになっているにもかかわらず、最高裁判所は、参院選での一票の較差が問題になった事件において、憲法が「議院内閣制の下で、限られた範囲について衆議院の優越を認め、機能的な国政の運営を図る一方、立法を始めとする多くの事柄について参議院にも衆議院とほぼ等しい権限を与え」たものと判示したことがある（平成二四年一〇月一七日大法廷判決）。

しかし、憲法が定めている両院の権限関係は先に示した通りであるから、その判示内容は必ずしも明らかでないし、その命題の当否もかなり疑わしい。こうした前提の下に、「憲法の趣旨、参議院の役割等に照らすと、参議院は衆議院とともに国権の最高機関として適切に民意を国政に反映する責務を負っていることは明らかであり、参議院議員の選挙であること自体から、直ちに投票価値の平等の要請が後退してよいと解すべき理由は見いだし難い」などと論じるのは、かなり問題であろう。

3　両院制と両議院組織法

憲法上、両院制が十分な意味をもつためには、両議院の組織原理はできるだけ異なることが望ましいと言えるが、両議院の組織原理を考える場合、国政選挙のしくみを決定する要素として何が基本的なのだろうか。後で述べるように（二2「選挙事項法定主義」参照）、現行の日本国憲法は、選挙区・投票方法など国会議員の選挙に関する事項は基本的に国会が決めるという考え方を採用しているが、選挙制度のあり方を決める場合、立候補制度に関する個人本位制と政党本位制、選挙人の選択数に関する単記制と連記制、選挙区での選出数に関わる小選挙区制と大選挙区制といったいろいろな選択肢がある。しかし、最も基本となるのは議席配分方法と密接に関わる多数代表制と比例代表制の区別であろう。

多数代表制は、選挙区の多数派選挙人を代表する者を当選人とするしくみで、具体的には個人本位制の選挙において小選挙区制か連記制の大選挙区制をとることにより実現される。これに対し、比例代表制は選挙区の選挙人における多数派・少数派の勢力に応じた当選人を出すしくみをいい、大選挙区制を前提として政党本位制の選挙により実現される（比例代表制の諸方法については、4「比例代表制の問題」参照）。

このような基本的な選挙制度の区別を前提として両議院組織法と両院制との関係を考えると、両院制が十分な意味をもつためには両議院の組織原理はできるだけ異なることが望ましいという立場からは、もし一議院を多数代表制にするなら、他議院は比例代表制をとる——あるいは両者の組合せ（混合型）にする——ことが求められるであろう。

ところが、現在の公職選挙法は、両議院議員の選挙について、いずれも比例代表制と多数代表制及び小選挙区と大選挙区（単記制）とを組み合わせた混合型の選挙区制・代表制度を採用している。これを少し詳しくみると、以下のようになる（衆参両院選挙法の推移については、第三部資料2「国政選挙法の変遷」参照）。

(1)　衆議院議員の選挙（総選挙）の場合

現在のしくみは、小選挙区で二九五人を選出する多数代表法に、一一ブロック別の選挙区から一八〇人を選出する比例代表法をプラスしたもので、一般に「小選挙区比例代表並立制」と言われる（公選一三条、別表第一・第二参照。なお、一九九四年の同制度発足当初は、小選挙区三〇〇、比例代表二〇〇であった）。

ここに「並立制」というのは、ドイツ連邦議会の選挙における「併用制」——議員定数（五九八）の半数について小選挙区選挙をおこなうと同時に、小選挙区分も含めた全定数を対象として各州の候補者名簿の得票数を合算した全得票に占める各政党の得票数の割合に応じて比例配分する方法を併用したもの——とは異なって、小選挙区制による選挙と比例代表制による選挙とを別個におこなうものだ。議員定数のうち一定数（二九五）について小選挙区選挙をおこなうと同時に、残りの議席（一八〇）について一一の地域ブロックごとに拘束名簿式の比例代表選挙（ドント式）をおこなうというもので、総定数は固定している。

この小選挙区比例代表並立制は、いわゆる政治改革の一環として政策・政党本位の選挙を実現するために、長く続いた「中選挙区制」に代わって、一九九四年（平六）に導入された。これに対し、とくに小選挙区制が多くの死票をもたらすことなどを理由として憲法訴訟も提起されたが、最高裁は、死票の問題は中選挙区制でも生じうるので選ぶところはなく、小選挙区制も国民意思を議席に反映させる「一つの合理的方法」であるから、それを導入した公職選挙法の改正は合憲であると判断している（平成一一年一一月一〇日大法廷判決）。

(2) 参議院議員の選挙（通常選挙）の場合

現在、多数代表法と少数代表法とが混在し、これに全国一区の比例代表法をプラスしたものになっている（公選一二条二項・一四条、別表第三参照）。具体的にいえば、半数改選制のため（憲四六条参照）、一回の通常選挙（合計一二一人）では、原則として都道府県単位で区切られている――例外的に鳥取・島根両県、高知・徳島両県は「合区」された――選挙区選挙の場合（半数で七三人）、いわゆる二人区は多数代表法（小選挙区三二県）、四～一二人区は少数代表法（大選挙区一三都道府県、計四一人）となり、これに非拘束名簿式の比例代表制（半数で四八人）を加えるかたちになっている。

このように両議院の組織原理にはあまり違いがなく、国会議員の選出方法が類似したものになっており、現在の選挙制度は、両院制の国政選挙のあり方として合理的なものとは言えない。したがって、憲法が採用する両院制に充分な意味をもたせようとすれば、現行の両議院組織法については根本的な再検討を加えるべきであろう。

4　比例代表制の問題

さて、比例代表制といえば、一般には、ⓐ選挙における各政党の得票率に比例して総議席を政党に配分するしくみを思い浮かべるが、これとは別に、ⓑ各地域の人口規模に比例して総議席を地域に配分するしくみを指すこともある。

前者は政党が提出したリストに基づいて議席を割り当てる場合に用いられ、後者は連邦制における各州への議員定数配分法又は単一国における選挙区への議員定数配分法として用いられる。後者の場合、前者で見られるような少数政党への特別な配慮などは必要とされないが、ここでは前者の意味での比例代表制のみを取り扱うこととし、後者については議員定数不均衡問題との関係で議論することにしよう（二5「最高裁の判断枠組みと人口比例配分の検討」参照）。

比例代表制は、選挙民の多数派と少数派が同じ比率で議席に反映されるようにするしくみで、「数学の選挙法」と言われる。これによる政党への議席配分法は、ⓐ当選に必要な得票数（当選基数）を算出し、これに満たない剰余（端数）の数値の大きい順に政党に残余議席を割り当てる最大剰余法と、ⓑ各政党の得票数を整数で除し、議員一人当たりの得票数が多い順に議席を割り当てていく最大平均法とに大別されるが、それぞれいくつかのやり方がある。

まず、ⓐ最大剰余法（基数方式）には、①各政党の有効得票数を議席数で割って平均得票数（当選基数）を求めてこれに一議席を割り当て、残余議席について剰余の最も大きい政党の順に配分するヘア式、②当選基数について算定方法を変え、有効投票数を議席数に一を加えた数で割った数値に一をプラスしたものとし、これに一議席を割り当てるドループ式（剰余の配分方法はヘア式と同じ）、そして、③ドループ式で計算した残余議席の処理について最大平均法を用い、一議席当たりの得票数の多い順に議席を割り当てるハーゲンバッハ・ビショッフ式がある。

他方、(b)最大平均法（除数方式。最高平均法ともいう）にも、①各政党の得票数を整数（一、二、三、四…）で順に割り、その数値の大きい政党の順に、議席数に達するまで配分するドント式、②少数政党を優遇するため、ドント式における割算の基礎を奇数（一、三、五、七…）とし、その数値の大きい政党の順に議席を割り当てるサン・ラグ式、③過度の少数政党優遇を補正するため、単純な奇数を修正して一・四から始める修正サン・ラグ式がある。

このような比例代表制にはそれぞれ一長一短があり、国によってどれを採用するかは一様ではない。しかし、ヘア式・ドループ式による最大剰余法は、剰余処理の点で合理性がなく、サン・ラグ式と修正サン・ラグ式も、ともに少数政党を有利に扱うべきだという主張を取り入れたもので、比例代表制の本来の趣旨から離れる欠点をもっている。比例代表制をとる各国でドント式最大平均法が比較的よく採用されているのは、それがもつ一定の合理性に基づくものと言えよう。

二　両議院組織法——選挙制度のあり方

1　国政選挙の重要性

選挙とは、多数人が合同して公職就任者を選任する行為をいい、この合同行為に参加することのできる資格が「選挙権」と呼ばれる（公選九条参照）。公務員の指名という公的効果をもつ選挙という合同行為は、本来、国家機関としての公民団の権能（公務）としての性質をもつと考えられるが、それを個々の有資格者が参加しうる行為という次元でみると、選挙権ということもできる。

このような選挙の性質から、国会議員の選挙（国政選挙）に関する法規範——実質的意味の選挙法——の内容は、たんに国会両議院の組織や構成だけでなく、内閣の組織・運営のあり方にも大きな影響を及ぼすもので、国政の運用にとって重要な意義をもつ。

そこで諸国では、一般に、選挙権及び被選挙権・議員任期・両議院の議員定数・議席配分又は代表方法といった、選挙制度の基本的事項は憲法の明文で規律し、それ以外の選挙法規のあり方については、議会制定法——形式的意味の選挙法——に委ねる、という方法がとられる。

現に、日本国憲法は、国会議員の任期について、衆議院議員は四年、参議院議員は六年と特定している（四三条二項・四五条・四六条）。この場合、衆議院議員の任期は総選挙の期日から、参議院議員のそれは前の通常選挙による議員の任期満了の日の翌日から、それぞれ原則として起算されるが（公選二五六条・二五七条）、全部入替制をとる衆議院議員選挙については「総選挙」、半数入替制をとる参議院議員選挙については「通常選挙」と呼ばれる（公選三一条・三二条）。

他方、両議院議員の定数については、法律事項とされている（憲四三条二項）。そして、公職選挙法（二〇一六年七月現在）によれば、衆議院議員は四七五人（小選挙区二九五人＋一一ブロック別の比例代表一八〇人）、参議院議員は二四二人（全国比例代表九六人〈半数改選四八人〉＋都道府県選挙区一四六人〈半数改選七三人〉）となっている。

このように衆参両院議員を合わせると七一七人になり、一部には日本の国会議員は多すぎると批判するメディアもある。しかし、イギリス下院・イタリア両院・ドイツ下院・フランス両院などの諸国と比較しても、日本の議員の数は決して多すぎることはない（第三部資料「主要各国議会制度一覧」参照）。むしろ少ない方に入ると言っていいくらいで、そうした批判はまったく当たらない。

2　選挙事項法定主義

日本では、しかし、伝統的に、実質的意味における選挙法のうち憲法典で明記されるものはかなり限られており、憲法附属法である議会制定法としての選挙法に、大きな役割を認めている。実際、明治憲法は「衆議院ハ……公選セラレタル議員ヲ以テ組織ス」（三五条）として、衆議院議員の選挙のあり方に関して特定の要素のみを定め、その他の事項はすべて「選挙法ノ定ムル所」に委ねており、憲法制定と同時に衆議院議員選挙法（明治二二年法律第三号）が定められた。

日本国憲法も、前記のように、両議院議員の任期を特定する（四五条・四六条）一方で、「両議院の議員の定数」だけでなく、「両議院の議員及びその選挙人の資格」「選挙区、投票の方法その他両議院の議員の選挙に関する事項」は、すべて「法律でこれを定める」としている（四三条二項・四四条本文・四七条）。そこで国政選挙に関する事項は、憲法上、原則として国会に広い裁量が認められ、現在、公職選挙法（昭和二五年法律第一〇〇号）としてまとめられている。

したがって、立候補届出・選挙運動・当選人決定などの選挙手続、選挙・当選の効力に関する争訟制度、選挙犯罪に関する規律などのほか、先に述べたように（一3「両院制と両議院組織法」参照）、多数代表制と比例代表制のいずれを採用するかも、国会制定法により決められることになる。けれども、このように国会に広範な裁量が認められるといっても、そこには「現代選挙法の公理」とも言うべき憲法上の基本原理があり、これによって国会の裁量にも一定の枠がはめられることになる。

3　選挙制度の基本原理

まず、立憲民主制における国政選挙の重要な意義を考えれば、最高裁も説くように、国会は「公正かつ効果的な代表という目的を実現するために適切な選挙制度」を用意しなくてはならない（昭和五一年四月一四日大法廷判決参照）。また、「選挙の自由と公正」という原則も、憲法には明記されてはいないが、そうした選挙制度の基本理念に由来するものとして当然の前提の一つに数えられる

(最高裁昭和四四年四月二三日大法廷判決など参照)。現に、対立候補の立候補を妨害した村長選挙について、その原則を害したものとして公職選挙法第二〇五条に基づき無効と判断した事件がある(最高裁平成一四年七月三〇日第一小法廷判決)。

次に、立憲民主制諸国では、長い経験によって、政治的な自由・平等の理念に基づく選挙法上の通則——選挙法の公理というべきもの——が形づくられ、普通選挙・平等選挙・自由選挙・直接選挙などとして憲法に明文化されてきた。そのほとんどは日本国憲法でも採用され、法律によっても変更することのできない憲法上の原理として国会を拘束し、それらの要請に違反する法律の規定は違憲と判断されることになるが、普通選挙・平等選挙・自由選挙・直接選挙などがそれである。

(1) 普通選挙の原理

普通選挙とは、選挙人の資格——選挙権者の範囲——に関する原理であって、選挙の平等に基づく公民団の組織のあり方を示している。憲法第一五条三項にいう「成年者」は、私法上の民事成年(民四条)から区別された選挙成年を示すもので、両者が一致することは、憲法上の要求ではなく立法的な選択の結果にすぎない。

実際、明治憲法の下において民事成年(二〇歳)と選挙成年(二五歳)は異なっていたし、現在でも、婚姻による民事成年の制度(民七五三条)は選挙成年には適用されず、その意味で不一致が見られる。そこで、早くから他の先進諸国と同様に一八歳選挙権にすべきだとする主張があったが、最近ようやく選挙権を一八歳に引き下げるための公職選挙法の改正が成立し(平成二七年六月法律第四三号）、二〇一六年七月の参議院議員通常選挙から実施された。

なお、最高裁は、選挙権を有する在外国民に対し、国政選挙における選挙権の行使（投票機会）をまったく設けないことや国会議員選挙のうち比例代表選挙に限定することは、普通選挙制の保障に反して違憲となる、と判断したことがある（平成一七年九月一四日大法廷判決）。

(2)　平等選挙の原理

平等選挙とは各選挙人の投票効果に関する原理である。選挙の平等という視点から、広義には選挙人資格の平等（普通選挙）を含むかたちで用いられることもあるが、狭義には一人一票制（one man, one vote）を前提としたうえで、憲法第一四条一項にいう「政治的」平等の原理から、選挙人間の一票等価制（one vote, one value）を要請すると解されている。

この点で争われるのが「議員定数不均衡」の問題で、公職選挙法の議員定数配分規定（別表）の合憲性が問題視される。というのも、複数の選挙区を設ける場合、各選挙区の選出議員数と有権者数との比率、つまり議員一人当たりの選挙人の数が異なっていると、結果的に、本来等しくあるべき選挙人の投票価値について、選挙区による不均衡や偏りが生ずるからであるが、これについては後で検討することにしよう（4「議員定数不均衡の問題と最高裁」参照）。

(3)　自由選挙の原理

自由選挙の意味は必ずしも一義的でなく、任意投票制、投票の自由、選挙運動の自由、そして立候補の自由といった種々の意味に用いられている。しかし、基本的には、投票の自由又は選挙干渉の禁止を意味し、選挙人の自由な投票意思の形成と実現に資する原理と考えるのが妥当であろう。そこで、現行法上、選挙事務関係者による投票の秘密に対する侵害はもちろん、あらゆる選挙活動への妨害・干渉行為や投票干渉行為が禁止される（公選二二五条～二二八条）。

その意味で憲法は、「すべて選挙における投票の秘密は、これを侵してはならない。選挙人は、その選択に関し公的にも私的にも責任を問はれない。」（一五条四項）と定めている。この秘密投票の保障を実効あるものとするために、無記名投票――投票人の氏名を記入してはならないとする方式――が用いられている（公選四六条四項・五二条）。

(4) 直接選挙制の問題

直接選挙とは、公民団による選出効果――当選人の決定――に着目した原理であり、公民団が中間選挙人を選出するにとどまる間接選挙制と異なり、その行為によって議員を直接に選定するしくみを意味する。日本国憲法は、その原則を地方自治について明文化しているが（九三条二項）、国会についてはそれに相当する規定がない。

そのため直接選挙制は、しばしば立憲諸国に共通する憲法原理であるかのように説かれることがあるが、それは、国政議会を構成する両議院に共通する組織原理ではなく、もっぱら法律制定権・予算議決権などの幅広い権限をもつ下院に関して言われるものである。

つまり、立憲民主主義の伝統によれば、強い権限をもつ下院の議員は国民と強い組織上のつながりをもつことが求められ、その意味で、直接選挙制と全部入替制が――憲法の明文はないとしても

――憲法上の原理として要求される。これに対し、下院に権限の優越性をみとめる両院制――一院制型両院制と言われる――における上院は、下院と異なった組織原理を前提として初めて意味あるものとなりうるので、憲法に明確な規定がない限り、上院組織法については直接選挙制を憲法的要求と解することはできない、と考えられる。

日本国憲法は、両議院を「全国民を代表する選挙された議員」で組織することを定めているが(四三条一項)、衆議院に対しては、明らかに立憲諸国の議会における下院としての地位を与えている。したがって、衆議院議員の選挙については、直接選挙制が――その旨の明文がなくても――要求されると考えるべきであるが、両院制の存在理由から考えて、参議院議員選挙にまで直接選挙制が要求されると解するのは妥当でない。言い換えれば、参議院組織法としてどのような選挙制度を採用するかは、立法政策の問題に属すると言うべきであろう。

4　議員定数不均衡問題と最高裁

いわゆる一票の較差の問題については、多くの「定数訴訟」に対する最高裁判所の大法廷での判断を通じて重要な判例法理が形成されてきたが、その判断の枠組みは衆参両議院の場合で異なっている(以下、＊印は違憲判決、△印は違憲状態判決、無印は合憲判決を、それぞれ示す)。

(1)　衆議院議員選挙の場合

これについては、①選挙区における選挙人数と議員数との比率の平等が最も重要かつ基本的な基準――人口比例主義を基本とする――であり、②その比率が地理的な要素など人口以外の諸般の事情を考慮してもなお極端であって、著しい投票価値の不平等をもたらしており、③この不平等状態が合理的期間内に是正されないときは、問題の議員定数配分規定は憲法違反になる、と判断されている（＊昭和五一年四月一四日、△昭和五八年一一月七日、＊昭和六〇年七月一七日、平成五年一月二〇日、平成一一年一一月一〇日、平成一九年六月一三日、△平成二三年三月二三日、△平成二五年一一月二〇日、△平成二七年一一月二五日）。

このうち、平成五年大法廷判決までは「中選挙区制」を、以後の大法廷判決は公職選挙法の改正（平成六年）により導入された小選挙区比例代表並立制を、それぞれ対象としている。前者の場合、著しい投票価値の不平等となる較差限度は約一対三である旨判示されていたが、小選挙区比例代表制の導入後、人口要素に大きく左右される小選挙区の画定について選挙区間の最大較差が「二以上とならないようにすること」（衆議院議員選挙区画定審議会設置法旧三条一項）が求められる現行制度の下では、その枠組みは過去のものになったと言える。

なお、小選挙区制の合憲性が争われた訴訟において、較差をもたらす主要因となった、各都道府県にあらかじめ一の選挙区数を割り当てる「一人別枠方式」（衆議院議員選挙区画定審議会設置法旧三条二項）について、平成二三年判決は違憲状態にあると判断し、できるだけ速やかに、一人別枠方式を廃止して、法の趣旨に沿って本件区割規定を改正するなど、投票価値の平等の要請にかなう立法的措置を講ずる必要があることを述べた（平成二五年判決もそれを確認している）。その結果、この「一人別枠方式」は間もなく廃止されたが（平成二四年法律第九五号）、その後も最高裁の判断をふまえた具体的な議席配分方法について検討が進められてきた（その結果については、後述5「最高裁の判断枠組みと人口比例配分の検討」参照）。

(2)　参議院議員選挙の場合

これについては、現行制度上、基本的に都道府県代表の選出という独自の意義・機能を与えられていると考えれば、投票価値の平等という要請は大きく緩和されることになる。最大較差一対六・五九となった選挙について、最高裁は違憲問題が生ずる程度の著しい不平等状態にあると判断したが、近年では五・一三倍ないし四・七七倍の最大較差が問題視された事案で、いずれも結果的には合憲と判示されている（昭和五八年四月二七日〈旧地方区〉、△平成八年九月一一日〈選挙区。以下同じ〉、平成一〇年九月二日、平成一二年九月六日、平成一六年一月一四日、平成一八年一〇月四日、平成二一年九月三〇日、△平成二四年一〇月一七日、△平成二六年一一月二六日）。

このように、参議院議員の選挙制度については、とくに人口較差の著しい都道府県の取扱いが問題になる。その際、従来、最高裁は、「都道府県が歴史的にも政治的、経済的、社会的にも独自の意義と実体を有し、政治的に一つのまとまりを有する単位として捉え得ることに照らし、都道府県を構成する住民の意思を集約的に反映させるという意義ないし機能を加味しようとした」と述べてきた（昭和五八年大法廷判決など）。

ところが、最近では、「都道府県が地方における一つのまとまりを有する行政等の単位であるという点は今日においても変わりはなく、この指摘もその限度においては相応の合理性を有していたといい得るが、これを参議院議員の選挙区の単位としなければならないという憲法上の要請はなく」（平成二四年大法廷判決）云々と述べるにいたって、最高裁は大きく立場を変えたように見える。

5　最高裁の判断枠組みと人口比例配分の検討

このような判断枠組みについては、いくつか検討すべき論点がある。まず、最高裁は人口の最小区と最大区とを比較した最大較差を基準とするが、その人口には未成年者や外国人も含まれているという難点がある。もっとも、この点については、最近の法改正（平成二八年五月法律第四九号）により、各選挙区の人口については、最近の国勢調査の結果による「日本国民の人口」を基礎とすることが明記されたことに注意する必要がある。

また、すでに述べたように（3(2)「平等選挙の原理」参照）、平等選挙の原則は有権者間の投票価値を問題とするものであるから、むしろ有権者数を基準とし、その全国平均値からの最大偏差を問題とすべきであろう。

さらに、衆議院議員の選挙で強調される人口比例主義は、連邦制議会における各州への議席配分基準として（アメリカ・スイスなど）又は単一国における選挙区への議席配分基準として（イタリア・スペインなど）、それぞれ憲法に明記されている（第一部「主要国の議会制度」アメリカ・イタリアを参照）。日本では憲法に何の明文もないのに「政治的」平等の帰結として、それを絶対視する傾向にあるが、両院制が設けられる趣旨から考えて、その原理を両議院議員選挙に共通して求めることが妥当かどうか、はなはだ疑問である。

そのアメリカ合衆国の場合、人口比例配分が連邦議会下院議員の各州への議席配分法として憲法に明文化されたといっても、その具体的な配分方法にはいろいろなやり方がある。その際、問題となるのは、総人口を総議席で除した標準人口数（Standard Divisor）を除数として各州の人口を計算した場合――人口比例配分法としてはもっとも解りやすい――に生ずる標準割当数（Standard Quota）における整数未満の剰余（端数）をどのように取り扱うかという点である。

この点については、ⓐ標準割当数の剰余はすべて切り捨てて各州に議席数を配分し、残余議席について最大剰余をもつ州に順に追加割り当てをすることにより最終議席数を確定する「ハミルトン方式」（ヴィントン方式）、ⓑ標準人口数より少ない修正人口数（Modified Divisor）で各州の人口を除した修正割当数（Modified Quota）――標準割当数より大きくなる――を基準としたうえで、修正割当数における剰余をすべて切り捨てるが、修正割当数の前提となる修正人口数を配分後の合計数が総議席と一致するように、各州の議席数を確定する「ジェファソン方式」、ⓒ標準人口数より大きく設定した修正人口数で各州の人口を除した修正割当数――標準割当数より小さくなる――における剰余をすべて切り上げるが、修正割当数の前提となる修正人口数を配分後の合計数が総議席と一致するように、各州の議席数を確定する「アダムズ方式」、そして、ⓓ修正割当数における剰余について、四捨五入によって、各州への追加議席数を決定する「ウェブスター方式」などが提案されてきた。これらを政党への議席配分法（一4「比例代表制の問題」参照）に置き換えると、ハミルトン方式はヘア式最大剰余法に、ジェファソン方式はドント式最大平均法に、ウェブスター方式はサン・ラグ式最大平均法に相当する。

さて、二〇一四年（平二六）九月に衆議院議長の下に設けられ、「現行制度を含めた選挙制度の評価」「一票の較差を是正する方途」などについて諮問を受けた選挙制度調査会は、それらを含む各種の議席配分方法を検討した結果、二〇一六年一月に、いわゆるアダムズ方式に基づく都道府県および地域ブロックへの配分案を答申した。これを受けた通常国会において、都道府県別定数配分はアダムズ方式で行うこと、これによる定数配分は制度上の安定性を考慮して十年に一度の大規模国勢調査に基づき行うことなどを柱とする衆議院議員選挙区画定審議会設置法の改正と、議員定数を一〇（小選挙区六・比例代表四）削減すること、比例ブロックへの定数配分もアダムズ方式で行うことなどを内容とする公職選挙法の改正が実現した（前期の平成二八年五月法律第四九号による）。

三　国会議員の地位を考える

1　「国民代表」の意味

国会両議院の議員は、憲法上、「全国民を代表する選挙された議員」（四三条一項）と位置づけられているが、その意味については、まず、命令的委任の禁止――「自由委任の原理」とも呼ばれる

――という重要な考え方が導かれる。この古典的な「国民代表」観念は、本来、フランス革命期の「国民」主権論を前提とし、私法上の「委任・代理」理論を「選挙・代表」関係に借用したものである。そこで、選挙区から選出される議員は、特定選挙人（選挙区）の代表でなく、抽象的な法人格である「国民」の「代理人」であるとされるが、逆に、この私法的な法律構成に由来する「代理」理論の効果を遮断するために、「全国民の代表」であることが明記される。

このように、議員を「全国民の代表」とすることは、特定の選挙区・選挙民の指令には拘束されず、独立して職務をおこなう地位にあること――「自由委任の原理」と言われる――を意味する。したがって、無党派・愛知万博反対を掲げて当選した後に支援者に事前説明をすることなく特定政党に入党し、万博賛成に転じた参議院議員に対し、元後援会長がその変節により精神的苦痛を受けたとして損害賠償請求を求めた公約違反訴訟について、裁判所は「議員が自らの政治活動について説明しないことをもって……法的責任を追及し得るものと解することはできない」として請求を認めなかった（名古屋地裁平成一二年八月七日判決及び名古屋高裁平成一三年一月二五日判決参照）。

もっとも、主権を有するとされる国民が具体的な人民として観念されると、私法的な「委任・代理」理論は意味を失う。今日における議員は、法的には独立して職務をおこなうという点で古典的な「純粋代表」の要素を維持するが、事実上、選挙民の利益に即して行動することもみとめられ、その意味で、事実上、選挙民の意思に拘束される「半代表」と位置づけるのが妥当であろう。

2 「代表」をめぐる諸問題

このような議員の地位との関係でいくつか問題となることがある。まず、政党に所属し、その決定に拘束されること（いわゆる党議拘束）と、議員の自由な地位との関係をどう考えるかという問題がある。政党に所属することを議員の地位の得喪要件とすることは、個人本位制の選挙制度を前提とする限り、違憲になると考えられるが、憲法上、選挙制度は個人届出制に限られるわけではない。

次に、政党本位でおこなわれる比例代表選挙において、選挙後に政党所属を変更したときは、その議員の地位を左右するという制度が採用されている。すなわち、比例代表選挙により議員となった者が、議員となった日以後に、その選挙における他の名簿届出政党等――いわばライバル政党――に属することになったときは、その日をもって退職者とされる（国会一〇九条の二）。参議院議員の通常選挙や衆議院議員の任期満了の場合の当選人についても、前任者の任期満了日の三〇日以内に選挙がおこなわれ、当選人が議員の身分を得るのは前任者の任期満了日の翌日からであるため、同様に取り扱うべく「当選を失う」ものとされている（公選九九条の二第一項・六項参照）。

こうした比例代表選出議員のライバル政党間の移動の禁止――無所属になること、選挙後に結成された新政党に所属することは、いずれも対象外となる――については、古典的な「国民代表」観と個人本位制の選挙という考え方に立ち、議員活動の自由を最大限に尊重すべきであるという立場から、疑義も出されている。しかし、政党本位制の選挙制度を認める限りは、そうした制度をとることにも一定の合理性があり、それが直ちに違憲になるとは言えないだろう。

3　議員の職務

(1)　議員の職権

議員は、所属する議院の権能行使に参加する職権をもつが、それには①議案の発議・修正権、②討論・表決権、③質疑・質問権の三つがある。

①　まず、発議・修正権は憲法第四一条などから当然認められるが、現在、法律によって、一般議案の発議について衆議院では二〇人以上、参議院では一〇人以上というように、一定数の賛同者が必要とされている（国会五六条・五七条・五七条の二。憲法改正原案の場合、それぞれ一〇〇人、五〇人以上となる。国会六八条の二参照）。これは、議院の運営自律権による制約としてみる限り合憲と考えられるが、議員の発議権を強く拘束し、いわゆる議員立法に対する大きな障害ともなっている。諸国の議会ではそうした制約のないところが多く、一定数の賛同者要件がどうしても必要なのか、根本的に再検討するべきだろう。

なお、衆議院には確立した慣行として「機関承認」制度があって、議員が議案を提出するには、その所属する会派（政党）の国会対策委員長による承認印が必要とされ、これがなければ衆議院事務局では受理しないという取扱いが行われている（もっとも、それに関する法令の根拠規定はまったくなく、議院先例集などにもその慣行は記載されていない）。これは、すべての会派の合意による運営を議院自律権の一つの表れとしてみる限り、違憲とまでは言えないだろう（東京高裁平成九年六月一八日判決〈国民投票法案不受理違憲訴訟〉。最高裁平成一一年九月一七日第二小法廷判決〈上告棄却〉参照）。とはいえ、これも賛同者要件と同じように議員の発議権を強く拘束するものであり、再検討すべきだろう。

② 次に、討論・表決権も議員の当然の職権であるが、一般に、議員は、議案に対する賛否を表明する場合、所属する院内会派の決定にしたがって行動する。それは通例「党議拘束」と俗称されるが、議員以外の者も参加した政党自体の決定による、いわば外部的拘束という意味であれば、自由な職権行使を保障した「国民代表」の趣旨に反するだろう。しかし、ここにいう党議拘束はそうした意味ではなく、自発的な意思で参加する議員のみからなる会派としての決定にしたがう議院内部の拘束と解される限り、違憲にはならない。

③ さらに、議員は議案の疑義を質したり、政策内容を問い質したりすることができる。とくに議院内閣制の下では、議員による質問・質疑に対しては、本来、本会議における政府の「答弁又は説明」が予定されており（六三条後段参照）、これを通して議会が政府を統制することを期待されている。もっとも、そうした政府統制の観念は日本では希薄で、本会議における口頭質問はほとんどなく、質問主意書・答弁書による文書質問も（国会七四条〜七六条参照）、会期制度による制約——議院運営上「会期末の前日」が提出期限とされる——もあって、議院内閣制の諸国に比べると、利

用度はいちじるしく低く、年間を通して一、〇〇〇件前後にとどまっている（第三部資料4「主要国議会における質問件数」参照）。

なお、質疑・質問については、本会議で所属会派を代表して行われた議員の質疑が、ある施策の実現を目指す者から、その施策実現のため有利な取り計らいを求める質問をしてほしいなどの請託を受けてなされ、その報酬として数千万円の金銭を受け取ったことが、その職務に関し賄賂を収受したものと認定され、受託収賄罪に当たると判断された事例（最高裁平成二〇年三月二七日第三小法廷決定）があることにも、注意しておきたい。

(2)　議員の特典

議員がその職権を十分におこなうためには、国民一般には認められないような身分上の利益が与えられることも必要である。そのための立憲諸国の議会に共通する特典として、①歳費受領権、②不逮捕特権、③発言免責特権の三つがある。

①　まず、歳費受領権は、両議院議員に対し「国庫から相当額の歳費を受ける」ことを保障するものである（憲四九条）。議員歳費それ自体は特典とまでは言えないが、他のものについてはそのような要素がある（国会三五条〜三八条。国会議員の歳費、旅費及び手当等に関する法律参照）。権力分立の原理から、議長は首相と同額、副議長は閣僚と同額、議員は大臣政務官と同額の歳費月額を受けることになっているが、このほか文書通信交通滞在費（現在、月額一〇〇万円）なども受ける。

②　次に、憲法は、「両議院の議員は、法律の定める場合を除いては、国会の会期中逮捕されず、

会期前に逮捕された議員は、その議院の要求があれば、会期中これを釈放しなければならない」と定めている（五〇条）。不逮捕特権は、このように会期中の議員の不逮捕と会期前逮捕中の議員の釈放要求という二つの内容を含むが、国会議員の逮捕には、現行犯以外の場合には、裁判官の逮捕状発付と院の許諾という二つの要件が必要とされる（国会三三条）。

内閣から議員逮捕許諾要求書が提出された例は、これまでに両議院で十数件あり、通例、秘密会で行われる議院運営委員会の審査を経て、本会議で議決という手続がとられるが、期限付の許諾を議決することもありうる（衆院先例集九三号・九五号。但し、これを無効とし、期限後も釈放しなかった裁判例がある）。

③ さらに、憲法は、両議院議員が「議院で行つた演説、討論又は表決について、院外で責任を問はれない」と定め（憲五一条）、いわゆる発言免責特権を保障している。その趣旨は、「院外における」議員個人の法的責任、つまり一般国民なら当然負うべき民事責任・刑事責任を特別に免除するものである。したがって、これとは別に、院内における秩序罰（議院懲罰権）に服することや、自由意思で所属している政党から処分を受けることは、当然にありうる。

この発言免責特権は、主として議員の活動に対する他の国家機関からの干渉を排除する趣旨であるが、いわゆる札幌病院長自殺事件では、私人との関係でも通用すべき絶対的なものかどうかが争われたことがある。しかし、最高裁は、議員個人に対する損害賠償請求を否定したうえで、国会議員としての職務をおこなう際になした言動はもっぱら国家賠償責任の問題になるとし、これを認めるには特別の事情を要すると判断している（平成九年九月九日第三小法廷判決）。

おわりに

ここで検討した国会の構成と組織をめぐる問題の多くは、議員の職務に関する諸規定に伴うものを除くと、現行憲法が、両院の権限関係についていわゆる衆議院の優越を定めながら、参議院組織法について明確なビジョンを示すことができなかったことに起因している。そのことは、憲法制定過程で示された衆議院憲法改正特別委員会の附帯決議において、「参議院は衆議院と均しく国民を代表する選挙せられたる議員を以て組織すとの原則はこれを認むるも、これがために衆議院と重複する如き機関となり終ることは、その存在の意義を没却するものである」との懸念が述べられたことにも表れている。

衆議院組織法についても、憲法上の明確な規定がないことから、同じことが言えるかも知れない。しかしながら、すでに述べたように（一2「日本国憲法下の両院制」参照）、衆議院の場合は、憲法の明文がないとしても、議会制度の公理として直接選挙制と全部入替制が憲法上当然に前提されていると考えられる。

この意味において、日本と同じような公選型の上院を有する両院制を採用したイタリアにおいて、憲法改正を含めた議論が活発におこなわれていることは（第一部「主要国の議会制度」イタリアを参照）、両院制、そして両議院組織法の問題を考えるうえで、とくに参考に値するものと思われる。

【参考文献】

浅野一郎編『選挙制度と政党』（信山社、二〇〇三年）
大石　眞『議会法』（有斐閣、二〇〇一年）
同「憲法問題としての『国会制度』」同『憲法秩序への展望』（有斐閣、二〇〇八年）所収
大山礼子『国会学入門〈第2版〉』（三省堂、二〇〇三年）
加藤秀治郎『日本の統治システムと選挙制度の改革』（一藝社、二〇一三年）
川人貞史ほか『現代の政党と選挙〈新版〉』（有斐閣、二〇一一年）
David.M.Farrell, *Electoral System:A Comparative Introduction*, 2nd ed., Palgrave Macmillan, 2010
Alan Renwick, *A Citizen's Guide to Electoral Reform*, Biteback, 2011

国会の機能と手続をめぐる問題

大山礼子

はじめに——国会は機能しているのか？

近年の各種世論調査によると、日本では国会や国会議員に対する国民の信頼度が諸外国にくらべて低い水準にあり、しかも、年々低下しつつあることが明らかになっている。一六〜二九歳の若者を対象とした二〇〇九年の調査では、国会や政党を「信頼できない」とした回答が七割を超えていたという（「明るい選挙推進協会」による世論調査結果）。選挙時の棄権の増加からも、国会に対する関心や期待の低下を読み取ることができる。二〇一四年末に実施された衆議院総選挙の投票率は、憲政史上最低記録であった前回（二〇一二年）をさらに下回り、五二・六六％に落ち込んだ。二〇一六年七月に行われた参議院選挙は、一八歳・一九歳の若者が初めて参加した選挙であったが、投票率は五四・七〇％にとどまり、一九四七年の第一回参議院選挙以降、史上四番目の低さであった。

国会不信の高まりにはさまざまな理由があるだろうが、国会がその機能を十分に果たしていないこと（あるいは、少なくとも国民からそう思われていること）が大きな原因の一つになっていることは疑いないだろう。しかし、国会の機能とは一体何だろうか。国会の機能不全が叫ばれて久しいが、そもそも国会にはどのような機能を期待すべきなのだろうか。

一般に、議会には国民代表機能、立法機能、審議機能および行政監視機能があると考えられる。日本国憲法も、「全国民を代表する選挙された議員」で組織される国会を「国権の最高機関」であり、「唯一の立法機関」であると規定する（四一、四三条）。すなわち、国会には、国民代表としての立場で法律案（法案）などの議案を審議し、政策決定を担うとともに、政府の活動を国民に代わってチェックする役割が期待されているということになろう。

では、こうした機能を果たすために、憲法および国会法などの関連法規は国会にどのような権限を与え、また、具体的にどのような手続を定めているのだろうか。この章では、憲法や国会法などが規定する議事手続を確認したうえで、実際の国会はどのように運営されてきたのか、国会が期待どおりの機能を果たしていないとすればどのような改革が必要なのかを考えることにしたい。

一　国会法等が定める議事手続の概要

1　審議のルール

日本国憲法は法案の議決（五九条）、予算の議決（六〇条）、条約締結の承認（六一条）および内閣総理大臣の指名（六七条）について、国会の両院の議決が異なった場合の手続を規定している。いわゆる「衆議院の優越」規定である。しかし、これらの両院関係に関する規定を除くと、憲法には国会の立法手続についての具体的な規定はほとんどなく、両議院の議事について議事定足数を総議員の三分の一以上とすること（五六条一項）、表決は原則として出席議員の過半数で決すること（同条二項）のほか、会議の公開に関する規定（五七条）が存在するのみである。しかも、現実の国会審議では委員会が大きな比重を占めているにもかかわらず、定足数や会議の公開に関する規定はいずれも本会議を対象としたもので、委員会の議事手続を直接規定する条項はない。実際の議事は、国会法、衆議院規則、参議院規則および両院の先例が定めるルールの下で運営されることになる。

2　法案提出から委員会付託まで

まず、議案の審議過程に沿って、議事手続の概要を確認しておきたい（以下、法律等の名称を記載していない条項は国会法の規定である）。

国会の審議は、議案がいずれかの議院に提出されたときに開始される。国会議員が議案を発議（国会法の用語では、内閣による提出と区別するため、議員が議案を提出することを「発議」という）するためには、衆議院では二〇人以上、参議院では一〇人以上の議員の賛成を要することになっている。予算を伴う法案の場合は、それぞれ五〇人以上、二〇人以上の賛成が必要である（五六条一項）。国会法制定当初はこのような規定がなく、議員は一人で自由に法案を提出することができたのだが、選挙区や業界への利益誘導を目的とした法案（いわゆる「お土産法案」）の乱発を防止するために賛成者要件が設けられた経緯がある。

内閣も法案を国会に提出することができる。憲法は国会を「唯一の立法機関」としているので、内閣に法案提出権が認められるのかどうかについて議論の余地がないわけではないが、憲法第七二条は首相が内閣を代表して議案を国会に提出するとしており、「議案」には法案も含まれると解釈されている。これを受けて内閣法第五条では、首相が「内閣提出の法律案、予算その他の議案を国会に提出」すると規定している。

議案が提出されると、議長はそれを「適当の委員会に付託し、その審査を経て会議に付する」ものとされている（五六条二項。委員会での審議のことを国会法では「審査」という）。現在、衆議院、参議院にはそれぞれ一七の常任委員会が設置されているが、そのうち議院運営などを担当するものを除く大部分の委員会は文部科学、農林水産といった各行政分野に対応しており、議案は原則として所管の常任委員会に付託される。とくに重要な案件や常任委員会の所管分野にあてはまらない案件については、特別委員会を設置してそこに付託することもできる。

3　委員会中心の審議

帝国議会時代の議事は三読会制という本会議主導の手続によって進められ、議案の委員会付託は、第一読会とよばれる最初の本会議で趣旨説明を聴取した後に、本会議の決定にもとづいて行われていた。帝国議会にも常任委員会は存在したが、予算、決算、懲罰、請願など特殊な分野のものに限られており、通常の法案は法案ごとに設置される臨時の特別委員会で審査されていたため、専門的な審査は期待できなかった。

ところが、第二次大戦後、アメリカ連邦議会の委員会制度にならった政策分野別の常任委員会制度が国会に導入され、議事の進め方は大きく変化した。議案は本会議の議事を経ることなく直ちに委員会審査に付されることになり、実質的な審議は本会議ではなく常任委員会の場で行われるようになった。委員会は付託された議案を審査するだけでなく、所管事項について法案を起草し、提出することもできる（五〇条の二）。このような委員会主体の審議のしくみを、帝国議会の「本会議中心主義」に対して、「委員会中心主義」とよぶ。

ただし、一九四八年の国会法改正により、委員会中心主義は若干緩和されている。緊急を要する議案については、議院の議決によって委員会審査を省略することが可能とされ（五六条二項但書）、また、重要な議案に関して議院運営委員会が必要と認めた場合には本会議で議案の趣旨説明を聴取することもできる（五六条の二）ようになった。

委員会の議事定足数は委員の過半数である（四九条）が、運用上、開会時に定足数を満たしていれば、その後、出席者が減っても議事を継続できるものとして扱われている。委員会審査は議案を提出した議員（「発議者」）または内閣法案の場合は提出責任者である国務大臣（「提出者」）の趣旨説明にはじまり、次いで発議者・提出者に対する一問一答形式の質疑が行われる。委員は議案について自由に質疑し、意見を述べることができる（衆議院規則四五条、参議院規則四二条）とされており、質疑の回数などには制限がない。また、委員が修正案を提出する場合にも、賛成者などの条件はなく、委員一人で提出することができる。

質疑に続いて各会派を代表する議員による賛否の討論を行い、討論終結後、採決に移る。表決の結果、可否同数であった場合には、委員長が決裁権を行使する。審査終了後、委員会は報告書を作成し、議長に報告する（五三、五四条）。

委員会は、議案の審査のために必要であれば、利害関係者や学識経験者の意見を聴くための公聴会を開くこともできる（五一条）。内閣、官公署などに対して資料の提出を要求し、証人や参考人の出席を求めることも可能である（議院証言法については後述）。委員会のなかに小委員会を設置して、より専門的な審査を行ってもよく、予算委員会および決算委員会（衆議院での名称は決算行政監視委員会）では、委員会を数個の分科会に分けて審査してもよい（衆議院規則、参議院規則）。ほかの委員会との連合審査会を開き、共同で審査を行うこともできる（他の議院の委員会との共同審査の場合は「合同審査」と称する）。各常任委員会にはその職務を補佐するために調査室が設置され、専門の職員が配置されている（四三条）。

なお、委員会審査は「議員の外傍聴を許さない」（五二条一項）ことを原則としているが、報道関係者のほか一般国民も議員の紹介があれば傍聴でき、テレビ中継も行われている。

4　本会議と両院関係

委員会審査を終了した議案は本会議の議事日程に記載され、委員長による審査経過および結果の報告（委員長報告）から本会議の審議が開始される。本会議でも質疑に続いて賛成および反対の討論が行われるが、質疑は委員会のような一問一答形式ではなく、質疑事項全部をまとめて述べ、答弁も一括して行うのが原則である。また、討論は反対者から始め、なるべく反対者と賛成者を交互に発言させなければならないとされている（衆議院規則、参議院規則）。本会議の段階で修正案を提出する場合には、法案提出の場合と同様に、衆議院では二〇人、参議院では一〇人（予算を伴う修正案については、それぞれ五〇人、二〇人）以上の賛成者を必要とする（五七条）。

本会議での表決は、異議なし表決（とくに異議の発声がない場合の全会一致による決定）、起立表決、記名投票のいずれかによって行われる（衆議院規則、参議院規則）。出席議員の五分の一以上の要求があれば記名投票を行い、各議員の表決を会議録に記載しなければならない（憲法五七条三項）。可否同数の場合は議長が決裁権を行使するが、委員長の決裁権が比較的自由に行使されているのに対し、消極的に行使する（否決する）ことが慣例となっている。

本会議は公開が原則である。出席議員の三分の二以上の多数で議決した場合に限り秘密会の開催が認められる（憲法五七条一項）が、現憲法下で本会議を秘密会とした例は存在しない。

先に議案を審議した議院（先議の院）が議案を可決した場合には、議案はもう一方の議院（後議の院）に送付され、再び委員会および本会議の二段階の審議が行われる。後議の院の議決が先議の院と一致すれば議案は成立するが、一致しない場合には議案は先議の院に戻される。先議の院が後議の院からの回付案に同意しないときは、各議院一〇名の協議委員で構成する両院協議会の開催を請求することができる。ただし、衆議院は参議院からの請求を拒否できる。

法案や予算等に関しては衆議院の優越規定（憲法五九〜六一条）が適用される。法案の場合、参議院が衆議院からの送付案を否決または修正したとき（参議院が衆議院送付案を六〇日以内に議決しないときは、否決したものとみなされる）には、衆議院が最初の衆議院議決案を出席議員の三分の二以上で再議決することにより、衆議院の議決が国会の議決となる。

5　行政監視の手続

次に、国会に与えられているもう一つの重要な機能である行政監視について、どのような手続が定められているのかをみておこう。

国会の活動は立法を含めてすべてが行政府の活動に対する監視につながっていると考えてよいが、とくに行政監視の前提となる調査を実施するために国会に認められている権能が国政調査権である。憲法第六二条は、「両議院は、各々国政に関する調査を行ひ、これに関して、証人の出頭及び証言並びに記録の提出を要求することができる」と規定している。この規定を受けて第一回国会で制定された議院証言法（「議院における証人の宣誓及び証言等に関する法律」）は、証人の出頭、証言および書類提出を要求する手続と要求を拒否した証人に対する罰則（現行規定では、一年以下の禁錮または一〇万円以下の罰金。偽証の場合は三月以上一〇年以下の懲役）を規定し、国政調査権に強制力の裏付けを与えた（同法六、七条）。その後、証人の人権保障のため、一九八八年の議院証言法改正により、証人に補佐人の選任を認める規定などが追加されている。

国政調査権は各議院の権限であるが、実際にこの権限を行使する主体となるのは委員会である。常任委員会はそれぞれの所管分野に関する調査を実施することができ、また、特別委員会を設置して特定の問題に関する国政調査を行うことも可能である。ロッキード問題調査特別委員会から原子力問題調査特別委員会にいたるまで、重要案件については調査特別委員会を設置して調査を実施することが多い。

しかし、国政調査権は議院または委員会の決定によって発動されるものであり、個々の議員に与えられた権限ではないため、多数を占める与党の賛成が得られない場合には調査を実行できないという限界がある。そこで、衆議院では一九九七年に予備的調査の制度を導入し、少数派である野党主導の調査を実施できるようにした。委員会の議決があった場合または四〇人以上の議員から要請があった場合には、委員会は衆議院調査局長または衆議院法制局長に予備的調査の実施を命じ、予備的調査報告書が委員会に提出されるしくみである。調査局長等は、予備的調査の実施に際して、官公署に対して資料提出等の必要な協力を求めることができるとされている。

二　議事運営の変化

1　強力な権限

国会法等の規定によって具体化された国会の権限は、比較法的にみてもかなり強力といえる。とくに立法過程で中心的な役割を果たす常任委員会は、ＧＨＱの指導の下でアメリカ連邦議会流の委員会を国会に導入したものであり、その権限は議院内閣制下の議会としては最強のレベルにある。

三権分立が徹底している大統領制のアメリカでは、議会は文字どおりの立法機関であって、法案はすべて議員から提出されるのが建前である。委員会は少人数の委員が法案の条文を精査し、練り上げて行く場として設けられている。これに対して、議院内閣制の国では内閣提出法案の審議が主流となるため、委員会が法案起草作業を担う必要はなく、委員会に付与される権限もアメリカと比較すれば限定的である。イギリス議会下院のように、分野別の常任委員会を置かず、帝国議会同様の法案ごとに設置される委員会で法案を審議しているところさえある。

法案を自由に修正できるだけでなく、独自の法案を起草することもでき、法案審査に資するための公聴会の開催や国政調査権を用いた調査も可能な国会の常任委員会は、まさしく実質的な審議によって立法過程を主導するためにつくられた機関といえよう。各常任委員会に設置されている調査室のほか、国会法の規定にもとづき各議院に新設された議院法制局やアメリカの議会図書館調査局をモデルとして誕生した国立国会図書館調査及び立法考査局なども、国会主体の立法活動を補佐する機構として整備されている。

国政調査権の充実ぶりも諸外国議会にひけをとらない。世界の議会のなかで最も国政調査権を活用しているのはアメリカ連邦議会であろうが、アメリカの国政調査権は憲法で保障されているわけではなく、体系的な根拠法が存在するわけでもない。日本の議院証言法では、公務員の職業上の秘密に関する証言または書類の提出には勤務先の承認を必要とし、行政側が理由を疎明したうえで承認を拒否できるが、議院がその理由を受諾できないときは、内閣に対して証言または書類の提出が「国家の重大な利益に悪影響を及ぼす旨」の声明を要求できると規定されている（同法第五条）。この規定は、証言や書類提出が国家機密を害するかどうかの最終判断を行政権に与えている点に着目すると、国会の行政監視機能を制約するものと考えられるが、実際問題として内閣が声明を行う事態になれば、内閣の政治的責任はまぬかれないだろう。これまでに内閣声明が行われたのは、一九五四年の吉田内閣の一例のみである。

2　審議の変質

では、日本の国会はこうした強力な権限を活用して、「唯一の立法機関」にふさわしい活動を行ってきたといえるのだろうか。

戦後まもなく多くの政党が誕生し、国会に代表を送ったこともあって、初期の国会では党派にとらわれない議員の自由な活動がみられた。国会法の規定によって新たに導入された「自由討議」が隔週に開かれ、党派対立を超えた自由な議論の場となることが期待された。内閣法案に対する修正案の提出も活発で、とりわけ無所属議員が多数を占めていた参議院では、無所属議員が集まって結成した会派「緑風会」を中心に、内閣法案を独自の観点から修正あるいは否決することが少なくなかった。また、国政調査権を活用した調査活動も第一回国会から衆参両院で実施され、ヤミ物資問題などに関する大規模な調査が行われた。

ところが、自民党の長期政権が始まる一九五五年前後から国会審議は次第に活力を失い、一九七〇年代半ばころを境に空洞化の傾向が顕わになる。

両院の規則は委員会審査において委員の自由な発言を認めているにもかかわらず、一九七〇年代には開会前に発言順位と発言時間を所属議員数に比例して各会派に割り振る慣行が定着した。議員間の自由な討議を通じて、実質的な立法（法案修正や新たな法案の起草）を担うべき委員会が、それぞれの政党の主張を開陳するだけの場に変質していったのである。法案を条文ごとに精査する逐条審議は実施されず、法案修正にむすびつく建設的議論はほとんどみられなくなった。専門家や利害関係者の意見を立法に反映させるために開かれるはずだった公聴会も本来の役割を失い、重要法案に関する審議が終盤に差しかかったところで開かれる通過儀礼のようなものになってしまった。その代り、議題と直接関係のない関連質疑は広く認められる傾向にあり、とくに予算委員会の質疑

（総括質疑および一般質疑）では国政一般に関する事項が取り上げられ、政府対野党の論戦が展開されてきた。

委員会の変質は本会議の変質につながっていく。もともと国会法が想定していた本会議は、委員会からの詳細な報告を受けて、各党がそれぞれの立場から討論を行うものであったろう。ところが、委員会での実質的審査が低調になると、委員会から本会議への報告は形式的なものとなり、少数意見が報告されることもなくなった。委員会の委員は各党の議席に比例して割り当てられているので、委員会の結論が本会議の議決で承認されるのはほぼ確実である。初期の国会では本会議で法案に修正が加えられた例もあったが、自民党が安定多数を確保してからはそうした場面もなくなる。次第に、法案に関する質疑や討論も姿を消し、本会議は委員会の結論どおりに議決するだけの儀式の場になってしまう。本会議で実施されていた自由討議も初期の活気を失い、隔週開催から三週間に一度になった挙句、ついに一九五五年の国会法改正によって廃止されてしまった。第一回国会から一九五四年までの平均で一三四時間に達していた衆議院の年間本会議開会時間は、一九七〇年代後半には五〇～六〇時間程度にまで落ち込んだ。

国政調査に代表される行政監視機能の低下も著しいものであった。国政調査権の発動には議院または委員会の多数決による決定が必要であるが、初期の国会では党派対立を離れ、国会としての立場で行政監視を実施しようとする機運がみられた。しかし、自民党の長期政権下では、国政調査の実施に与党の賛同を得ることは困難になり、本格的な調査は行われなくなってしまう。衆議院における証人喚問の件数は、昭和二〇年代の八九五人から三〇年代には一三六人、四〇年代は二人に激減し、国政調査報告書もまったく作成されなくなった。

3 与党による事前審査の定着

これほど急激に国会審議が衰退していった理由はどこにあったのだろうか。直接の原因は、日本の政策決定過程が変質し、与党内で実質的な立法作業が終了するようになったことであろう。

五五年体制下において、実質的な法案審議を担ってきたのが自民党内でのいわゆる事前審査（与党審査）である。ただし、一九五五年の自民党結成時には事前審査のシステムはまだ整備されていなかった。当初は与党議員も比較的自由な立場で国会審議に参加しており、とくに選挙区や業界に対する利益誘導型の法案に関しては与党議員が一致して修正を施すこともまれではなかった。事前審査制の確立は一九六二年、当時の赤城宗徳自民党総務会長が内閣に対して、閣議決定前の法案を党の審査にかけるよう依頼した文書に遡るとされるが、赤城は同時に国会の各委員長に対しても文書を送り、「各法案の審議は総務会において最終的に決定することになっているので各常任委員会各特別委員会の段階において法案修正の場合は、改めて、その修正点について総務会の承認を受けられ度い」としている。このときから、法案の実質的審議は国会ではなく、与党が実施するという方針が明確化されたといえるだろう。

その後、一九七〇年代前半の田中角栄内閣の時期までに、事前審査は精緻なシステムとして完成する。そこで中心的な役割を果たすことになったのが自民党政務調査会であった。政務調査会にはほぼ各省の所管分野に対応して部会が設けられ、各省の官僚が起草した法案は閣議決定以前に部会での審査を経るものとされた。国会の常任委員会も各省の所管分野に対応しているので、常任委員会に期待されていた実質的審査の役割が与党内の部会に移行したと考えてもよい。部会では担当の官僚と部会所属の与党議員（部会の所管分野に精通した「族議員」といわれる人々）との間で逐条的な議論が行われ、ときには法案の大幅修正が実施されたり、合意にいたらず法案が棚上げにされることもあった。部会での審査を通過した法案は、政務調査会総会、総務会の了承を経て、与党の同意が得られた後、ようやく閣議決定され、国会に提出される。

自民党内の意思決定は全会一致が原則とされているため、理屈のうえでは新人議員一人の反対も無視できない。与党議員といってもけっして一枚岩ではなく、自民党はむしろさまざまな利益団体などの利害を代弁する議員の寄り合い所帯というべきものであった。彼らの間で妥協がはかられ、ようやく合意に達したところで国会審議が始まるので、議員には事前審査終了時点で合意の内容に沿った党議拘束がかけられたのである。

4　空洞化する実質審議

事前審査による政策決定システムは利益分配の調整には適している面もあったが、首相や内閣のリーダーシップ発揮を妨げると同時に、国会審議の空洞化をもたらした。内閣と与党議員の間の意見調整は法案の国会提出以前に完了しているので、国会審議の段階では内閣と与党が一致協力して無修正での法案通過をめざすことになる。そうなると、委員会ではもはや法案修正を目的とした逐条審議を実施する余地はなく、本会議を先取りしたような総論的議論に終始せざるをえない。委員会審査終了後に本会議が開始されたときにはすでに論戦も尽きており、本会議は完全に空洞化する。法案を採決にかければ、過半数を制する与党の賛成によって原案どおり可決されるはずなので、法案に反対する野党側ではなるべく審議を引き延ばし、時間切れに追い込むことだけが目標とされ、審議の内容よりも審議時間の割り当てをめぐる駆け引きが重要になった。

議院内閣制下の議会の審議で政党が大きな役割を果たすのは当然であるが、建設的な議論のためにはある程度まで党派にこだわらない審議を実施する必要がある。実際に、フランス、ドイツ、イタリアなど多くの国の議会では、内閣提出法案の審議過程において与野党双方の議員から多数の修正案が提出されている。修正案の採択には過半数の修正を要するので、野党議員からの修正案の採択件数が少なくなるのはやむをえないが、それでも内閣や与党の納得が得られれば採択の可能性はある。まして、与党議員からの修正案や内閣自身が提出する修正案は、多数が採択にいたる。つまり、外国の議会では、日本では事前審査で処理されてきたような政府・与党間の合意プロセスが議会内の委員会に持ち込まれ、委員会で野党も交えて実質的な審議が行われているわけである。

与野党がときには協力して法案修正を実行していくことが、行政監視の場面では行政府に対峙する立法府としてのまとまった行動を可能にする。ところが、国会の審議は政府・与党対野党の論戦に終始し、とくに衆議院では国会活動のあらゆる面が党派対立の図式に支配されるようになってしまった。国政調査の衰退の根本的原因もそこに求めることができよう。与野党対立一辺倒の審議では、国民代表としての中立的立場から行政監視を実行するのは不可能だからである。

一九九〇年代以降、首相および内閣のリーダーシップ強化が政治改革の目標とされるようになると、事前審査制に対しても政府と与党との二重権力の温床として批判の目が向けられるようになった。小泉政権下では、事前審査抜きでの法案の国会提出が試みられたこともある。しかし、こうした改革の試みが実ることはなかった。連立内閣の登場や政権交代も事前審査制の改革にはつながらず、一九九三年からの細川連立内閣の時代には各政党による事前審査に加えて連立与党全体としての事前審査が実施され、かえって事前審査の制度化が進行したという見方もある。二〇〇九年に発足した民主党政権は、当初、事前審査廃止の方向を打ち出したものの、短期間で自民党同様の事前審査体制に復帰してしまった。現在にいたるまで、国会内の公式の場では実質的な法案審議はほとんど行われていないのである。

三　権力分立型立法手続と現実との乖離

1　国会のルールの特殊性

事前審査体制の下で、現在の国会の審議は日本国憲法や国会関連法規の想定とは大きく隔たったものになっている。なぜ、このようにルールと現実が乖離してしまったのか。その原因を探っていくと、ルールそのものの特殊性に行きあたる。

まず、議院内閣制の国の憲法では、内閣の法案提出権について明確な規定をおくのが通例である。ところが、日本国憲法には内閣の法案提出権に関する明文の規定はなく、内閣の議案提出権には法案の提出権も含まれるとの解釈がなされている。また、諸外国の憲法では、内閣提出法案の審議を促進し、成立をはかるための手続が定められていることが多い。フランス第五共和制憲法が規定する信任手続（内閣が法案の可決に自らの信任をかけ、信任決議が否決されなければ、法案は可決されたものとみなす手続）などはその典型的な例である。しかし、内閣の法案提出権について沈黙している日本国憲法には、当然のことだが、内閣提出法案の審議手続に関する規定はまったく存在しない。国会法などの関連法規も、内閣の国会審議への介入をことごとく否定している。

議院内閣制下の議会では、法案の審議スケジュール（議事日程）の決定になんらかの形で内閣が関与するのがふつうだが、国会では議事運営全般が常任委員会の一つである議院運営委員会の決定に委ねられているため、内閣が関与する余地はない。内閣は自ら提出した法案を自由に修正することもできない。国会法は「内閣が、各議院の会議又は委員会において議題となつた議案を修正し、又は撤回するには、その院の承諾を要する」（五九条）とし、重ねて、「一の議院で議決した後は、修正し、又は撤回することはできない」と規定している（同条但書）。かりに、衆議院で可決された内閣法案について、参議院議員から多くの修正案が提出されたとしても、内閣側からそれに対応した妥協案を提示することはできないしくみになっているのである。

また、当初の国会では議員同士の自由な議論の場として本会議での「自由討議」の時間が設定されたが、逆に、議院内閣制下の議会では例外なく実施されている「口頭質問」は行われなくなってしまった。

口頭質問とは、議員が国政全般について内閣に対して質問することをいい（議題となっている事柄についての「質疑」と区別して「質問」という）、議院内閣制下の議会にとっては重要な行政監視の手段の一つである。多くの議会は定例の質問日を設けて閣僚を招き、質問を行っている。日本でも帝国議会時代の衆議院は毎週一回質問日を設定していた。これに対して、国会法は文書による質問を原則とし、緊急を要する問題に限って、議院の議決により口頭で質問できるとした（七六条）。それでも、初期の国会では頻繁に緊急質問が行われ、小会派の意見表明の手段になっていたが、次第に認められなくなり、一九七〇年代半ばには姿を消してしまった。二〇〇〇年に導入された「党首討論」のモデルとなったイギリス議会下院のクエスチョンタイムも実は口頭質問なのだが、国会では一般議員からの質問に続いて行われる首相と野党党首の論戦の部分だけを切り離して取り入れ、本会議ではなく特別の委員会を設置して行うことにしたのである。

2　権力分立型の手続

このように、日本国憲法および国会関連法規によって形成された議事手続は、内閣とは無関係に、国会が自律的に議事を進めることを前提にしたしくみであった。政治制度を大統領制と議院内閣制の二つに分類するとすれば、日本国憲法が議院内閣制を採用していることに疑問はないだろう。しかし、国会の議事手続は議院内閣制の国としてはきわめて異例で、大統領制のアメリカに近い権力分立型の特色をもっているのである。

日本国憲法は、議員提出法案が立法の主体となり、内閣提出法案であっても、いったん国会に提出された後は内閣の関与を排除して国会側が自由に修正を施し、「立法機関」にふさわしい活動を行うことを想定していたと考えられる。現行の国会法では、衆議院先議の法案か参議院先議のものかによって両院協議会の手続が異なっており（八三、八四条）、参議院先議の法案は衆議院の三分の二以上の多数による再議決で成立させることができない。どちらの議院が先に審議したかによって内閣提出法案の成立要件が変わるのは奇妙に思えるが、議員提出法案が主体になることを前提にすれば、当然の規定といえるだろう。

しかし、大統領制のアメリカと議院内閣制の日本では基本的な政治制度が異なるため、アメリカ型の議事手続を導入したからといってアメリカと同様の審議を期待できるわけではない。議院内閣制の国で下院多数派に支持された内閣が政策決定で主導権を発揮するのは必然であり、内閣提出法案が主流にならざるをえない。実際、第一回国会から内閣提出法案が提出法案の多数を占めた。一九五〇年以降、議員立法増加策として、内閣側が起草した法案を議員に依頼して提出する手法（「依頼立法」）が試みられたこともあったが、形式だけのものだったため数年で廃止されてしまった。

もちろん、内閣提出法案であっても、国会が立法機関として十分審査し、必要な場合には修正を加えればよいと考えることもできる。アメリカの委員会は各議員から提出された法案を詳細に検討、修正し、練り上げていく場であるが、重要法案のなかには行政府側が準備したものも多く、大統領は自らの政策実現に必要な法案の成立に向けて、有力議員と個別に折衝し、説得につとめている。国会でもアメリカと同じような審議を実施することが期待されていたのかもしれない。

3　議院内閣制との齟齬

だが、アメリカ型の審議は、内閣にとってけっして歓迎できるものではないだろう。衆議院多数派のリーダーでもある内閣には、政策決定過程を主導し、公約を実現する責任がある。ところが、日本の内閣は国会審議に関与する手段をまったくもたないため、重要法案であれ、予算案であれ、その運命は国会の多数決に委ねるほかない。アメリカ連邦議会では、議員が選挙区向けの利益誘導に走って財政規律を損ねたり、有力な政治団体（たとえば銃規制に反対する全米ライフル協会など）の意向に反する法案は可決されないといった弊害が指摘されているが、国会でも、とりわけ多数を占める与党議員が一致した場合には、同様の事態が容易に起きると想像されるからだ。

そこで、内閣法案の原案どおりの成立を確保する手段として、事前審査が登場する。事前審査は、閣議決定前の草案段階の法案を対象とし、野党議員を介さず、国民の目も届かない与党内で実施されるため、与党議員にとっては影響力を発揮しやすいしくみといえる。これに対して、与党議員が自由に修正した法案を受け入れ、国会に提出しなければならなくなる内閣の側からみれば、事前審査が政策決定過程における内閣のリーダーシップ発揮を妨げていることは明白である。それにもかかわらず、内閣が事前審査体制を受け入れて利用してきたのは、事前に与党議員の意向を聴き、国会審議開始時に与党議員に党議拘束をかけておくことが、国会審議のリスクを回避し、法案の成立をはかるために不可欠の手段だったからであろう。そう考えれば、小泉内閣の事前審査廃止の試みが挫折し、民主党政権の企てが不成功に終わったことも納得できる。

こうして、内閣の影響力を排し、国会議員の主体的な議論を可能にするために設計されたはずの議事手続が、事前審査を生み、逆に国会審議の空洞化を招いてしまったのである。

四　国会改革への展望

1　二つの方向

国会審議を活性化し、国会への信頼を回復するために、これまでにもさまざまな国会改革案が議論されてきた。振り返ってみると、国会改革は二つの異なる方向をめざしてきたといえそうだ。一つは、日本国憲法と国会関連法規が規定する本来のルールに忠実に、権力分立を徹底する方向であり、もう一つは、権力分立を弱め、議院内閣制型のスタンダードモデルに軌道修正していく方向である。

第一の権力分立型の方向は、従来の国会改革案の中心的地位を占めてきたといってよく、とくに野党側からの提案はほぼこの方向に沿うものであった。国会開設当初から、議員立法の増加が課題とされ、賛成者要件の緩和や審議時間の確保、立法補佐機構の充実などの提案が繰り返されてきた。また、行政監視の面でも、一九九七年に民主党が提案した「行政監視院」構想など、アメリカ流の権力分立型議会の活動を理想とする改革案がたびたび検討された。

しかし、権力分立型改革案は、概して実りの少ないものであった。議員立法の活性化はのぞましいが、重要法案のすべてを議員立法とすることは実際には不可能だろう。行政監視の強化も重要な論点であるが、立法府が一丸となって行政府に対峙する構図が成り立つ三権分立制のアメリカにならったしくみをそのまま国会に導入するのは無理がある。なによりも、五五年体制確立後、与野党対決一辺倒になった国会では、権力分立型の改革を受け入れる余地はなくなったといえるかもしれない。

他方、第二の方向である議院内閣制型改革案は、その評価はともかく、初期の国会においては一定の成果をあげてきた。委員会中心主義を修正して本会議の役割を一部強化したこと、政府委員制度を復活させたこと、議案提出に賛成者要件を付したことなどは、帝国議会時代の議事手続へ回帰する側面をもつと同時に、会派を中心に運営される議院内閣制下の議会のスタンダードモデルに近づける改革であったとみることも可能である。ただし、この方向の改革に関する議論は、一九六〇年代以降、まったく進展しなくなる。事前審査システムが確立し、もはや国会内の議事手続を改革する必要もなくなったということだろうか。精緻な運用がルール自体の改革を無用にしたのである。

しかしながら、事前審査によって国会審議のリスクを回避する運用は、内閣と与党議員の双方にとって都合のよい合理的システムではあったものの、国会審議を空洞化させ、国会不信を招く原因となった。国民の目に触れない場所で政策が決定されるため、個別利益の噴出を容易にするという弊害もあった。財政赤字の膨張もこのことと無縁ではなかろう。さらに、このシステムを機能させるには、与党が両院の過半数を確保していることが大前提であって、野党が参議院の過半数を制した場合、すなわち、いわゆる「ねじれ」の下ではまったく役に立たない。野党が多数を占める参議院に対して、審議に介入できず、妥協案を表立って提示することもできない内閣はなすすべをもたず、国会外での与野党間の交渉に頼るほかない状況に追い込まれる。

2　今後の展望

一九九〇年代以降、政治主導の確立と首相のリーダーシップ強化を掲げて、衆議院に小選挙区制を導入した選挙制度改革、党執行部の権限を強めた政治資金改革、首相権限を強化するとともに、副大臣、政務官ポストを新設した中央省庁改革など、イギリス流のいわゆるウェストミンスターモデルに依拠した政治改革が次々に実行されてきた。しかし、国会の議事手続改革は置き去りにされ、イギリスに限らず、議院内閣制の国の議会であればどこにでもある、内閣が審議を主導するための手続は整備されないままである。「ねじれ」の出現以来、運用に頼ってきた国会運営が破綻し、議事手続の欠陥が明らかになったのが、近年の国会の状況なのではあるまいか。二〇一三年の参議院選挙の結果、「ねじれ」はいったん解消されたが、諸外国の第二院と比較しても強い参議院の権限が見直されないかぎり、近い将来に問題が再燃する可能性は大いにある。

今後、国会改革を論じるには、改革によってどのような国会をめざすのか、あるべき国会像の検討が欠かせない。議院内閣制下の国会であることを前提とすれば、議員立法にこだわるよりも、内閣提出法案をいかに精査し、国会独自の視点から修正を加えるかが重要な論点になるはずである。行政監視の面では、国会が党派対立の場であるという現実を直視しつつ、政党の利害を超えた調査の可能性を探るとともに、野党主導の調査（「少数者調査権」）を拡充していく必要がある。実際、諸外国の議会における議会改革では、ほとんど例外なしに、内閣提出法案の審議充実と行政監視の強化の二つが主要な課題として取り上げられている。

また、近年は、審議時間を確保するための通年会期制の導入や会期末で議案が廃案となる非効率をなくすための会期不継続原則の見直しなど、かつての国会改革案には必ず登場していたテーマさえ、ほとんど議論されなくなってしまった。地道な議事手続改革を進展させるには、その時々の政治情勢に左右されることのないよう、国会内に正規の機関（特別委員会等）を設けるなど、継続的に議論を深めていく体制づくりが課題となるだろう。

【参考文献】

浅野一郎、河野久（編）『新・国会辞典〈第3版〉』（有斐閣、二〇一四年）
大山礼子『国会学入門〈第2版〉』（三省堂、二〇〇三年）
大山礼子『日本の国会―審議する立法府へ』（岩波新書、二〇一一年）
今野彧男『国会運営の法理―衆議院事務局の視点から』（信山社、二〇一〇年）
白井　誠『国会法』（信山社、二〇一三年）
原田一明『議会制度―議会法学入門』（信山社、一九九七年）
衆議院『衆議院先例集〈平成一五年版〉』（衆議院事務局、二〇〇三年）
衆議院『衆議院委員会先例集〈平成一五年版〉』（衆議院事務局、二〇〇三年）
参議院『参議院先例録〈平成二五年版〉』（参議院事務局、二〇一三年）
参議院『参議院委員会先例録〈平成二五年版〉』（参議院事務局、二〇一三年）

第三部　資　料

ドイツ	アメリカ	韓　国	インド
○連邦議会 ・598人（ただし、2013年総選挙後の超過議席を含む議員数は631人） ・4年（解散あり） ○連邦参議院 ・69（合計票決数） ・任期不定	○下院 ・435人 ・2年（解散なし） ○上院 ・100人 ・6年（2年ごとに3分の1改選）	・300人 ・4年（解散なし）	○下院 ・543人（憲法上は最大552人）（憲法上は上記の他に2人のアングロ・インディアン枠あり） ・5年（解散あり） ○上院 ・250人（任命議員12人含む） ・6年（2年毎に3分の1改選）
○連邦議会 ・小選挙区比例代表併用制（比例区299人　選挙区299人） 被選挙権　18歳以上 選挙権　　18歳以上 ○連邦参議院 ・各州政府代表（州政府が各州に割り当てられた票数と同数の州政府構成員＝首相その他の閣僚を議員に任命）により構成	○下院 ・小選挙区制 被選挙権　25歳以上 選挙権　　18歳以上 ○上院 ・各州を単位とする小選挙区制 被選挙権　30歳以上 選挙権　　18歳以上	・小選挙区比例代表併用制 比例代表54人　選挙区246人 被選挙権　25歳以上 選挙権　　19歳以上	○下院 ・小選挙区制被選挙権　25歳以上 選挙権　18歳以上 ○上院 州議会における選出 被選挙権　30歳以上
○連邦議会 ・全法案の先議権 ・「異議法案」についての再議決権 ・連邦首相不信任決議権 ○連邦参議院 ・「同意法案」についての拒否権 ・連邦政府提出法案に対する意見表明権	○下院 ・歳入法案及び歳出法案の先議 ・弾劾訴追権 ○上院 ・条約締結承認権 ・官吏任命同意権 ・弾劾審判権	一院制	○下院 ・金銭法案その他財政法案の先議権 ・金銭法案の決議優先権 ・大臣会議不信任決議権 ○上院 ・州管轄事項に関する連邦議会立法権の宣言 ・全インド公務職の創設および服務条件に関する宣言
・1立法期（最長4年）は、複数の会期（立法期中の会議が開かれている期間）で構成されるのが慣行となっている。 ・連邦参議院には立法期の概念はなく、毎年11月1日から10月31日までを1職務期という。	・1議会期は2年 ・西暦奇数年が第1会期、西暦偶数年が第2会期 ・毎年1月に開会し、10月～12月頃まで継続 ・ほぼ通年会期制	・定期会は9月1日より最長100日 ・臨時会は大統領または国会在籍議員の4分の1以上の要求で集会。最長30日	年間3回の会期 ・予算会期（2月～5月） ・モンスーン会期（7月～9月） ・冬季会期（11月～12月）
○法案提出権 ・連邦政府 ・連邦議会議員（一会派又は下院議員の5%の支持を要す） ・連邦参議院 ○立法手続の概要 下院 ・三読会制、第一読会と第二読会の間に委員会審査 上院 ・委員会 ・本会議	○法案提出権 ・両院議員 ○立法手続の概要 ・両院とも三読会制をとるが形式化し、委員会中心主義 下院 ・委員会、全院委員会、本会議 上院 ・委員会、本会議	○法案提出権 ・議員 ・委員会 ・政府 ○立法手続の概要 ・委員会 ・本会議	○法案提出権 ・連邦政府 ・両院議員 ○立法手続の概要 ・三読会制

資料1　主要各国議会制度一覧表

事項＼国名	日　本	イギリス	イタリア	フランス
1.定数、任期	○衆議院 ・475人 ・4年（解散あり） ○参議院 ・242人 ・6年（3年毎に2分の1改選）	○下院 ・650人 ・5年（解散あり） ○上院 ・定数なし（現在の議員数825人） ・世襲貴族、宗教貴族、一代貴族 ・任期は終身	○下院 ・630人 ・5年（解散あり） ○上院 ・315人（終身上院議員を除く） ・5年（解散あり） ・元大統領、功績者等の終身議員（5人以内）	○下院 ・577人 ・5年（解散あり） ○上院 ・348人 ・6年（3年毎に2分の1改選）
2.選挙制度の概要	○衆議院 ・小選挙区比例代表並立制（比例区11ブロック180人　小選挙区295人） 被選挙権　25歳以上 選挙権　18歳以上 ○参議院 ・比例区（全国区）　96人 選挙区（都道府県）　146人 被選挙権　30歳以上 選挙権　18歳以上	○下院 ・小選挙区制 被選挙権　21歳以上 選挙権　18歳以上 ○上院 ・一代貴族、宗教貴族、互選により選出される世襲貴族議員	○下院 ・プレミアム付比例代表制（全国27選挙区） 被選挙権　25歳以上 選挙権　18歳以上 ○上院 ・プレミアム付比例代表制（州単位） 被選挙権　40歳以上 選挙権　25歳以上	○下院 ・小選挙区2回投票制 被選挙権　18歳以上 選挙権　18歳以上 ○上院 ・県選出の国民議会議員、地域圏議会議員、県議会議員、コミューン（市町村）議会議員等による間接選挙（比例代表で実施される選挙では、男女交互登載の候補者名簿の義務づけ） 被選挙権　24歳以上 選挙権　18歳以上
3.両院の権限の差異	○衆議院 ・予算の先議権 ・予算の議決、条約の承認、内閣総理大臣の指名、法律案の議決に関する優越 ・内閣不信任決議権 ・会期の優先議決 ○参議院 ・緊急集会	○下院 ・金銭法案の先議権等 ・法案の最終議決権 ・内閣不信任決議権	・法律（予算法律を含む）の制定に関して、両院の権限は対等 ・両院ともに、政府に対する信任・不信任の権限を有する	○下院 ・予算法案、社会保障財政法案の先議権 ・両議院協議会において両院の意見が一致しない法案の再議決権 ・内閣不信任決議権 ・臨時会招集要求権 ○上院 ・地方公共団体の組織を主要な対象とする政府提出法案の先議権
4.会期制度	・常会は毎年1月中に召集するのを常例とし、150日間 ・臨時会は内閣が特に必要と認めたとき等に召集 ・特別会は衆議院解散後の総選挙後に召集	・各会期は、毎年5月に開会し、翌年の同じ頃に閉会 ・会期の召集、閉会は国王の大権に属する。	・1立法期は最長5年 ・選挙後20日以内に召集されること、毎年2月・10月の最初の平日に当然に集会することが憲法上規定されている。 ・期間の定めは特になく、通年開会されている	・1議会は最長5年（上院には議会期の概念なし） ・年1回常会制（10月の最初の平日から6月の最後の平日まで） ・当然集会主義 ・臨時会あり
5.立法手続の概要	○法案提出権 ・内閣 ・両院議員（委員会提出） ○立法手続の概要 衆議院 ・委員会 ・本会議 参議院 ・委員会 ・本会議	○法案提出権 ・閣僚議員（政府提出法案） ・両院議員 ○立法手続の概要 下院 ・三読会制 上院 ・三読会制	○法案提出権者 ・政府 ・両院議員 ・5万人以上の有権者 ・州議会 ・経済労働国民会議 ○立法手続の概要 ・両院の手続は、基本的には同一 ・委員会 ・本会議	○法案提出権 ・首相 ・両院議員 ○立法手続の概要 下院 ・委員会 ・本会議 上院 ・委員会 ・本会議

（衆議院調査局『論究』2008年9月号を基に編集部で作成。内容は、2016年7月1日現在のものである）

資料2　国政選挙法の変遷

衆議院議員選挙

根拠法とその内容	選挙制度と定数		定数是正等の内容
衆議院議員選挙法 （大正14年法律第47号）	466 中選挙区制	3人区 40 4人区 39 5人区 38	
衆議院議員選挙法一部改正 （昭和20年法律第42号）	468 大選挙区 制限連記制	2～14人区	定数4～10人の選挙区では2人、11人以上の選挙区では3人を連記
衆議院議員選挙法一部改正 （昭和22年法律第43号）	466 中選挙区制	3人区 40 4人区 39 5人区 38	選挙を実施できない沖縄県の定数2人を削減
公職選挙法 （昭和25年法律第100号）	466 中選挙区制	3人区 40 4人区 39 5人区 38	
奄美群島復帰法令適用法 （昭和28年法律第267号）	467 中選挙区制	1人区 1 3人区 40 4人区 39 5人区 38	奄美群島復帰法令適用法第3条により、定数1増（1人区創設）
公職選挙法一部改正 （昭和39年法律第132号）	486 中選挙区制	1人区 1 3人区 43 4人区 39 5人区 40	暫定的に附則定数20増 19増＋1（奄美群島復帰法令適用法第3条定数）
沖縄国政参加特措法 （昭和45年法律第49号） 沖縄復帰関係法令改廃法 （昭和46年法律第130号）	491 中選挙区制	1人区 1 3人区 43 4人区 39 5人区 41	沖縄国政参加特措法第4条により沖縄県定数として5増 沖縄復帰関係法令改廃法により公選法第4条定数を471に改正
公職選挙法一部改正 （昭和50年法律第63号）	511 中選挙区制	1人区 1 3人区 47 4人区 41 5人区 41	暫定的に附則定数40増

資料2　国政選挙法の変遷

公職選挙法一部改正 （昭和61年法律第67号）	**512**		暫定的に附則定数41増 平成4年の公選法改正で511とし、1人区をなくして、2人区8、6人区2とする。
	中選挙区制	1人区 1 2人区 4 3人区 42 4人区 39 5人区 43 6人区 1	
公職選挙法一部改正 （平成6年法律第2号・第10号）	小選挙区比例代表並立制　**500**		法律第2号により定数500とし、小選挙区274・比例代表226としたが、法律第10号により小選挙区選出数と比例代表選出数を改正。
	小選挙区制　300 小選挙区　300	比例代表制　200 比例代表ブロック　11	
公職選挙法一部改正 （平成12年法律第1号）	小選挙区比例代表並立制　**480**		定数を480、比例代表選出数を180に改正
	小選挙区制　300 小選挙区　300	比例代表制　200 比例代表ブロック　11	
公職選挙法一部改正 （平成14年法律第95号）	小選挙区比例代表並立制　**480**		**小選挙区　5増5減**（20都道府県68選挙区を改定） （増区県）埼玉14→15、千葉12→13、神奈川17→18、滋賀・沖縄3→4 （減区県）北海道13→12、静岡9→8、山形・大分4→3、島根3→2 **比例代表ブロック**　2ブロックで定数改正 南関東 21→22、近畿30→29
	小選挙区制　300 小選挙区　300	比例代表制　180 比例代表ブロック　11	
公職選挙法一部改正 （平成24年法律第95号＝緊急是正法、平成25年法律第68号＝小選挙区区割改定法）	小選挙区比例代表並立制　**475**		**一人別枠方式**（画定審議会設置法3条2項）**の廃止** **小選挙区　0増5減**（17都県における42選挙区を改定。3→2減区県＝福井・山梨・徳島・高知・佐賀） ＊平成25年7月28日以後公示の総選挙に適用
	小選挙区制　295 小選挙区　295	比例代表制　180 比例代表ブロック　11	
公職選挙法一部改正 （平成28年5月法律第49号）	小選挙区比例代表並立制　**465**		**議員定数10人削減** 小選挙区6・比例区4を削る **都道府県・比例ブロックへの定数配分方式の変更（アダムズ方式の導入）** 平成32年以後10年毎に行われる国勢調査結果に基づきアダムズ方式により定数配分を行う（但し、平成27年国調結果に基づく特例措置がある）。
	小選挙区制　289 小選挙区　289	比例代表制　176 比例代表ブロック　11	

参議院議員選挙

根拠法とその内容	選挙制度と定数		定数是正等の内容
参議院議員選挙法 (昭和22年法律第11号)	**250**		
	全国区100 (全都道府県の区域を通じて選出)	**地方区**150 (都道府県の区域ごとに選挙区を設ける) 2人区25、4人区15 6人区4、8人区2	
公職選挙法 (昭和25年法律第100号)	**250**		各個別法で規定されていた国会両院議員・地方公共団体の議会議員・長の選挙等について単一法として統合
	全国区　100	**地方区**　150 2人区25 4人区15 6人区4 8人区2	
沖縄復帰関係法令改廃法 (昭和46年法律第130号)	**252**		**定数増2** 沖縄2 (沖縄県の本土復帰に向けた改正)
	全国区　100	**地方区**　152 2人区26 4人区15 6人区4 8人区2	
公職選挙法一部改正 (昭和57年法律第81号)	**252**		全国区制を廃止し、拘束名簿式比例代表制を導入
	比例代表　100 (拘束名簿式) ＊政党が届け出た候補者名簿の名簿順位に従い当選人を決定	**選挙区**　152 2人区26 4人区15 6人区4 8人区2	
公職選挙法一部改正 (平成6年法律第47号)	**252**		**8増8減**（定数是正） (増員区) 宮城・岐阜2→4、埼玉・神奈川4→6 (減員区) 北海道8→4、兵庫・福岡6→4
	比例代表　100	選挙区　152 2人区24 4人区18 6人区4 8人区1	

資料2　国政選挙法の変遷

公職選挙法一部改正 （平成12年法律第118号）	**242** **比例代表**　96 （非拘束名簿式） ＊政党が届け出た候補者名簿のどの候補者を当選させるかにつき名簿に順位を定めず、得票数が多い候補者順に当選人を決定	**242** **選挙区**　146 2人区27 4人区15 6人区4 8人区1	拘束名簿式比例代表制を改め、非拘束名簿式比例代表制を導入 **10増10減** 比例代表選出4減 選挙区選出6減 （減員区） 岡山・熊本・鹿児島4→2
公職選挙法一部改正 （平成18年法律第52号）	**242** **比例代表**　96 （非拘束名簿式）	**242** **選挙区**　146 2人区29、 4人区12 6人区5 10人区1	**4増4減**（定数是正） （増員区）　東京8→10 （減員区）　栃木・群馬4→2
公職選挙法一部改正 （平成24年法律第94号）	**242** **比例代表**　96 （非拘束名簿式）	**242** **選挙区**　146 2人区31 4人区10 6人区3 8人区2 10人区1	**4増4減**（定数是正） （増員区）　神奈川・大阪6→8 （減員区）　福島・岐阜　4→2 ＊平成25年7月から適用。
公職選挙法一部改正 （平成27年法律第60号）	**242** **比例代表**　96 （非拘束名簿式）	**242** **選挙区**　146 2人区32（合区含む） 4人区4 6人区5 8人区3 12人区1	**区域の変更（合区の導入）** 鳥取・島根、徳島・高知を2人の合区選挙区とする。 **選挙区定数の変更** ・2増 東京10→12、愛知　6→8、北海道・兵庫・福岡4→6 ・2減 宮城・新潟・長野4→2

資料3　主要国議会の法案提出件数・成立件数

（1.〜4.は国立国会図書館の作成資料等を基に編集部で作成、
5.は内閣法制局のホームページを基に編集部で作成）

1. アメリカ

議会期	期　間	提出件数（両院共同決議案*を含む）			成立件数		
		上院議員提出	下院議員提出	合　計	公法案**	私法案**	合　計
第104議会	1995-1996	2,266	4,542	6,808	333	4	337
第105議会	1997-1998	2,718	5,014	7,732	394	10	404
第106議会	1999-2000	3,343	5,815	9,158	580	24	604
第107議会	2001-2002	3,242	5,892	9,134	377	6	383
第108議会	2003-2004	3,078	5,547	8,625	498	6	504
第109議会	2005-2006	4,163	6,540	10,703	482	1	483
第110議会	2007-2008	3,787	7,441	11,228	460	0	460
第111議会	2009-2010	4,101	6,677	10,778	383	2	385
第112議会	2011-2012	3,767	6,845	10,612	283	1	284
第113議会	2013-2014	3,067	6,026	9,093	296	0	296

*両院共同決議案は、その成立には両院での可決及び大統領の署名が必要とされ、法律 と同じ効力を有する。

**公法案は、政府又は国民全般にかかわる一般的問題を扱う法案であり、私法案は、政府に対する提訴、移民・帰化の承認など特定の個人・団体等に関する法案をいう。

資料3　主要国議会の法案提出件数・成立件数

2. イギリス

会期	提出件数			成立件数		
	政府提出	議員提出	合　計	政府提出	議員提出	合　計
1997-1998	53	149	202	52	10	62
1998-1999	31	104	135	27	8	35
1999-2000	40	104	144	39	6	45
2000-2001	26	63	89	21	0	21
2001-2002	39	123	162	39	8	47
2002-2003	36	102	138	33	13	46
2003-2004	36	95	131	33	5	38
2004-2005	32	56	88	21	0	21
2005-2006	58	121	179	53	3	56
2006-2007	34	97	131	30	3	33
2007-2008	32	106	138	30	3	33
2008-2009	26	112	138	22	5	27
2009-2010	23	69	92	23	7	30
2010-2012	47	230	277	43	6	49
2012-2013	34	103	137	28	10	38
2013-2014	31	149	180	25	5	30

※私法案、及び上院に提出された法案で下院第一読会に至らなかったものは含まれていない。

3. ドイツ

議会期（期間）	提出件数				成立件数				
	政府提出	下院議員提出	州提出	合 計	政府提出	下院議員提出	上院提出	統 合*	合 計
11（1987-1990）	324	227	136	687	265	67	15	19	366
12（1990-1994）	419	297	179	895	342	85	27	39	493
13（1994-1998）	449	329	235	1,013	402	92	35	23	552
14（1998-2002）	450	328	224	1,002	387	106	22	34	549
15（2002-2005）	362	211	187	760	274	79	16	16	385
16（2005-2009）	539	264	167	970	487	86	19	20	612
17（2009-2013）	492	278	136	906	428	84	17	14	543

（注）提出数は、上院及び下院に提出された法案の総数。成立数は、公布された法律数。

*審議の過程で、例えば同種の内容の政府提出法案と下院議員提出法案とが統合されて成立に至ったもの。

4. フランス

会　期	提出件数*			成立件数**		
	政府提出	議員提出	合　計	政府提出	議員提出	合　計
2002***	32	142	187	24	0	24
2002-2003	109	382	491	82	18	100
2003-2004	110	292	402	78	8	86
2004-2005	117	273	390	97	12	109
2005-2006	88	352	440	69	12	81
2006-2007	44	195	239	61	11	72
2007****	47	88	135	32	0	32
2007-2008	98	436	534	89	14	103
2008-2009	110	334	444	73	11	84
2009-2010	106	364	470	90	22	112
2010-2011	91	417	508	84	24	108
2011-2012	45	291	336	49	19	68
2012****	35	145	180	9	1	10
2012-2013	126	523	649	71	19	90
2013-2014	72	293	365	73	27	100

*その会期中に下院に提出されたか、又は新規に上院から下院へ送付された法案のみの件数。継続法案及び下院への送付に至らなかった上院議員提出法案は含まれていない。

**継続法案を含むが、下院への送付に至らなかった上院議員提出法案は含まれていない。

***総選挙後の臨時会期（6月19日-9月30日）。

****総選挙後の臨時会期（2007年、2012年いずれも6月20日-9月30日）。

5. 日　本

区分／国会会期	内閣提出法律案		議員立法		計	
	提出件数	成立件数	提出件数	成立件数	提出件数	成立件数
第191回（臨時会） (平成28.8.1～8.3)	(11) 0	(0) 0	(54)	(0) 0	(65)	(0) 0
第190回（常会） (平成28.1.4～6.1)	(9) 56	(4) 50	(28) 72	(2) 18	(37) 128	(6) 68
第189回（常会） (平成27.1.26～9.27)	(0) 75	(0) 66	(4) 72	(0) 12	(4) 147	(0) 78
第188回（特別会） (平成26.12.24～12.26)	(0) 0	(0) 0	(0) 4	(0) 0	(0) 4	(0) 0
第187回（臨時会） (平成26.9.29～11.21)	(2) 31	(2) 21	(43) 28	(3) 8	(45) 59	(5) 29
第186回（常会） (平成26.1.24～6.22)	(4) 81	(3) 79	(42) 75	(0) 21	(46) 156	(3) 100
第185回（臨時会） (平成25.10.15～12.8)	(8) 23	(7) 20	(28) 45	(2) 10	(36) 68	(9) 30
第184回（臨時会） (平成25.8.2～8.7)	(8) 0	(0) 0	(28) 0	(0) 0	(36) 0	(0) 0
第183回（常会） (平成25.1.28～6.26)	(0) 75	(0) 63	(0) 81	(0) 10	(0) 156	(0) 73
第182回（特別会） (平成24.12.26～12.28)	(0) 0	(0) 0	(0) 2	(0) 0	(0) 2	(0) 0
第181回（臨時会） (平成24.10.29～11.16)	(33) 10	(2) 5	(52) 6	(2) 1	(85) 16	(4) 6
第180回（常会） (平成24.1.24～24.9.8)	(23) 83	(6) 55	(35) 77	(0) 31	(58) 160	(6) 86
第179回（臨時会） (平成23.10.20～23.12.9)	(22) 16	(3) 10	(35) 9	(1) 0	(57) 25	(4) 10

（注）上段括弧書きは、継続審査に付されていた法律案の件数（外数）

資料4　主要国議会における質問件数

1. イギリス下院

会　期	口頭質問[2] (Questions for oral answer)	文書質問 (Questions for written answer)	緊急質問[3] (Urgent Questions)	分野横断質問[4] (Cross-cutting Questions)
1997-98[1]	8,113	52,652	28	−
1998-99	5,008	32,149	12	−
1999-2000	5,747	36,781	9	−
2000-01	2,780	16,716	7	−
2001-02	6,528	72,905	10	−
2002-03	4,118	55,436	10	64
2003-04	3,687	54,875	12	19
2004-05	1,438	22,292	4	0
2005-06	5,353	95,041	14	0
2006-07	3,736	57,825	9	0
2007-08	5,151	73,357	4	45
2008-09	4,113	56,192	11	−
2009-10	1,924	25,467	26	−
2010-12	9,484	97,753	73	−

（出典）イギリス下院ウェブサイト, Sessional Returns.(http://www.publications.parliament. uk/pa/cm/cmsesret.htm) に基づいて作成。

1）1997-98会期、2001-02会期、2005-06会期、2010-12会期は総選挙のため通常の会期より長く、2000-01会期、2004-05会期は通常の会期より短いことに注意。

2）質問時間中に各議員が行う質問。回答されなかったものについては文書回答される。

3）議長の裁量で提出当日の回答が認められる口頭質問。2001-02会期以前は、Private Notice Questionsという名称だった。

4）複数省庁の管轄にまたがる主題につきウェストミンスター・ホールでの会議において行われる口頭質問。2003年1月から実施されている。表の数字は、実際に会議のクエスチョン・タイムにおいて答弁された質問の数。

2. フランス下院

年　度	対政府質問[6] (Questions au Gouvernement)	口頭質問 (Questions orales sans débat)	文書質問[7] (Questions Ecrites)
1999-2000[5]	762	254	16,058
2000-01	678	295	14,972
2001-02	426	268	13,431
2002-03	771	432	21,734
2003-04	744	405	21,799
2004-05	659	388	26,424
2005-06	674	384	24,084
2006-07	436	197	23,578
2007-08	662	357	26,164
2008-09	907	414	27,990
2009-10	929	366	29,860
2010-11	1,005	368	29,237
2011-12	530	186	13,956

（出典）　フランス下院ウェブサイト, *Statistiques de l'activité parlementaire à l'Assemblée nationale* 第11議会期 - 第13議会期版 (http://www.assemblee-nationale.fr/12/seance/statistiques-11leg.asp, http://www.assemblee-nationale.fr/12/seance/statistiques-12leg.asp, http://www.assemblee-nationale.fr/13/seance/statistiques-13leg.asp) に基づいて作成。

5）各年度は10月1日から翌年の9月30日までの数字。2001-02年度、2006-07年度、2011-12年度の時期は、総選挙が行われ、2001-02年度は第11議会期と第12議会期に、2006-07年度は第12議会期と第13議会期にわたっている。2011-12年度は2012年7月までの数である。

6）質問内容の通告なしに行われる口頭質問。

7）2005-06年度までの数字は、撤回された質問数を除いたもの。

3. ドイツ連邦議会

議会期	大質問[10]（Große Anfragen）	小質問[11]（Kleine Anfragen）	口頭質問[12]（Mündliche Anfragen）	文書質問（Schriftliche Anfragen）
第10議会期（1983-87）	175	1,006	7,028	15,836
第11議会期[8]（1987-90）	145	1,419	4,134	16,117
第12議会期（1990-94）	98	1,382	4,215	16,665
第13議会期（1994-98）	156	2,070	3,540	14,906
第14議会期（1998-2002）	101	1,813	3,299	11,838
第15議会期（2002-05）	65	797	2,550	11,073
第16議会期（2005-09）	63	3,294	2,814	12,544
第17議会期[9]（2009-13）	54	3,422	6,057	18,368

（出典）"Deutscher Bundestag 1983 bis 2002/03: Parlaments- und Wahlstatistik", *Zeitschrift für Parlamentsfragen,* Heft 1/2003, p.18；"Deutscher Bundestag 1987 bis 2005: Parlaments- und Wahlstatistik", *Zeitschrift für Parlamentsfragen,* Heft 1/2006, p.16; ドイツ連邦議会ウェブサイト, *Statistik der Parlamentarischen Kontrolltätigkeit – Überblick 16 Wahlperiode Stand:30.9.2009* (http://www.bundestag.de/dokumente/parlamentsdokumentation/kontroll_taetigkeiten_wp16.pdf); *Statistik der Parlamentarischen Kontrolltätigkeit – Überblick 17. Wahlperiode – Stand: 1.7.2013* (http://www.bundestag.de/dokumente/Parlamentsdokumentation/kontroll_taetigkeiten_wp17.pdf) に基づいて作成。

8）第11議会期、第15議会期は、総選挙のため通常の会期より短いことに注意。
9）2013年7月1日までのデータである。
10）討論を伴う質問で、提出には1会派又は5%の議員の署名が必要。
11）討論を伴わない質問で、会派又は会派に相当する数の議員により提出される。
12）質問時間中に各議員が行う質問。質問時間中に回答されなかったものについては文書回答される。

4. 日　本

※文書質問のみ

年	国会回次	衆議院	参議院	合　計	備　考
2016 (平28)	191（臨時）				7/10　第24回参院選
	190（通常）　1/4~6/1	329	161	490	
	計	**329**	**161**	**490**	
2015 (平27)	189（通常）　1/26~9/27	464	403	867	
	計	**464**	**403**	**867**	
2014 (平26)	188（特別）　12/24~12/26	9	19	28	
	187（臨時）　9/29~11/21（解散）	82	106	188	12/14　第47回総選挙
	186（通常）　1/24~6/22	275	197	472	
	計	**366**	**322**	**688**	
2013 (平25)	185（臨時）　10/15~12.6	127	99	226	
	184（臨時）　8/2~8/7	16	21	37	
	183（通常）　1/28~6/26	133	149	282	7/21　第23回参院選
	計	**276**	**269**	**545**	
2012 (平24)	182（特別）　12/26～12/28	7	6	13	
	181（臨時）　10/29～11/16(解散)	57	68	125	12/26　安倍内閣（第2次）
	180（通常）　1/24~9/8	424	260	684	12/16　第46回総選挙
	計	**488**	**334**	**822**	
2011 (平23)	179（臨時）　10/20~12/9	121	65	186	
	178（臨時）　9/13~9/30	53	45	98	8/30　野田内閣
	177（通常）　1/24~8/31	439	289	728	＊3.14衆議院で8件撤回
	計	**613**	**399**	**1012**	
2010 (平22)	176（臨時）　10/1~12/3	242	216	458	
	175（臨時）　7/30~8/6	55	35	90	7/11　第22回参院選
	174（通常）　1/18~6/16	592	116	708	6/8　菅内閣成立
	計	**889**	**367**	**1256**	
2009 (平21)	173（臨時）　10/26~12/4	175	118	293	9/16　鳩山内閣
	172（特別）　9/16~9/19	22	4	26	8/30　第45回総選挙
	171（通常）　1/5~7/21（解散）	691	249	940	
	計	**888**	**371**	**1,259**	
2008 (平20)	170（臨時）　9/24~12/25	380	153	533	9/24　麻生内閣
	169（通常）　1/18~6/21	587	195	782	
	計	**967**	**348**	**1,315**	
2007 (平19)	168（臨時）　9/10~08'1/15	397	114	511	9/26　福田内閣
	167（臨時）　8/7~8/10	24	6	30	
	166（通常）　1/25~7/5	481	81	562	7/29　第21回参院選
	計	**802**	**201**	**1,003**	

資料4　主要国議会における質問件数

2006（平18）	165（臨時）	9/26~12/19	270	49	319	9/26　安倍内閣
	164（通常）	1/20~6/18	382	86	468	
		計	**652**	**135**	**787**	
2005（平17）	163（特別）	9/21~11/1	72	25	97	9/21　小泉内閣（第3次）
	162（通常）	1/21~8/8（解散）	115	54	169	9/11　**第44回総選挙**
		計	**187**	**79**	**266**	
2004（平16）	161（臨時）	10/12~12/3	85	27	112	
	160（臨時）	7/30~8/6	70	19	89	
	159（通常）	1/19~6/16	201	37	238	7/11　第20回参院選
		計	**356**	**83**	**439**	
2003（平15）	158（特別）	11/19~11/27	25	4	29	11/19　小泉内閣（第2次）
	157（臨時）	9/26~10/10（解散）	30	17	47	
	156（通常）	1/20~7/28	155	51	206	11/9　**第43回総選挙**
		計	**210**	**72**	**282**	
2002（平14）	155（臨時）	10/18~12/13	53	20	73	
	154（通常）	1/21~7/31	195	51	246	
		計	**248**	**71**	**319**	
2001（平13）	153（臨時）	9/27~12/7	53	7	60	7/29　第19回参院選
	152（臨時）	8/7~8/10	16	6	22	4/26　小泉内閣
	151（通常）	1/31~6/29	136	46	182	
		計	**205**	**59**	**264**	
2000（平12）	150（臨時）	9/21~12/1	78	23	101	
	149（臨時）	7/28~8/9	19	15	34	7/4　森内閣（第2次）
	148（特別）	7/4~7/6	9	7	16	6/25　**第42回総選挙**
	147（通常）	1/20~6/2（解散）	40	53	93	4/5　森内閣
		計	**146**	**98**	**244**	
1999（平11）	146（臨時）	10/29~12/15	25	22	47	
	145（通常）	1/19~8/13	55	34	89	
		計	**80**	**56**	**136**	
1998（平10）	144（臨時）	11/27~12/14	16	14	30	7/30　小渕内閣
	143（臨時）	7/30~10/16	31	14	45	7/12　第18回参院選
	142（通常）	1/12~6/18	71	30	101	
		計	**118**	**58**	**176**	

編者・執筆者紹介

【編著者】

大石　眞（おおいし・まこと）　京都大学名誉教授

大山礼子（おおやま・れいこ）　駒澤大学法学部教授

【執筆者】

山本龍彦（やまもと・たつひこ）　慶應義塾大学法科大学院教授

上田健介（うえだ・けんすけ）　近畿大学大学院法務研究科教授

勝山教子（かつやま・みちこ）　同志社大学法学部教授

古賀　豪（こが・つよし）　国立国会図書館主査

田近　肇（たぢか・はじめ）　近畿大学大学院法務研究科教授

國分典子（こくぶん・のりこ）　名古屋大学大学院法学研究科教授

浅野宜之（あさの・のりゆき）　関西大学政策創造学部教授

国会を考える

2017年5月3日　第1刷発行

編著者　大石　眞
大山礼子

発行者　株式会社　三省堂
代表者　北口克彦

印刷者　三省堂印刷株式会社

発行所　株式会社　三省堂
〒101-8371　東京都千代田区三崎町二丁目22番14号
電話　編集　(03)3230-9411
営業　(03)3230-9412
http://www.sanseido.co.jp/

落丁本・乱丁本はお取り替えいたします。　〈国会を考える·336pp.〉

ISBN978-4-385-32319-0